新工科·普通高等教育汽车类规划教材

汽车电子商务与金融

主　编　段维峰　黄修鲁
副主编　赵向阳
参　编　陈文刚　常江雪　仝　光
　　　　邢恩辉　张永辉　熊江勇
　　　　丁　玲　李红梅　成　钦
主　审　刘莉莉

机械工业出版社

本书内容涵盖了新车互联网、二手车电子商务、汽车智能云车险、车务管家在线、汽车科技金融、汽车科技金融风控、汽车品牌运营管理、汽车新岗位认证标准等方面，着重讲述了汽车电子商务、汽车科技金融相关业务的具体内容和各环节经营管理的方式、方法及发展趋势。同时，本书以丰田、宝马、大众等汽车品牌为例，介绍了实体经济下汽车品牌运营管理的基础要素和策略，并引出了新时代汽车电商品牌的建设及运营管理的方式和方法。最后，本书介绍了汽车新岗位——“汽车金融管理师”认证标准以及实战过程中不同职位职责的设置。

本书既可作为汽车服务工程、车辆工程、交通运输等专业的本科阶段教材，又可作为高职高专院校汽车专业的教材，还可作为相关从业人员的参考读物。

本书配有课件 PPT，免费提供给采用本书作为教材的教师，可登录 www. cmpedu. com 注册下载，或联系编辑（tian. lee9913@ 163. com）索取。

图书在版编目（CIP）数据

汽车电子商务与金融/段维峰，黄修鲁主编. —北京：机械工业出版社，2019. 7（2024. 1 重印）

新工科·普通高等教育汽车类规划教材

ISBN 978-7-111-62797-5

Ⅰ. ①汽…　Ⅱ. ①段…②黄…　Ⅲ. ①汽车-电子商务-高等学校-教材 ②汽车-金融-高等学校-教材　Ⅳ. ①F766-39②F830. 571

中国版本图书馆 CIP 数据核字（2019）第 164344 号

机械工业出版社（北京市百万庄大街 22 号　邮政编码 100037）

策划编辑：宋学敏　责任编辑：宋学敏　於　薇　商红云

责任校对：朱继文　封面设计：张　静

责任印制：单爱军

北京虎彩文化传播有限公司印刷

2024 年 1 月第 1 版第 4 次印刷

184mm×260mm · 11. 75 印张 · 264 千字

标准书号：ISBN 978-7-111-62797-5

定价：32. 00 元

电话服务	网络服务
客服电话：010-88361066	机　工　官　网：www. cmpbook. com
010-88379833	机　工　官　博：weibo. com/cmp1952
010-68326294	金　　书　　网：www. golden-book. com
封底无防伪标均为盗版	机工教育服务网：www. cmpedu. com

序

伴随着互联网技术的快速发展，汽车电子商务中蕴藏的巨大能量在汽车后市场中得以释放，新理念、新岗位不断涌现，汽车后市场的新格局、新常态已逐步形成。

新常态下的汽车后市场对人才综合能力要求相对较高，不仅要具备汽车研发阶段试验检测技术服务的基本理论知识与技能、汽车后市场技术管理服务基本理论知识与技能，还要具备金融、管理、计算机技术等专业理论知识与技能。权威数据调查显示，发达国家从事汽车制造业的人数与从事汽车相关服务行业的人数比例为1∶10。据此推知，我国汽车服务业人才缺口巨大。

汽车金融管理师是我国目前急需的汽车服务业高素质、高层次复合型人才，本书以汽车金融管理师岗位认证所需掌握的电子商务知识为主线，内容涵盖了新车互联网、二手车电子商务、汽车智能云车险、车务管家在线、汽车科技金融及风险控制、汽车品牌运营管理、汽车新岗位认证标准等多学科知识，对培养知识融合度高、实践动手能力强的高层次复合型汽车电子商务人才具有良好的推动作用。同时，本书引用大量企业运营管理案例，并配合聊车城App、聊车商App、人车岛汽车金融实训系统等软件，实现线上与线下相结合的培训模式，全方位提升我国汽车服务人员的综合素质，以适应行业的快速发展。

跨界竞争、渠道下沉、电商运营、转型升级已成为当前汽车后市场发展的主旋律。相信本书的出版和发行，能够为高校培养适应汽车后市场新常态的高素质、高层次复合型人才提供理论基础，能够为企事业单位选用人才提供参考，从而促进汽车后市场的健康稳定发展。

中国汽车工业配件销售有限公司董事长
中国汽车工业协会后市场用品分会会长
王笃洋

前　言

2009年，我国成为了世界第一大汽车生产国和消费国；2017年，我国汽车产销量均突破2800万辆，连续九年蝉联世界第一。同时，随着我国国民经济的健康发展、城乡道路的快速建设、居民收入的迅速增加，汽车已成为普通老百姓的代步工具，我国在未来的一段时期内仍将处于汽车消费的高潮之中。

汽车社会化的凸显、产业的发展和消费的需求，造就了汽车后市场商机的不断涌现，包括汽车租赁、汽车融资、二手车、汽车电子商务等多种业务，已成为汽车产业链中稳定的利益来源。同时，随着我国大力推进互联网、大数据与实体经济的深度融合，“一带一路”“互联网+”等倡议的实施，新商业模式、新技术、新营销手段纷纷在汽车后市场中呈现。然而，职业化、专业化的创新型人才的匮乏，已成为阻碍汽车后市场长远发展的巨大隐患。

为适应“新时代、新理念、新业态”对汽车服务工程专业提出的新要求，进一步贯彻落实教育部“新工科”建设与专业认证精神，本书基于教育部、各高校和各企业联合推进的产学合作协同育人项目建设，借鉴德国“双元制”育人经验，响应教育界“双师型”师资建设，探索培养与行业发展无缝接轨，且具备“新车互联网、二手车电子商务、云车险、车务管家、汽车科技金融、汽车品牌运营”等理论基础与实践能力的专业化、职业化、国际化的复合型人才。

目前，我国已有超过80所高等院校开设了汽车服务相关专业，随着汽车后市场的快速发展，专业人才缺口将越来越大，高校对汽车服务工程专业人才的培养也将更加专业化、职业化和综合化。本书便是基于汽车后市场发展对人才需求的趋势编写的，在为人才培养奠定理论基础和提供实践素材的同时，又迎合了市场发展的态势。

本书以汽车服务行业人才市场发展需求为出发点，结合汽车服务工程人才培养方案和编者的教学经验，与企业发展现状及发展趋势相对接。在讲解理论知识的基础上，突出对实战能力的培养；以汽车相关企业实际运营情况为案例，充分解析业务开展的具体程序以及运营和管理的具体方法和策略，切实提高学生的职业素养，实现高校与企业的无缝对接；以“聊车城、聊车商”双创平台为实战模拟战场，阶段性考核学生对理论知识的应用，培养其创新

思维，提高其创新能力。

本书由河南工学院、上海电机学院、山东交通学院、西安航空学院、江苏经贸职业技术学院等10所高校和巧园汽车教育平台联合完成，是教育部产学合作协同育人汽车专业建设教材，也是教育部汽车新工科研究与实践项目成果，还是中华全国工商业联合会汽车经销商商会“汽车金融管理师”培养的教材。

由于编者的水平有限，书中的疏漏之处在所难免，欢迎广大读者批评指正。

编　者

目录

第1章

新车互联网

本章重点：

1. 新车互联网的概念。
2. 目前，新车互联网盛行的几种营销方式。

1.1 新车互联网的基础知识

1.1.1 新车互联网的发展背景

随着网络、通信和信息技术的飞速发展，互联网在全球迅速普及，已成为人们工作、学习和生活中必不可少的工具。中国互联网络信息中心（CNNIC）发布的第42次《中国互联网络发展状况统计报告》显示，截止到2018年6月30日，我国网民规模达8.02亿，互联网普及率为57.7%。其中，手机网民规模已达7.88亿，网民通过手机接入互联网的比例高达98.3%。

互联网的快速发展催生了经济社会发展新形态，在持续而又强劲的新经济浪潮的冲击下，商业组织纷纷改变自己的组织结构和运行方式来适应这种不可抵挡的潮流。“互联网+”是互联网思维进一步实践的成果，即“互联网+各个传统行业”，它指的是依托互联网信息技术实现互联网与传统产业的联合，通过优化生产要素、更新业务体系、重构商业模式等途径来完成经济转型和升级，实现社会财富的增长。“互联网+”代表一种新的社会形态，即充分发挥互联网在社会资源配置中的优化和集成作用，将互联网的创新成果深度融合于经济、社会各领域中，提升全社会的创新力和生产力，形成更广泛的、以互联网为基础和实现工具的经济发展新形态。2015年7月4日，国务院印发《国务院关于积极推进“互联网+”行动的指导意见》，在推动互联网由消费领域向生产领域拓展的同时，加速提升了产业发展水平，增强了各行业的创新能力，是构筑经济社会发展新优势和新动能的重要举措。

在互联网和移动互联网高速发展的背景下，数字化以汹涌之势持续影响并改变着各个行业的营销模式，汽车行业也不例外。由于互联网具有传播迅捷、内容丰富、互动性强、搜索简便、成本低等特点，因此非常适合作为汽车的营销平台。众多汽车消费者愿意通过互联网进行汽车品牌查询和报价搜索。根据调查，有超过40%的汽车消费者在买车前会借助互联网查询汽车品牌、比较性能，并通过论坛等媒介与某些品牌的使用者进行沟通与交流，为自己买车积累参考信息。2018 年中国互联网络信息中心（CNNIC）发布的《中国网民消费行为调查报告》指出，网络已成为消费者接触汽车信息的首选渠道，同时也是汽车企业重要的推广营销平台。与非网民相比，网民是更具消费力的群体。在汽车的现有用户中，67%的用户过去一周接触过互联网，远高于对其他媒体的接触，互联网无疑是汽车企业最重要的推广营销平台。互联网营销平台能够将新的汽车品牌和车型信息送达目标用户；而用户通过访问汽车垂直网站或门户网站的汽车频道进行比较和评价，并通过互联网营销平台预约最方便的 4S 店实地看车和试驾；后期还可通过访问品牌官方网站获取售后服务等。从汽车销售的全过程看，互联网营销平台在汽车消费轨迹的每个阶段都对消费者产生着重要的影响。

此外，通过互联网平台，汽车经销商可以很方便地发布所经销的汽车品牌、建立网上专卖店、展示自己的公司形象和联系方式等，这样也有利于消费者通过这个平台搜索自己喜欢的汽车品牌，进行性能比较以及了解该品牌各个经销商的报价。这一切都促成了互联网与汽车营销之间的联姻。

1.1.2 新车互联网的现状及发展前景

越来越多的汽车企业开始认识到国际互联网推动汽车营销的重要作用，纷纷挤占这一科技制高点，并将它视为未来具备营销方面的竞争优势的主要途径，如世界上最大的汽车制造商通用汽车公司已经成为大公司中全方位利用互联网的一个范例。在巴西，通用汽车公司通过网络销售新车超过 5.3 万辆。客户通过通用汽车公司的在线销售网站，可以逐一对比通用汽车公司及其竞争对手产品的性能和价格。大约 80%的通用汽车公司品牌的经销商进驻了该网站，客户能够确定哪个经销商拥有自己所需要的产品并且向该经销商发出索取最优价格的要求。互联网使得通用汽车公司精简了供给链，而且交车时间大幅缩短，由传统销售模式的 70 天减少为 47 天。福特汽车公司向在线客户提供“电子价格”，该价格不是制造商建议的零售价（MSRP），而是较接近于经销商与客户的实际成交价格，但此举遭到了福特汽车公司一些特许经销商的反对。除了建立自己的网站外，汽车制造商还努力与较大的专业网站签订协议，以吸引更多的客户。

在中国，福特汽车公司建立了第一个经销商互联网平台，将信息技术的应用从企业内部的生产制造流程延伸到了企业的供应链，乃至客户身上。网上订车功能自 2014 年 9 月开通以来，经过推广，目前已经进入稳步发展时期。截至 2018 年 5 月底，订单总数已经接近 40000 个，单月最高订单数接近 6000 个。二季度的日均订单数在 150 个左右，并呈继续上升的趋势。与汽车实体市场的实际销售情况一致，伊兰特、凯越、飞度等畅销车型，在网络营销中同样名列前茅。

自 2009 年天猫首次在“双十一”当天举行购物节开始，各行各业纷纷加入电商平台，汽车销售也不例外。2013 年是中国汽车电商的元年，当年 12 月，汽车之家在纽约上市，并加入了“双十一”购物节，当日成交 1.7 万台车，超过了以往一年的销量。2018 年，在“双十一”刚开始的第 1 分钟里，汽车新车就卖出了 2000 辆；不足 10 小时，天猫汽车销售总量便超过了上一年“双十一”全天的销售量，网购汽车俨然成了买车新趋势。

除了给汽车制造商带来巨大利益外，网络对经销商在扩展有效的市场规模上也有很大帮助。在传统经销商所销售的汽车中，有大约90%销售给了方圆16km以内的客户；相反，网络销售已不受地域的限制，例如在AutoNation在线销售的汽车中，61%的客户距离经销商超过16km。越来越多的汽车经销商逐渐开始重视互联网在其销售中的作用。美国汽车经销商协会（NADA）公布的数据显示，在美国，21世纪初已有约69%的汽车经销商开始尝试网上销售业务，线上汽车销售的数量开始了飞速增长，互联网汽车销售的总交易额也出现了大幅攀升。随着新能源汽车的快速发展，美国特斯拉电动汽车开始崛起，互联网车辆销售市场更是出现了爆炸式的增长。仅2014年一年的时间，特斯拉Model S纯电动车就在全球范围内售出了2.67万辆。特斯拉汽车“互联网+”的营销模式，大大改变了传统的生产销售办法，为新的互联网车辆营销模式的产生做出了表率。

客户也在网络销售中受益匪浅。通用汽车公司推出的一项新型服务——让客户在线定制自己想要购买的汽车，客户不仅可以选择汽车的颜色，还可以选择车型、车门的数量、发动机功率大小和传动系统配置等。这项服务将客户的特殊需求与汽车的生产过程经济地、无缝地融合为一体，实现了汽车的私人定制。

如今，车企和汽车消费者都在逐渐向互联网平台靠拢，汽车市场新玩家也正在探索以新营销、新金融和新零售为关键词的新的发展阶段，即基于大数据、电子商务、物流下的新零售模式，这种依托互联网，融合线上优势和线下资源，上下联动的新零售正逐渐成为一种趋势。

专栏1-1　萨吉，网上直销汽车购买第一人

据2018年8月11日出版的《光明日报》报道，加拿大的卡罗尔·萨吉成为世界第一辆网上直销汽车的买主。

萨吉通过Buyer Connection网站（以下简称BC）在线进行了汽车选件、价格确认并申请了购车贷款，之后在福特经销商“德氏”处用了1小时试车并开走了她的福特“稳达”。

BC是全球目前开通的唯一一家汽车直销网站，具有空前强大的在线服务能力，包括汽车定制、电子计价、确定候选汽车位置（是在生产线上、运输途中还是在经销商处）、申请贷款、旧车折价、信用卡付定金、认购等服务。对于特殊的订单，顾客还可在网站上直接向福特生产系统提交。

已经加入BC的24家福特经销商指定了互联网销售顾问为在线顾客提供帮助，并按照顾客的条件进行交易。这意味着可以将购车合同送到顾客家里去签字，还可将新车送到顾客的家门口。

萨吉是怎样在网上选购车的呢？她先点击福特汽车全球网站的BC链接。在那里，萨吉在线“定制”了一辆稳达——确定了车的颜色及各种选件，并决定由“德氏”作为她的经销商。

之后，BC开始自动搜寻福特汽车公司的后端供货系统，确定汽车是在当地经销商处销售、正在运输途中，还是仍在生产线上。萨吉从 BC 给出的符合或大致符合她的要求的搜寻结果中，选出了自己想要的稳达。

接着，她点击付款计算器，由 BC 自动算出每月需偿还的分期贷款。萨吉对她的新车的价格十分满意，便点击 BC 网站上的福特信贷链接，在线申请了一份购车贷款。

最后，萨吉为她的旧车做了折抵，决定成交，并在经销商的购车合同上签了字。

萨吉说："网上购车确实简便。我在来之前就已了解了相关信息，办妥了烦琐的手续，而在经销商处试车和提车手续仅用了一个小时。"

1.2 新车互联网的营销模式

20 世纪 90 年代以来，我国汽车产业得到了长足的发展，对应的汽车营销模式也随着汽车产业的快速发展而不断变化。然而，代理制、特许经营、多品牌专营等传统营销模式成本高、效率低，尤其是在汽车行业竞争日益加剧、平均利润日趋下滑的今天，营销渠道成本过高这一问题更为突出。同时，现今的消费者对个性化消费的追求越来越明显，个性化、小批量、柔性化的"量体裁衣"更能满足社会需求。由此可见，高效、低成本、反应迅速的互联网营销模式，正是汽车厂商、汽车经销商和汽车消费者关注的焦点。

1.2.1 汽车网站营销

网站营销，即以国际互联网为基础，利用数字化的信息和网络媒体的交互性来辅助实现营销目标的一种新型的市场营销方式，属于直复营销方式之一。也就是企业以电子信息技术为基础，以计算机网络为媒介和手段而进行的各种营销活动，包括网络调研、网络产品开发、网络促销、网络分销、网络服务、网上营销、互联网营销、在线营销和网络行销等。

近年来，随着汽车企业效率的提高，以及公众对网站营销的认识和运用能力的提高，汽车销售行业竞争日趋激烈，采用高效、便捷、个性化的运营方法，是解决汽车网站运营问题的关键。对汽车网站运营方式的探索，可以从网站的盈利方向分析、网站的发展规划、对标竞争对手、寻求突破口、VIP 促销活动等方面入手，创建企业品牌形象，进行品牌营销。

1. 网站的盈利方向分析

汽车网站建立的目的就是能够吸引消费者目光，为其提供全方位的、便捷的服务，以服务为基础打造品牌形象，提高汽车销量，获得利益。因此，做好盈利方向分析和盈利计划是做好一个汽车网站的前提。汽车网站建立初期，可通过学车团购、洗车卡团购、加油卡团购等团购的方式；或在拿到价格信息后发布行情文章；或通过论坛、汽车相关网站上发布广告信息；或建立微信群、QQ 群等信息交流平台，吸引消费者，积极做好网站的品牌推广。

2. 网站的发展规划

一个企业如果想要永远处于不败之地，首先要明确的是自身的发展重点是什么。企业

只有明确了未来各个阶段的工作重点和资源需求，才能更好地优化资源，实现资源价值的最大化，从容应对机遇的诱惑和市场的变化，提升企业的持久竞争力。汽车网站需从网站流量、注册用户、合作商家、团购次数等方面的数据入手，结合企业实际，制订网站短、中、长期发展规划，每个周期均设定一定的目标，并在工作过程中不断发现问题、分析问题、解决问题，总结工作经验，吸收工作教训，及时调整工作方案，以期实现发展规划和目标。

3. 对标竞争对手

竞争是商品经济的必然现象，在商品经济条件下，任何企业在目标市场进行营销活动时，均不可避免地会遇到竞争对手的挑战。企业竞争对手的存在，在一定程度上加快了企业创新，促使企业不断提高服务质量，从而提升了产品竞争力。企业竞争对手的状况将直接影响企业的营销活动。如竞争对手的营销策略及营销活动的变化，就会直接影响企业营销，最为明显的是竞争对手的产品价格、广告宣传和促销手段的变化，以及产品的开发、销售服务的加强，都将直接对企业造成威胁。为此，汽车网站的运营需经常对标竞争对手，了解其优势和劣势，改进自身网站的不足，提升服务质量，提高产品竞争力，塑造品牌形象，使企业在激烈的竞争中立于不败之地。

4. 寻求网站突破口

及时与同行业竞争对手对标，尤其是与汽车之家、易车网等专业汽车网站或本地较为强大的竞争对手对标，找出双方的优势和劣势所在，并对其进行仔细详尽的分析，以此寻找自身网站的突破口，并进行准确定位。一般而言，较为成熟的专业类汽车网站，其本地促销信息版块会是其突出部分，此时，自身网站则需以汽车评测、行情分析、新车到店实拍等方面为主，而以本地促销为辅，寻求突破口，准确定位。

5. VIP 促销活动

汽车网站的 VIP 促销活动类似于会员促销活动，它是通过其他促销活动，将活动中销量较好、社会反响较好、最受消费者欢迎的车款和车型定为“VIP 车辆”，然后以 VIP 车辆为焦点再次进行促销活动，即为 VIP 促销活动，亦称“店长推荐”。VIP 促销活动可以以上次活动为基础，不断更新 VIP 车辆，然后继续推进活动的进行，使之成为硬性推广方式，是汽车网站常用的促销方式之一。

专栏 1-2　专业类汽车网站对比

汽车之家

汽车之家（NYSE：ATHM）成立于 2005 年，是中国知名汽车互联网平台，美国上市公司，致力于为消费者提供选车、买车、用车、换车所有环节全面、准确、快捷的一站式服务。公司通过产品服务、数据技术、生态规则和资源为用户和客户赋能，建设“车媒体、车电商、车金融、车生活”四个圈子，从“基于内容的垂直领域公司”转型升级为“基于数据技术的‘汽车’公司”，中国互联网汽车销售线索中的 51%来自汽车之家网站。

易车网

易车网是美国纽约证券交易所的上市公司，也是我国较大的新车交易导购平台，易车网为中国汽车用户提供专业、丰富的互联网资讯和导购服务，并为汽车厂商和汽车经销商提供卓有成效的互联网营销解决方案。易车公司以“专业、合作、创新”的车队文化为共同价值观，为用户带来更简单、更精彩的汽车生活。

太平洋汽车

太平洋汽车网是我国成立较早的专业汽车互联网媒体，也是在国内上市的汽车网站之一，同时还是国内领先的专业汽车网络媒体，致力于为消费者提供汽车报价、导购、评测、视频、图片、用车知识、用品导购等多方面的第一手资讯。自 2002 年 7 月成立以来，以自身魅力迅速引起业界的瞩目，更赢得了广大车友的喜爱。

网上车市

网上车市成立于 1999 年，是我国创立较早的汽车网站，以“数据・人文”为服务理念，以市场行情、导购为基本原则出发，为中国汽车消费者提供全面、客观、及时的车型数据及“一站式”购车服务。网上车市是汽车垂直网站，与全国 600 家地方主流门户网站的移动站合作，作为其汽车频道内容提供方。

毛豆新车网

毛豆新车网成立于 2017 年 9 月，是线上数据和技术驱动、线下毛豆新车店深度服务相融合的一站式汽车新零售服务平台。毛豆新车网以融合线上、线下的新零售模式，致力于满足中国消费者日益增长的汽车消费与使用需求，为消费者提供门槛低、灵活多样、省心省力的创新型用车服务。

1.2.2 汽车微博营销

微博营销，即商家或个人通过微博平台为了创造价值而执行的一种营销方式，也是商家或个人通过微博平台发现并满足用户的各类需求的商业行为方式。微博营销以微博作为营销平台，每一名关注者都是潜在的营销对象，企业利用更新自己的微博向网友传播企业信息和产品信息，树立良好的企业形象和产品形象。每天更新内容就可以跟大家交流互动或者发布大家感兴趣的话题，以便达到营销的目的，这就是近几年新兴的微博营销。

该营销方式注重价值的传递、内容的互动、系统的布局和准确的定位，微博的火热发展也使得该方式的效果尤为显著。微博营销涉及的范围包括认证、有效粉丝、朋友、话题、开放平台、整体运营等。自 2012 年 12 月后，新浪微博推出企业服务商平台，为企业在微博上进行营销提供了一定帮助。微博营销是一种投资少、见效快的新型网络营销模式，其营销方式和模式可在短期内获得最大的收益。目前，已有不少企业通过微博营销实现了自身品牌的建立和传播，树立了自身的行业影响力和号召力，传播了企业价值观，引导了行业的良性发展。

1. 微博营销的价值

建立一个微博平台上的事件营销环境，能够快速吸引关注，这对于企业的公共关系维护和话题营销开展，都能够起到如虎添翼的作用。

1）微博营销是品牌营销的有力武器，每一个微博 IP 后面都是一名消费者、一名用户。

2）微博因自身的属性，可以为企业提供用户追踪服务，在追踪模式中可以利用“品牌频道”开展对产品和品牌的信息传播，并与顾客进行对话，从而缩短企业对客户需求的响应时间。

3）与 QQ 群、微信群等互动营销相比，微博的互动形式没有人数和地域的限制，全国，甚至全世界的受众都可能成为微博互动营销的参与者。并且，来自不同地区的志趣相投者通过微博可以进行实时沟通和深度交流。由此，品牌的烙印便在体验与关系互动中更加深刻。

4）微博可以刺激用户热情，以许可式和自主式进行广告宣传，根据兴趣、爱好、人群精准定位，营销效果会更好（见图 1-1）。

图 1-1 宝马（中国）新浪官方微博主页

2. 微博营销新理念——Social First

在数字消费时代，微博等社交平台已成为连接品牌与消费者的重要渠道。品牌更注重通过微博与消费者进行双向沟通，精准对接用户的小众化和个性化需求。众多知名品牌纷纷推出“粉丝定制款”来迎合消费者的消费理念和需求。

然而，在传统的微博营销理念中，企业主要关注的是流量的转化，即有多少曝光，曝光的频次是多少，怎么样能够持续、有效地触达并激发消费者的兴趣，从而使其产生购买的欲望。随着市场环境更趋向多元化与创新性，如何与消费者进行有效沟通、直击用户心灵成为品牌营销的核心痛点。

如今，随着消费者与品牌的关系发生变化，激活二者之间通路的营销理念应运而生——“Social First”（社交优先）。该营销理念由新浪微博在 2018 年中国创新营销峰会暨中国创新营销大奖颁奖典礼上提出。不同于以往以市场为导向的营销模式，该理念更注重通过品牌与用户的互动，通过认知、考虑、评估、购买、享受、推荐、纽带七大步骤，实现用户的深度参与，激活消费者与品牌的关系通道，助力品牌搭建从流量循环到忠诚循环的双闭环，以在获取新用户的同时，高效激活老用户。这一理念在微博发酵、成型、落地实施，并且依靠微博的社交势能将用户的多层级转发和互动转化为产品销量和品牌声誉（见图 1-2）。

图 1-2 “Social First” 营销理念是时代发展的必然

2018 年“双十一”购物节期间，6 家微博红人店铺交易额破亿元；开场一小时后，淘宝女装交易额排名前 10 位均被红人店铺抢占，如此成绩令众多商家望尘莫及。红人电商的成功，得益于红人们始终通过微博这个社交平台与消费者进行连接，它既是伴随着微博强社交属性而衍生的一个结果，更是社交时代下“Social First”的营销红利。

作为品牌营销战略的见证者和承载者，2018 年，微博在金投赏、《哈佛商业评论》公开课、微博影响力营销峰会等多个业内知名活动上，就社交时代品牌营销的制胜之道提出了“Social First”的营销理念，重新定义品牌营销传播方式，为企业的战略管理升级提供了新参考。

课外链接：寻找中国锦鲤

2018 年国庆期间，支付宝选择与微博合作，打造#寻找中国锦鲤#活动。通过微博天然的流量池属性以及强大的平台聚合能力，#寻找中国锦鲤#活动成功实现了社交裂变，单条博文阅读量破两亿，互动总量超过 420 万，在 24 小时内，博文转发量惊人，为支付宝积累了不可估量的社交资产。

当下，整个营销环境正在发生翻天覆地的变化，对于品牌而言，选择直接对话粉丝、沉淀粉丝资产，借助微博完成品牌“Social First”转型，才能不被时代抛弃。

专栏 1-3　一汽丰田让服务品牌化

面对汽车行业售后服务领域的变革，各大汽车品牌绞尽脑汁，希望通过打造人性化服务、提高服务效率及增加服务网点来吸引消费者。一汽丰田秉承“专业对车，诚信待人”的理念，推出了@一汽丰田—诚信服务的微博账号，以期给微博用户带去实用的服务支持。

1. 体验式营销，品牌化服务

一汽丰田传播模式的改变，得益于当下新媒体的迅猛发展，包括微博、SNS 在内的 WEB2.0 技术，使得企业与用户的互动更为直接、快速。一汽丰田开通微博之初，就发布了“一汽丰田—诚信服务开博活动”，微博发布后仅 10 天的时间就被转载 15723 次，评论 144241 次，微博账号增加“粉丝”6000 余人。真正的服务必须融入消费者用车生活的每个细节，让消费者感受到一汽丰田服务的至诚至信，通过售后服务环节，缔造品牌价值。@一汽丰田—诚信服务执着于塑造独一无二的顾客体验式服务，将服务品牌化，致力于打造具有特色的高品质的官方微博服务平台。

2. 体验嘉年华

@一汽丰田—诚信服务紧跟公司体验式营销模式的步伐，线上推出“懂车懂生活体验嘉年华”，力求通过社会化媒体平台把一汽丰田的产品、服务、价值等多方面优势呈献给消费者。

目的：呈现服务理念，创新用户体验。

策略：线上“体验嘉年华”。

策略执行细节：以一汽丰田爱车养护课为灵感，开展线上体验嘉年华，以寓教于乐的方式传播服务理念。用户可以通过体验嘉年华 8 大体验模块，参加丰富多彩的线上游戏，在轻松的娱乐休闲氛围中了解用车、养车专业常识，并更正自己汽车使用方面的种种误区。

3. 服务节品牌化

××年×月×日，“一汽丰田服务节”在“水立方”举办启动仪式，标志着@一汽丰田—诚信服务线上“服务板块”正式延伸到线下，形成“服务节”，实现线上线下联动，共同打造服务品牌，丰富服务内容。

策略：创办“服务节”。

策略执行细节：在微博平台开展“春季服务节”“冬季服务节”版块，力求在不同的季节为客户提供具有针对性的用车、养车服务。此外，根据不同的季节和各个节日传播服务理念，将服务节进行品牌升级，使服务节更具标准化和流程化。

4. 营销亮点

@一汽丰田—诚信服务微博，秉承为客户提供至诚服务的理念，利用微博平台，将看似简单的微博活动融合成独具特色的服务，打造“一汽丰田诚信服务体验嘉年华一汽丰田服务节”等丰富多彩的服务模式，让服务成为一种企业文化，在“粉丝”及消费者心中形成良好的口碑传播。专门的售后服务官方账号——@一汽丰田—诚信服务账号本身就是一个巨大的亮点，在汽车行业领域，以品牌、车型、经销商等不同维度划分的企业官方微博种类繁多，让人目不暇接。一汽丰田售后服务团队创建@一汽丰田—诚信服务专门进行售后服务的运维，为车主提供便捷的汽车资讯渠道和更加方便的服务。

5. 体验式营销模式

通过寓教于乐的游戏互动方式，让用户在轻松愉悦的环境中掌握用车、养车常识，并通过线上指导，进行专业化的操作，享受独特的体验。

6. 服务节品牌化

通过微博平台定期开展的“春季服务节”“冬季服务节”激起了“粉丝”较高的参与热情，@一汽丰田一诚信服务把服务带到线下，并通过开展线下服务节，让服务成为一种享受，渗透到一汽丰田品牌文化中。

1.2.3 汽车微信营销

微信——即时通信应用，支持发送语音短信、视频、图片和文字，同时支持多人语音或视频群聊和通话，2011 年 1 月 21 日由腾讯推出。经腾讯 QQ 邮箱、各种户外广告和旗下产品的不断宣传和推广，14 个月后，微信用户便突破了 1 亿，并保持急速增长的趋势。截止到 2018 年 3 月，微信国内外合并月活跃账户达 10.4 亿，日活跃账户达 6.89 亿。

伴随着微信的火热发展，微信营销——一种新型的互联网营销方式应运而生，成为网络经济时代企业或个人营销模式的一种。因微信不存在距离的限制，所以用户注册微信后即可与周围同样注册的“朋友”形成一种联系，用户订阅自己所需的信息，而商家通过提供用户需要的信息即可推广自己的产品，从而实现点对点的营销。微信营销主要体现在以安卓系统、苹果系统的手机或者平板电脑中的移动客户端进行的区域定位营销，商家通过微信公众平台，结合微信会员管理系统展示商家微官网、微会员、微推送、微支付、微活动，已经形成了一种主流的线上线下微信互动营销方式。

1. 微信营销的优势

(1) 信息至用户终端的到达率高 网络营销效果的好坏，很大程度上取决于所推送的信息是否能准确到达用户终端。信息到达率[⊖]的高低在很大程度上影响着营销效果，因此这也是所有营销工具最关心的和最需要做好的。手机短信和邮件的群发很容易被某些安全软件大量过滤掉；在微博营销过程中，商家发布的微博很容易在用户信息流里面被淹没，而企业或个人的微信公众号所群发的任何一条信息都能以推送通知的形式，完好无缺地发送到订阅者的手机上，到达率高达 100%。

(2) 信息的曝光率高 高到达率并不代表其有效起到了信息发布并广泛传播的作用，信息曝光率的高低是衡量信息发布效果的有效指标之一。微信信息与微博相比拥有更高的曝光率，在微博营销过程中，只有一些阅读性非常高的文章和关注度非常高的事件才会在被大量转发后获得较高的曝光率，其他直接发出来的广告微博非常快就会被其他人发的微博所淹没，除非不停地刷屏；然而，由移动即时通信工具衍生而来的微信，拥有很强的提醒力度，比如铃声、通知中心消息停驻、角标等，无时无刻提醒着微信用户有还未阅读的信息；如果再对所要推送的信息进行优化，基本可以实现信息百分之百的高

⊖ 信息到达率=到达用户终端信息数/推送信息数

曝光率。

（3）用户的精准度高 微信凭借其通信的便利性和使用的方便性，以及信息推广方式的多样性，逐渐成为现今主流的信息接收工具。商家为提高个人微信或微信公众号的被关注度，常常通过奖励、打折、优惠、资讯等方式，诱导用户主动添加微信或订阅公众号，该方法所吸引的粉丝精准度相对较高。此外，微信公众号可以通过后台对用户进行分组，进一步优化信息推送，从而使信息推送更加准确、更有针对性，实现精准的消息推送，同时也能提高受众用户对接收到的推送信息的接受率。事实上，真正炙手可热的营销资源和推广渠道是那些拥有粉丝量大，而且用户群体非常集中的垂直行业微信公众号，其微信用户组成的粉丝群相当于一个盛大的在线集会，每一个粉丝都是潜在客户。

（4）营销活动的便利性 一方面，随着科学技术的快速发展，未来的智能手机不仅能够实现PC所拥有的全部功能，同时还具有方便携带的特性，用户可以随时随地获取信息、交流信息，因此移动手机的便利性大大增强了商家微信营销的高效性；另一方面，微信推送的信息不仅可以以文字方式表达，还可以是语言、图像、动画、视频等方式表达，且微信公众号还具有实现群发语音、图片和文字的功能，能够将营销活动第一时间推送给每位受众，认证之后的微信公众号权限更高，内容形式更加丰富的推送信息、更加漂亮的图文信息，能够进一步拉近商家与用户的距离，用户体验得到提升，为营销活动的开展夯实了平台基础，这种人性化的营销手段也促使微信营销能快速被大众接受。

2. 汽车微信营销运行模式

（1）草根广告式——查看附近的人 产品描述：签名栏是腾讯产品的一大特色，用户可以随时在签名栏更新自己的状态，自然也可以打入强制性广告，但只有用户的好友才能看到。而微信中基于LBS的功能插件——“查看附近的人”，便可以使更多陌生人看到这种强制性广告。

功能模式：用户点击“查看附近的人”后，可以根据自己的地理位置查找到周围的微信用户。在这些附近的微信用户中，除了显示用户姓名等基本信息外，还会显示用户签名档的内容。所以用户可以利用这个免费的广告位为自己的产品打广告。

营销方式：营销人员在人流最旺盛的地方后台24小时运行微信，如果“查看附近的人”使用者足够多，这个广告效果也会不错。随着微信用户数量的上升，可能这个简单的签名栏也许会变成移动的“黄金广告位”。

（2）O2O折扣式——二维码扫码 产品描述：“扫描QR Code”这个功能通过扫描和识别另一位用户的二维码身份来添加朋友，但是二维码发展至今其商业用途越来越多，所以微信也就顺应潮流结合O2O展开商业活动。

功能模式：将商家二维码图案置于取景框内，微信会自动找到好友企业的二维码，然后用户就可以获得成员折扣和商家优惠。

营销方式：移动应用中加入二维码供用户扫描，然后给用户提供商家折扣和优惠，这种O2O方式早已普及开来，而类似的App在各手机的应用商店中也非常多见，坐拥上亿用户且活跃度足够高的微信，价值不言而喻。

（3）社交分享式——开放平台+朋友圈 产品描述：微信开放平台是微信4.0版本新

推出的功能，应用开发者可通过微信开放接口接入第三方应用，还可以将应用的LOGO放入微信附件栏中，让微信用户方便地在会话中调用第三方应用进行内容选择与分享。

功能模式：社交分享在电商中一直是热门话题。在移动互联网上，以之前腾讯公布的合作伙伴为例，用户通过微信把一件“美丽说”上面的商品一个接一个地传播开去，达到社会化媒体上最直接的口碑营销。

营销方式：微信除了异步通信的功能，4.0 版本中的新功能“朋友圈”分享功能的开放，为分享式的口碑营销提供了最好的渠道。微信用户可以将手机应用、PC 客户端、网站中的精彩内容快速分享到朋友圈中，并支持以网页链接的方式打开。

（4）互动营销式——微信公众平台 产品描述：对于大众化媒体、明星以及企业而言，如果微信开放平台+朋友圈的社交分享功能的开放，已经使得微信成为移动互联网上不可忽视的一条营销渠道，那么微信公众平台的上线，则使这种营销渠道更加细化和直接。

功能模式：通过一对一的关注和推送，公众平台方可以向粉丝推送包括新闻资讯、产品消息、最新活动等消息，甚至能够完成咨询、客服等功能，成为一个称职的 CB 系统。可以说，微信公众平台的上线，直指微博的认证账号，提供了一个基于过亿微信用户的移动网站。

营销方式：通过发布公众号二维码，让微信用户随手订阅公众平台账号，然后通过用户分组和地域控制，平台方可以实现精准的消息推送，直指目标用户。接下来则是借助个人关注的公众号和朋友圈，实现品牌的“病毒式传播”。

专栏 1-4　4S 店微信营销方案成功案例之广汽丰田

投平面，效果不如门户；投门户，精准度又被垂直 PK 掉，汽车品牌广告投放和营销，一直迷雾重重，面临着形式多且同质化的竞争，4S 店的宣传同样如此。作为一家新开的 4S 店，浙江宁波象山宁兴广汽丰田店如何华丽地开始了第一次广告营销呢？

“我们是新成立的店，样车还没到店，在正式运营前，必须要做一些宣传与普及。但以往常用的方式，诸如投放平面、网络媒体，我总觉得效果不好，也没什么特色，呈现不出差异化，更没有好的用户体验。”对于开展营业的第一步营销，宁兴广汽丰田的总经理王雷显然异常慎重，“我们的市场营销团队分析客户的习惯，总结出：现在的人用计算机上网的时间似乎越来越少，而玩智能手机的时间越来越长。也就是说，如果能在手机移动端上营销，似乎更为精准。于是，我们确定了以移动端营销为第一步的方向，而第一时间想到的就是‘车商通 SCRM’。”

据他介绍，11 月广州国际车展他去过现场，亲身到过车商通的展台并且体验过产品的功能，那是他第一次接触到车商通 SCRM。“从车展回来后，我仔细琢磨了车主体验，他们知道车商遇到的痛点，意识到车商通 SCRM 是一个非常好的客户管理维护系统，目前市场上还没有同类产品。如果早点使用的话，一定能够抢占先机。车商通 SCRM 是一种移动互联网潮流下的车商应用系统，是完全智能化的，以车主的良好体验为出发点，能为车商切切实实地提供产品。于是，我们果断使用了。”

新开业 4S 店推广新模式

其他 4S 店因为各种隐痛而选择车商通 SCRM，而宁兴广汽丰田店却在运营前就对接上车商通 SCRM，对于微应用的理解，显得非常默契。王总说：“刚好我们这里举办为期两天的车展，我们打算借助车商通 SCRM，在车展期间发力，做好第一步营销。更难得的是，现在又是圣诞期间，利用节日的气氛，为我们的新店开业制造一个很好的噱头。”

车展，如何借助微信留下更多潜在客户？

针对车展和圣诞的契机，借助车商通 SCRM 系统，象山宁兴广汽丰田店的销售团队策划了“扫一扫，中大奖”的活动。两天的车展活动下来，宁兴广汽丰田店公众账号借助车商通 SCRM 平台，总共吸引粉丝 829 人，其中潜在购车用户近 600 人，效果非常显著。“一开始，我们预计会有很好的效果，但没想到效果这么明显。”对于两天吸引 829 名粉丝的数据，王总喜出望外，“如果撇开车商通 SCRM 平台，这两天恐怕只有二三十个人关注。有了这些线索，我们可以轻松锁在手机端，为后续的销售做好铺垫。未来的竞争一定会从当前的价格战转变为潜在客户的争夺战！据我的经验，年底来车展看车的人，在一个月之内大多都会成交。这比在任何媒体投放广告更为精准，而且几乎没有成本。如果放在以往，有什么活动和优惠，通过电话、短信去营销，到达率低，效果差。通过微信车商通平台，基本上是 100%的到达率，只要客户使用微信，就一定能看到消息。”

对于车商通 SCRM 之所以能发挥作用，王总根据自身现场和后台管理情况，做了如下分析：

第一，通过车商通 SCRM 进行抽奖活动，客户体验好，乐于参与。他说：“通过现场气氛，我发觉进来的客户对于抽奖体验非常感兴趣。他们似乎从来没有体验过在微信上抽奖，这是一种前所未有的体验。”

第二，制定标准话术。据他介绍，宁兴广汽丰田店市场人员制定了简洁明了的话术，仅仅三句话就吸引了客户的好奇心，同时解释清楚了产品的好处、相关服务和优惠；另外，服务人员耐心引导，重复演示给客户看，让客户深入了解产品，能够很好地进行体验。

第三，诚信经营，树立良好的口碑。他说："刚刚我们推出了大奖，总经理带领团队欢迎中奖人来领奖，亲自安排送到酒店，送上两瓶进口红酒，并通过各种布置，营造出圣诞的气氛。"显然，大奖的兑现给了车主定心丸，这对于后期品牌口碑的积累无疑起到了积极作用。

后续潜在客户转化率计划：

任何好的产品，最终功能的发挥都绕不开强有力的执行。车商通 SCRM 也不例外。对此，宁兴广汽丰田店也有具体的计划，目前已组建相关的团队来执行，同时制定相关的标准，借此将车商通的功能发挥到最佳。

据王总介绍，具体计划是：第一步，以吸引粉丝为主，将粉丝的数量作为考核标准。在 800 多名粉丝中，车展后 2 天已经有 139 人通过微信咨询了购车和优惠活动，所以，他特意介绍说："争取让所有的进店人员都绑定在我们的平台上，为后期的销售转化奠定基础。"

第二步，积累好粉丝，再通过互动拉回展厅，再将潜在客户转化为有效订单，以首次到店率和成交率作为销售考核标准。另外，在后续潜在客户的线上互动上，宁兴广汽丰田店已经和车商通团队做好了充分沟通。王总补充说："任何营销的闭环，最终体现在销量上。因此，第一步是基础，第二步才是目的；第一步没做好，第二步只能是镜花水月。"

驱动小结：

"好的开始，是成功的一半"，使用车商通 SCRM 的运营逻辑也是如此。从销售端开始，在潜在客户的网罗、客户首次到店率和潜在客户转化率上一一发力，解决了 4S 店在销售转化上的难题，成为车商发展的一大利器。

而作为经销商，使用车商通 SCRM，从一开始即要意识到积累粉丝的重要性，培育庞大的粉丝群才是实现销量提升的基础，售前如此，售后亦然。而所有这一切又要落实到具体的执行上，如果没有强有力的执行，所有的产品系统，包括车商通 SCRM，都不过是一个空架子。

象山宁兴广汽丰田店的案例，充分印证了运用好客户黏度极高的移动互联网，可以在销售端上发挥强大的作用。将局限的线下展厅移植到潜在客户的手机里，通过互动提升到店率，而能将它真正转化成切实的利润，则需要与之相匹配的执行！

1.2.4 汽车 App 营销

近年来，伴随着智能移动互联终端的快速崛起，移动设备（手机、平板电脑）和无线终端大有取代计算机成为 IT 产业核心之势。而移动互联网终端的产物 App，在近几年

也呈现出了爆发式的增长。

App 是英文 Application 的简称，是指智能手机的第三方应用程序。它的实质是网络和应用软件在移动互联网所有终端上的延伸，既是一种时尚的流行方式，又可以不间断地连接网络、SNS、微博等工具，再加上 LBS、AR 等新兴技术，完全可以形成一种志缘、趣缘的社区。

App 营销即应用程序营销，是通过在智能手机、社区、SNS 等平台上运行的应用程序来开展的营销活动，具有低成本、持续性、跨时空性、精准性、用户黏性等特点，符合移动互联网时代不间断的连接、碎片化的时间、个性化的需求等时代特点和需求，成为了移动营销的新宠。

1. 汽车 App 营销概述

App 产品的涌现，不仅吞噬着各种软件，对游戏、零售、传媒、旅游、汽车等行业也都产生了不小的影响，而在各行业中，汽车产业成为 App 应用的第二“大户”。这主要是因为汽车与手机同样具有移动的特性，同时汽车不同品牌的定位更明确、产品工艺更复杂、目标人群要求更精准，其销售也带有明显的区域特征，运用 App 平台能够实现信息从大众传播到精准传播，也进一步完善了品牌体验。

汽车 App 营销完全解决了很多传统营销解决不了的难题：购买前，消费者查询各种指标进行比较；购买中，消费者查找经销 4S 店；购买后，消费者查询售后服务，提供全方位的、细腻称心的一条龙服务，充分消除了很多疑虑，由于设计的功能界面简单实用，满足消费者在移动过程中的使用喜好和习惯，符合时间碎片化时代用户的心理需求，而且没有中看不中用的功能和大量硬性广告，更没有把 App 当成一个简单的卖车窗口，因此各种汽车 App 在汽车企业里已经被大量使用。2010 年 12 月，奔驰中国成为全球首个应用 DSA 系统的厂商，并将该系统命名为具有奔驰特色的“e-Star”，此后，北京现代、东风本田、一汽奥迪等 20 多家汽车厂商和经销商也开始将 iPad 等移动设备用于 4S 店内的销售与管理。

App 以其所具有的定制性、媒体性和传播性，凭借天然的精准性、位置化、长尾性、互动性以及高用户黏性，成为品牌“自营销”的工具，敲开了品牌开展移动营销的大门。而汽车行业，作为创新营销最为忠实的拥趸和实践者，在探路 App 营销的过程中也是创意连连、斩获颇丰，App 成为汽车业营销标配的趋势十分明显。

2. 汽车 App 营销特点

（1）能够满足个性化需求　实用、信息查询类的 App 与世界上大多数产品一样，都面临同一个问题：产品同质化。个性化也意味着人性化，而个性化的另一个层面是受众能够获得个性化需求的满足。移动互联网的发展势头近年来很猛，而且用户“黏性”与便利性等方面都有得天独厚的优势。App 营销可以让企业从主观营销走向数据型营销，而且数据营销的优势又是传统主观营销无法替代的。

（2）注重互动与趣味性　App 营销的另一大特点就是消费者的互动性与参与性要明显优于其他网络营销模式，这也是移动互联终端的优势，不管在家里还是其他地方，都可以轻松参与互动，这是传统互联营销所不能比拟的。在当今社会，消费者除了购买产品外，还非常热衷于参与互动，这也是 App 营销独特的乐趣与亮点。

要保持顾客的忠诚度，赢得长期而稳定的市场，“一对一”的无线互动营销，与消费者形成互动、互求、互需的关系，并让消费者之间形成一种良性的互动，对于品牌营销大有益处。

而将以品牌传播为主要诉求的App产品做得生动有趣，可以认为是一种必需，并非是“有”比好玩更重要。如果仅停留在“有”与“没有”的阶段，那仍然是App移动营销的初级阶段。

（3）App成为经销商的得力助手 App营销与经销商的合作可以让App的功能无限放大，同时也用一种全新的模式为经销商的营销注入了新鲜血液。App可以显示经销商的在库车辆，并对重点车型进行优先推荐。此外，其常用的功能，如车型对比、查询、排序、保存以及互联网络共享等，都一应俱全。在售后服务方面，App则增加了实时服务表单系统，并且受理服务预定，同时可以用于收集服务反馈，还提供实时的经销商查询和道路救援系统。

这些App系统可以充分整合汽车营销与汽车4S店营销的各个方面，化整为零，让管理、营销、服务、售后变得更轻松，彻底解决传统营销模式过于单一、目标不够明确的弊端。

专栏1-5 MINI经典的手机App+AR+LBS营销案例

汽车品牌MINI的营销功力是有目共睹的。MINI的Getaway Stockholom的App案例不仅在汽车业内堪称在品牌营销层面上的经典案例，也是企业层面经典的手机App+AR+LBS移动营销案例。目前，大多数网络或前端移动营销课程多半会引其为例，可见其收效获得了非常广泛的认可。

AR和LBS这两个概念将越来越深入和广泛地影响网络和移动网络，并进一步影响到营销传播形式。

AR指Augmented Reality，翻译为增强现实，也叫混合现实，是指透过影像处理技术将虚拟3D和现实影像融合，使真实的环境和虚拟世界实时地叠加到了同一个画面或空间中。

LBS则是Location Based Service的缩写，可理解为基于位置的服务，是指通过电信移动运营商的无线电通信网络，如GSM、CDMA，或GPS等外部定位方式获取移动终

端用户的地理坐标等位置信息，在地理信息系统（Geographic Information System，GIS）平台的支持下，为用户提供相应服务的一种增值业务。

MINI 的 Getaway Stockholom App 是 MINI 在斯德哥尔摩市某处设置一台虚拟的 MINI 最新款的四门、四驱 Countryman，参与者先下载 App，通过 App 查看虚拟的 MINI 所在的位置去完成 Countryman 发布的核心主题“Getaway”（逃离），只要是下载了 App 的参与者都可以来抢夺这辆虚拟的 MINI。不过，只有最后一个抢到并保留这辆虚拟 MINI Countryman 的参与者才可以获得一辆真实的 Countryman 作为奖励，奖品可谓相当丰厚。

这样，这个 App 非常好地把品牌、新产品营销活动和 LBS 结合，并通过 AR 技术展示虚拟车辆，通过“抢”的方式聚集受众，获得了空前的成功。从视频的介绍中也可以看到，作为当时世界上最大的“Reality Game”（当时世界上最大的 iPhone 虚拟现实游戏），大约每人的平均（持有虚拟车型）时间为 5 小时 6 分钟，参与“抢夺”者来自 90 个国家。通过这项活动不仅 MINI 品牌得到了广泛的宣传，新产品 Countryman 也得到了推广。在瑞典，到游戏结束后的首季度，MINI 的销量上涨了 108%，可谓一举多得（事实上，视频的开始已传达这个 App 本身的目的——Challenge，并非直接促进销售，而是培育更多的 MINI 文化传播者）。

思考练习题

1. 应用较为广泛的几种新车互联网营销模式。
2. 概述微博营销新理念——Social First。
3. 汽车微信营销的优势有哪些？
4. 简述汽车 App 营销的特点。

第2章

二手车电子商务

本章重点：

1. 二手车电子商务的特点。
2. 二手车电子商务的运营模式。
3. 二手车电子商务平台的设计。

2.1 二手车电子商务概述

2.1.1 国内二手车营销现状

1. 国内二手车营销现状分析

二手车作为与新车同等种类的消费物品，却拥有新车不能比拟的消费优势。伴随着中国汽车消费市场机制的健全，二手车的消费速度更是节节攀升，逐渐取代新车成为汽车市场的重要组成部分。各个领域的投资者们更是发现了二手车消费市场货物渠道广泛、价格更加优惠的优势，想要分得广袤市场空间和巨大利润的一部分。近年来，二手车市场得到了迅速发展，2016 年，全国二手车交易量已达到 1039 万辆，交易金额达到 5984.4 亿元。

中国汽车流通协会、中商产业研究院的数据显示，2018 年全年，我国累计完成二手车交易 1382.19 万辆，同比增长 11.46%，交易金额为 8603.57 亿元。2012—2018 年，我国二手车市场交易量及变化趋势如图 2-1 所示。

一直以来，二手车鉴定的权威化阻碍着传统二手车交易市场的发展，但是伴随着 2016 年《二手车鉴定评估技术规范》的正式实施，二手车的鉴定评估机构开始兴起，进而更加规范了二手车交易市场。看到二手车市场的发展，很多汽车厂家也按捺不住，分别通过 4S 店附加服务的形式提供了本品牌的二手车交易服务。

如今的时代是互联网的时代，刚刚跨过了权威的门槛大步向前的二手车市场，也正在寻找着新的突破口。已经被品牌化的二手车交易，借着大众对品牌的认知度，慢慢地由线下转移到了线上，开辟出了独特的二手车交易新局面。互联网二手车市场依托宽广的平台、线下评估、线上交易和一站式的服务为二手车市场扩大了交易范围。越来越多的汽车电商不再拘泥于新车的电商市场。2015 年，淘宝正式开通二手车交易平台，二手车交易及常规的汽车保养也不再需要消费者走出家门。

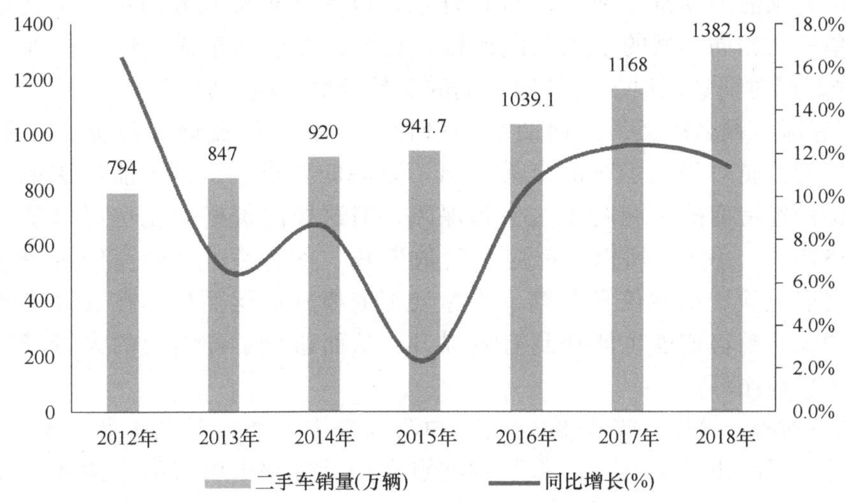

图 2-1 2012—2018 年我国二手车市场交易量及变化趋势

虽然互联网二手车交易平台的巨大利润带动了许多线上平台的发展，仅提供线上交易的平台就有车易拍、平安好车等，但是二手车市场的复杂性依然客观存在，二手车依然是一种特殊的交易商品。对于消费者来说，二手车的真实情况，也就是车况透明是十分重要的，这一点是新车市场所没有的。电商应该通过规避传统市场的价格竞技来降低自己的价格，从而吸引消费者。

能否准确评估车辆的真实情况，买家与卖家之间能否充分地相互信任是目前二手车线上消费的最大阻碍。卖家害怕错误的车况评估使得利益受损，买家则更加担心安全问题和车辆的价格。而作为二手车线上交易平台，只有解决了这些问题，才能真正地占有市场份额。在解决问题的同时，更多的二手车线上交易平台也在探索抢占份额的营销模式，所以一种类似于 4S 店的全产业营销模式开始出现在了通过网络购买二手车的消费者眼中。

互联网忽略地域的信息传播，撕开地域与地域之间的交易障碍，完成了符合异地迁入的二手车线上交易。随着电子商务的多样化发展，二手车市场发生了翻天覆地的变化，在不久的将来必将产生重大的变革，主要集中在以下两个层面：

1）规模化的经营机构成为主体。越来越多的大型集团参与进来，将二手车的车源信息全部集中，同向输出，小的个体势必遭到打击，退出历史舞台，这就为更加专业的分工提供了动力。

2）交易的主流从同城变为异地。随着线上交易平台的扩展，更多的车源信息可以提供给消费者选择，而不同区域交易平台的发展水平不同，将构造出新颖的购买模式。针对以上变革，交易平台的作用也将日益丰富起来。

2. 国内二手车营销特点

二手车与新车之间的差别显而易见，二手车的定价形式也和新车完全不同：

1）在二手车交易中，同一车型和年限的车辆经历了不同的使用情况，所以无论是卖家出售还是买家购买二手车，都无法通过自己的判断对车辆进行评估，基于二手车评估的复杂性产生的“一车一质，一车一价”的特殊性就很好理解了。所以，作为第三方，二手车销售商必须能够精准地对车况进行评估，以保证买卖双方的利益不受损。在评估的时候不能单一在相同车型的基础上做比较，还要在专业的车辆评估的基础上参考“三同”（同型号、同时期、同地区）新旧车辆的交易价格和经商成本。

2）价值递减。顾名思义，任何商品的价值都随着时间流逝而降低，二手车也不例外。车辆的这种性质对于二手车的交易提出了更高的要求，一旦不能尽快地出售，车辆就会贬值，这样经销商的利润就无法得到保障，但这样的价格变化也可以使经销商能够以低廉的价格购入二手车。所以，针对“价值递减”的特性，经销商们希望通过优秀的营销模式来规避风险，因此信息共享、快速处理的模式应运而生。在这种模式下，二手车资源合理调配，销售速度也能得到有效提升，从而避免了经销商的大量资金被车辆套住，也避免了恶性循环。

3）信息不对称。《二手车交易规范》中明确规定，个人不得从事二手车经纪活动，这条规定就是为了防止“信息不对称”的特点在交易过程中引起的矛盾才设立的。作为卖方，为了能够最大化自己的利润，有可能对买方隐瞒部分车辆信息，买方因此会对车辆信息有所怀疑，这就是交易双方信息不对称造成的问题。其根本原因是诚信问题，因此经销商有义务对买卖双方的利益负责。

4）用户面对的供应商。这个特殊性的产生在于：作为供应商，同时面对的是买家和卖家，基于上一条特殊性可知，买卖双方存在着错综复杂的利益联系，所以经销商是作为二者信任的联系纽带，只有完美地扮演这个角色，才能使交易顺利完成。经销商还应结合双方的意愿进行沟通，从而从中获得销售利润，提高销量。

总之，二手车的特殊性反映了二手车交易应该注意的事项：车况信息的公开、价格评估的合理以及处理车辆的速度。

2.1.2 基于互联网的电子商务概述

1. 电子商务的概念

贸易的全球化和互联网的全球化特性使两者很自然地走到了一起。电子商务（electronic commerce）是指应用电子信息技术和现代互联网网络技术，在客户、厂商及其他交易主体之间进行的、以信息为依托的商务活动，如产品和服务的网上推销、销售、购买，以便提高交易速度、提升服务品质、降低成本，并更好地为企业服务。

一个电子商务平台应具备如下功能：

对于卖方来说，电子商务平台的主要功能是建立卖方产品的展示页面，提供全方位的技术托管服务，同时具备 B2B 和 B2C 的两种功能，能够通过平台实现产品管理和产品跟踪。

对于买方来说，电子商务平台的主要功能是提供多角度的商品搜索查询功能，对商务和卖方的导购功能，并提供买方与卖方的沟通咨询渠道。

为实现上述功能，一个基本的电子商务平台应该由硬件系统、软件系统、网络系统、客户服务系统构成，其中前三者属于技术范畴，客户服务系统属于管理范畴。

在互联网开放的环境下，基于浏览器/服务器方式，电子商务具体表现为网上消费、网上交易和在线电子支付的崭新商业运营方式。对此，国内外至今尚无统一公认的定义。

电子商务有广义和狭义之分。狭义的电子商务也称作电子交易（E-Commerce），主要指利用Web提供的通信手段在网上进行的交易。而广义的电子商务包括电子交易在内的利用Web进行的全部商业活动，如市场分析、客户联系、物资调配、商业电子数据交换等，也称为电子商业（E-Business）。

2. 电子商务的功能与特性

电子商务可以为网上交易和管理提供全过程的服务，因此，它具有广告宣传、咨询洽谈、网上订购、网上支付、电子账户、服务传递、意见征询、交易管理等各项功能。企业可以利用互联网发布商业信息，并利用网站在互联网涉及的各个领域为企业做广告宣传。网上的广告成本低廉且不受用户所在地域和时间的限制，同时可以给用户带来丰富的信息，更方便用户了解市场和商品的相关信息。借助于其他的互联网成熟功能，如电子邮件、论坛等，还能够让买卖双方通过互联网交互传送，实现更顺畅的商品信息交流和交易事务洽谈。

电子商务利用网页上的信息来收集用户对产品、服务等方面的反馈意见，有助于企业提高服务水平，获得商业机会。通过电子商务的交易管理，企业和企业、企业和客户，以及企业内部等各方面的协调和管理都可以实现。

电子商务最基本的特性为商务性，即提供买卖交易的服务、手段和机会。电子商务可以扩展市场，增加客户数量。通过页面访问记录下的访问数据，企业能够通过这些数据分析获知客户的访问动态，进而分析客户的使用习惯和买卖偏好。

在电子商务环境中，客户不再受地域的限制，服务质量在某种意义上成为商务活动的关键。电子商务提供的客户服务对企业和客户来讲都是方便而有效的，加强了商家和客户的交流。

2.1.3 二手车电子商务的特点

二手车电子商务是通过互联网或其他数字化媒介渠道，进行二手车资讯传播及交易的形式。它充分利用现代信息技术所提供的条件，打破时间和空间的限制，借助丰富的二手车资源，形成在线的二手车咨询交互机制，实现了有别于传统二手车检测和销售的全新方式。

二手车电子商务改变了传统二手车销售的信息不透明、欺诈、漫天要价等弊端，将销售的重心转向了客户。以创新的形式解决了信息不对称的问题，在一定程度上保证了市场诚信度，促进了二手车的交易流通。二手车电子商务的特点如下：

1）市场布局广泛。二手车电子商务能突破传统的二手车交易地域局限，还可以通过互联网实现信息的广泛覆盖；通过汽车检测、在线支付、汽车物流及积极的线下业务网络布局，能让二手车在全国范围内广泛流通，拥有更广阔的市场。

2）信息实时传播。通过互联网的实时传播，各地的二手车信息可以更便捷地向更广的范围及时传输，增加了市场的活力与效率。

3）信息集中整合。二手车电商运用互联网的信息整合能力，集中发布二手车信息，提高了市场集中度。

4）车况检测真实。二手车电商的检测让车况和车价真实透明，建立二手车销售市场的信誉，赢得消费者的信任。

5）交易流通、便捷。二手车电子商务平台，运用互联网技术，提供从验车、达成交易、提车、支付、过户、物流等一系列完整的配套服务，让二手车交易更加便捷。

此外，二手车电子商务还存在一些问题：

1）缺乏线上营销发展战略的整体规划。现在的二手车电商急需探索出符合自身优势的一套营销体系，从而完成更大的交易目标。而大多数二手车电商还不熟悉网络营销，仍然按照传统的模式进行销售，以至于不能形成对于营销发展战略的整体规划。

2）电商营销人才缺乏。人才缺乏一方面是由于二手车线上营销还处在早期阶段，能够同时熟悉汽车和网络营销的复合型人才也还在培养阶段，现阶段企业大多用两种人才的队伍来代替。另一方面是因为二手车营销模式发展缓慢，不能刺激相应人才的积极性，导致人才培养受阻。

3）政府的指导作用需加强。政府的指导是二手车电商发展的重要推动力。很多二手车电商对互联网不是很了解，很容易在广阔的互联网世界中迷失方向。而互联网营销更是宏大且复杂的过程，多个因素错综复杂地交错在一起，想要达到规范的运作和利益保障并不是很容易。

2.2 电子商务环境下的二手车营销策略

2.2.1 电子商务环境下二手车市场的SWOT分析

1. 优势分析

（1）二手车市场车源多样化 近些年来，国家为了鼓励汽车产业的发展推出了许多优惠政策，很大程度上激发了普通老百姓购买汽车的欲望，促进了汽车市场的发展。我国大部分普通百姓都能保证生活无忧，再加上收入的增加，人们逐渐形成了新的消费观念，对于汽车的需求急剧增大。同时，汽车的制造商也在迎合这一点，顺应群众的消费需求，推出多种实用性汽车，以满足不同群体的购车需求；还积极开展各种以旧换新、购车优惠等活动，不仅可以有效提高新款汽车的销售额，还能进一步拓展自己品牌的市场占有率，增加客户对品牌的依赖程度。在汽车的诸多用户群体中，家用汽车的更换频率最快，生活在城市中的人们生活品质在逐渐提升，购买力越来越强，厂家也在不停地推出新的产品以迎合市场需求，为用户提供更好的行车体验。另外，目前国内一些大城市为了保护环境而设置了市区车辆排放标准，不符合排放标准的车辆不准进入市中心行驶。综上所述，二手车市场有很多车源，使得市场待售车辆的多样性大大提高。

（2）二手车市场需求仍在增长，消费群体庞大 伴随着不断增加的收入，人们对于一些曾经高不可及的奢侈商品有了更多的需求，汽车便是其中一项。不仅如此，新车与二手车互为替代品，如果收入水平不允许购置新车，那么人们就会转向购买二手车，二手车市场因此得以发展。

（3）汽车消费需求富有弹性，二手车市场仍存在很大的收益空间 汽车可以被看作是一种奢侈品，属于需求富有弹性的商品，二手车货源渠道增加，供货量以及汽车的种

类都非常丰富，尽管汽车的销售价格有所下降，但是由于销售额大幅增长，所以说销售者的收益不减反增。整体看来，二手车交易额的增长可以有效推动二手车市场的稳定发展。

（4）二手车市场具备很大发展潜力　消费者会以旧车来换购新车，还有些消费者会因为受限于自身经济能力而倾向于购买二手车。不过，每一个城市都存在一定的机动车市场饱和度，如果城市中的机动车数量达到饱和时，相关机构一定会采取某些措施来控制机动车数量的继续增长。此时，如果二手车具备齐全的手续，那么在交易时就有很大的优势。

2. 劣势分析

（1）新车市场的不稳定导致经营二手车具有一定的风险　新车和二手车在不同的消费者看来地位相同，两者差价基本不变。一般情况下，如果新车的价格调低，那么二手车市场这一款汽车的售价也一定会同步下跌。而且，这会直接影响旧车的销售量，因为在消费者看来，如果新车和旧车的价格都下降了，并且两者的差价太大，那么买新车就会比买旧车拥有更长时间的实用效果。再加上短时间内，二手车的经销商很难收购到兼顾车辆情况良好与车辆使用时间短的二手车，间接增加了操作二手车交易的复杂程度。而且，相对于私人交易，二手车市场有许多必要的步骤需要通过，这就在无形中增加了交易的成本。因此，经营者在经营二手车时面临着较大的风险。

（2）交易市场功能不足　目前，我国二手车市场的主要服务有二手车交易、工商验证以及转籍过户等，缺乏必要的服务功能和措施，不易形成规模，同时也限制了二手车市场的持续发展。不仅如此，二手车交易过程缺乏制度，好似一团乱麻，经营理念太过传统，缺少专业二手车交易信息网络系统，不利于市场的发展。

（3）行业内没有统一的鉴定评估标准　如今的二手车市场，国家的干预力度薄弱，不仅没有制定完善的标准来鉴定二手车，同时也缺乏全国性的政策法规来规范二手车市场。因为二手车的鉴定以及估价缺乏标准，所以检验车况一般依靠鉴定师的个人经验；但是不同的人看法也不同，这就导致鉴定结果不够权威，再加上目前实行的法律法规都没有涉及这方面，因此二手车的售后服务无法得到有效保障，这进一步导致了消费者的合法权益不被保护。

3. 机会分析

（1）国家良好的政策扶持　2009年2月9日，国务院颁布《汽车产业调整和振兴规划》，其中“规范和促进二手车市场发展”是值得重视的一点。同年3月份，温家宝总理在十一届全国人大二次会议上做《政府工作报告》时提出加快发展二手车市场。“十二五”规划大力宣扬发展循环经济，而二手车市场的发展恰好可以大幅节省社会资源，与国内当前推崇的绿色生活方式以及消费方式不谋而合。不过由于能源紧缺、环境保护等问题，全国各地正在推广新修订的汽车排放标准，新能源汽车的出现备受关注，这就侧面促使消费者换车，同时表明二手车市场或许会有新一轮的发展机遇。

（2）二手车存在良好的市场发展前景　二手车客户并不满意当前的二手车交易模式，认为其不够方便和完善，这也直接印证了当前的二手车市场离“帕累托最优”（指资源分配的一种理想状态）还有一定的距离，也证明了市场尚有十分广阔的发展空间与利润空间。

4. 威胁分析

（1）提高了市场的准入门槛 商务部最新推出的《二手车交易规范》相比之前大幅提高了二手车从业的门槛。其中规定，经营二手车必须要有严格的规范性，并且需要为其销售的车辆提供检测以及售后等服务项目。这些政策的推出直接让那些规模较小的经营者不得不退出二手车市场，留下的公司基本上都必须拥有完善的硬件以及技术保障，资金也比较充足。新政策对市场准入门槛的提高极大地促进了二手车市场向规范化的方向转变。

（2）信息的不对称 由于二手车经营者对于市场以及二手车的了解程度远远多于购车者，所以双方已知的信息并不统一，导致许多廉价劣质的二手车流入市场。每一名二手车经营者都是为了追求更高的利润，所以在经营的过程中存在许多人利用自己对市场的了解来坑骗消费者并从中获取高额利润的现象。大部分消费者只会开车，但是对车并不了解，所以他们对二手车很不放心，而更加愿意在有质量保障的4S店购买新车，哪怕价格贵一些。这一问题是二手车市场的发展道路上一个不小的阻碍。

综上所述，根据对二手车行业发展的优劣势及所面临的机会与威胁的分析，从而制定发展二手车行业的SO、ST、WO及WT战略，列出了如图2-2所示的SWOT矩阵。

SWOT	优势-S	劣势-W
	① 二手车市场车源多元化 ② 二手车市场需求仍在增长，消费群体庞大 ③ 汽车消费需求富于弹性，二手车市场仍存在很大的收益空间 ④ 二手车市场具备很大的发展潜力	① 新车市场的不稳定导致经营二手车具有一定的风险 ② 交易市场功能不足 ③ 行业内没有统一的鉴定评估标准
机会-O	SO策略	WO策略
① 国家良好的政策扶持 ② 二手车存在良好的市场发展前景	积极发展型策略——加强核心竞争力	降低弱势型策略——加强管理；规范市场
威胁-T	ST策略	WT策略
① 提高了市场的准入门槛 ② 信息的不对称	克服威胁型策略——一体化、多元化	防卫型策略——完善市场

图2-2 二手车行业SWOT矩阵

2.2.2 二手车互联网营销战略

1. 市场细分

企业应该分析消费者的实际需求及客户的差异性来细分市场，并通过对消费者的精准

分析来确定营销策略。在市场细分时，应该注意可进入性、可衡量性及有效性，还要注意不同消费者对同一营销策略的不同反应。

（1）地区分类　从某些角度来讲，一个地区对于开展二手车业务熟练度与其经济发展水平有很大关系。

如图 2-3 所示，国内二手车交易量增长率按照区域划分，2017 年西南地区同比增长 33.85%，为全国之最。往下依次为中南的 21.67%、西北的 21.25%与华东的 14.87%；全国增长最少的就是华北地区，相比上一年只增加了 0.1%；东北地区甚至还下降了 7.85%。

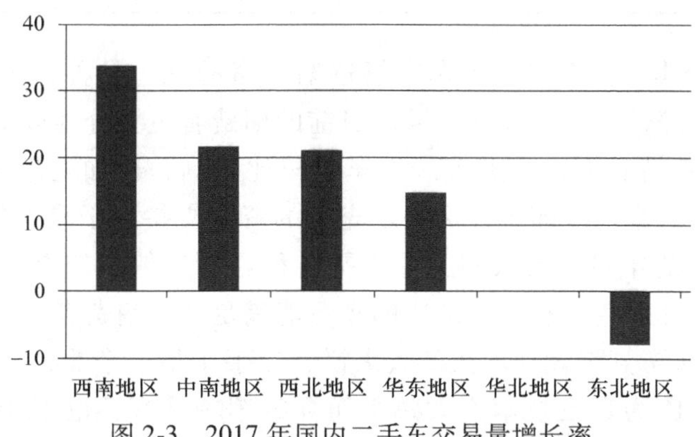

图 2-3　2017 年国内二手车交易量增长率

（2）二手车交易方式分类　近些年来，随着互联网的快速发展，二手车交易网络平台日渐增多。传统二手车交易市场本来就不高的利润空间进一步被压缩，电子商务平台正在逐步抢占市场。二手车的交易途径主要有以下几种，如表 2-1 所示。

表 2-1　二手车交易方式分类

交易方式	方式解释
经纪公司	这是一种最常见的交易方式。购车者通过这种途径无法获取有效的车辆信息，对车辆的来源也不太清楚。卖家通过这一途径卖车消耗的时间较长，但收益较高；对于买家来说，汽车的售价比较高并且需要缴纳各种手续费，还缺乏完善的售后服务
寄售行	即专门负责替卖家寻找买家的经纪公司，也是当前比较受卖家欢迎的一种途径：一方面，可以为卖家省下不少的时间与精力；另一方面，寄售行有对行情了如指掌的专业人员。但是这一途径也存在弊端，即卖家必须将车交给寄售行，一旦车况发生改变，不易察觉。另外，车的成交价格主要由寄售行决定
关系交易	即亲朋好友之间互相转让二手车。大多数情况下，双方互相信任，车辆信息清楚，价格也可以由双方共同商定，但有时也避免不了因价格、车辆状况及信息等不明了而出现争执
上网自售	伴随网络的普及，越来越多的车主选择在一些网站上销售自己的二手车。网络在买卖双方之间架起了一座桥梁。一般情况下，车主能够在较短时间内收到买家的请求（尽管有些买家为二手车商，不过依然存在相当一部分真心求购的买家）。不仅如此，通过网上交易卖家的主动权较大，可事先调查当前的二手车市场行情，确定一个较为合适的价格，更有利于尽快找到买家；同时，买卖双方可通过电话联系，约定看车的时间、地点，方便快捷

（续）

交易方式	方式解释
4S 店	一般信誉良好的车行以及专业的 4S 店都比较受消费者的信赖。想要购买或者换购汽车的买家，通常优先选择其信赖的 4S 店，而多数 4S 店或者大型车行也都为消费者量身定做了一套车辆置换服务，大大降低了消费者的置换成本。对于普通消费者来说，这种便捷的置换服务可以有效满足自己的置换需求
二手车拍卖	目前，国内的二手车拍卖主要依靠 B2C 平台。随着二手车市场的迅猛发展，国内已引入国外的一些销售模式，即利用网络连接线上与线下，实现买家和卖家互利。这种方式能够有效帮助车主尽快以合适的价位卖出自己的车，自由竞价的制度也使得交易更加透明，过程更加安全

（3）消费人群分类 伴随着二手车市场逐渐丰富的汽车品种，越来越多的消费者在购置二手车时更加青睐性价比较高的车辆。目前的消费者主要分为以下几种：

1）经济型。一般情况下，新上市的汽车价位比较高，再加上现在油价也居高不下，一些人只是为了出行有车代步即可，又缺乏充足的资金支持，于是希望购置一辆二手车。这种消费者没有明显的年龄、收入和文化水平特征，不过他们却有一个共同点，就是十分关心车的价格，因此那些具有高性价比的车更能满足这类消费者的需求。

2）新手型。对于考到驾驶证不久的人来说，二手车是一个非常不错的选择，因为自己开二手车，即使是因为自己技术不大熟练而导致车辆受损，也不会太心疼。再加上新手开车难免因为诸多因素导致车体磕碰，如果刚拿到驾驶证就买新车，一旦发生磕碰难免心中难受，还需支付一大笔修理费。在这种情况下，用二手车来过渡是个非常理想的选择。

3）过渡型。假如需要待在某个城市数月，那么租车是一个不错的选择，但是时间再长一点，租车就会很不划算，这个时候，买一辆二手车到走的时候再卖掉不失为一个好办法。其中一些人为了维护所代表的企业或自己的形象，一般会考虑购买保值率较高的中高档品牌车辆。

4）品牌型。有些人认为，拥有的车辆很多时候代表了自己的身份。因此，他们会选择购置一些高档品牌的二手车。即使资金不很充足，他们也会通过按揭贷款买一辆高档品牌的二手车。

5）个性型。现在已经有很多品牌为了迎合消费者的个性化需求提供了很多个性化的型号以及子品牌。比如说现今大热的 MINI、Smart、宝马 i8 等，这些车型主要面对那些品位和审美情趣独特的消费者，属于个性十分鲜明的车型。这类消费者一般经济能力十分优越，有很强的收藏欲望和购买欲望。

6）发烧型。实际生活中，有些人视车如命，通常把这种人叫作“汽车发烧友”。这些人比较喜欢造型别具一格，凸显个人时尚品位的车型。这些人对新鲜感的追求如同空气一样，钟情于车的改装，在二手车市场，一些产量小或者停产的车型说不定会被他们视若至宝。

2. 目标市场选择

公司在对市场进行细分研究的基础上，运用数据分析等手段发现市场的空白区域，从

而确定目标市场，实现选择性投放产品的目标。确定目标市场有利于将客户分类，同时了解客户需求，根据客户需求来制定富有针对性的营销策略。在企业确定目标市场的过程中，一般会用到下面几种营销策略：

（1）成本优先战略　成本优先并非意味着价格最低，而是通过控制成本的方式实现价格控制。企业定价的底线往往由成本决定，倘若最低价格与最低成本不相称，就会导致同行业从业者通过恶意打压价格的方式来针锋相对，所以想要保持优势，一味降低价格并不可取，还需要降低成本，这样才能提升盈利空间。如此一来，公司便可凭借成本优势实现更大的利益。

（2）差异化战略　差异化战略是指建立在细分市场的基础上，针对特定市场制定特定的营销策略，从而使客户的个性化需求得到满足。同时，公司还要保持个人风格和特色，比如产品款式新颖、外形美观、服务到位等。这种策略的优势在于灵活，能够灵活地根据客户需求的改变而改变。此外，跟单一产品相比较，其在开拓市场、塑造品牌上也更具优势，但也存在由于太过看中个性化而很难进行产品管理，从而使得生产、销售方面成本增加的劣势。此种策略应用得并不广泛，目前仅有个别企业采用。

（3）集中目标战略　集中目标战略是指仅针对特定消费群体的主要需求，致力于一种产品或一个细分市场的策略。此种策略通过集中核心力量和能力，有利于压缩成本、探求销售渠道，并快速建立品牌效应。但是企业也面临着巨大的运营风险，一旦目标市场由于目标客户偏好和需求变化而发生变化，而企业对此没有做好充足的准备，就会无法调整策略，使自身陷入被动的局面之中。中小企业因为规模所限，实力受到局限，在差异化营销手段上显得有心无力。同时由于中小企业缺乏对人才的吸引力，因此人才问题一直是横亘在中小企业面前的难题；而由于人才缺乏，企业也很难降低生产成本。所以对于中小企业来说，差异化营销和成本战略都是行不通的道路，集中力量重点攻坚才是最适合中小企业的战略。

综上所述，企业可以根据自身的情况选择适合自己的营销战略，营销战略没有好坏之分，只有合适与否，企业要想实现实力的升级，就需要立足于自身实际情况，选择最适合自己的战略。

3. 市场定位

市场定位本身具有排他性质，可以通过营造自身特色，跟别家企业产品区分开来，以期获得消费者的青睐和认可。产品差异化是快速实现市场定位的手段和策略，此外要想更加顺利地获得消费者的认可，还需要建立与众不同的品牌形象。

实现市场定位的方法主要有四种：网络图解法、CI[㊀]、CS[㊁]和四象限图解法。其中，CI、CS已经得到普及，受到广大企业的热烈追捧。企业制定形象战略，即通过视觉效果、举止、服务理念来向消费者和市场传递一种信息。顾客满意战略的核心原则就是：客户

㊀ 企业形象识别（Corporate Identity），即将企业的经营理念与文化，运用整体传达系统传达给社会大众和企业内部，以便其对企业产生一致的认同感。

㊁ 顾客满意理论（Customer Satisfaction），即企业的整个经营活动以顾客满意度为中心，从客户的观点出发，来使顾客满意度最大化，从而为企业赢得知名度。

即是上帝，通过视听、举止、服务理念的多重满意来让消费者感到满意，向消费者传达企业的服务理念和产品特色，增强企业跟消费者的沟通。形象战略和顾客满意战略互相结合，一里一外，相得益彰。

根据对上述目标市场分析，企业应该着手建立自身品牌和市场形象，力求在二手车产业链中打造富有生命力的生态圈。完善的产业链应囊括生产、销售、售后、维护、维修等环节。此外，着手构建二手车电子商务平台，集中整合卖主和买主资源，让消费者仅需通过计算机就可以实现便捷的二手车交易操作。

2.2.3 网络二手车营销策略

要制定好科学合理的营销策略，就需要在对市场充分调研的基础上，同时摸清客户喜好、消费历史、市场情况来确定客户的基本信息、消费习惯和购买力，最终让企业能够顺利地实现精准营销。一个企业营销策略的优劣将会决定企业的品牌影响力、市场占有率以及客户忠诚度。下面将运用4P营销理论对二手车交易电商营销进行分析。

1. 产品策略

二手车交易市场是车辆二次销售和交易流通的场所，它包含了经销和服务两种性质，这个交易市场中能够提供硬件评测、检查、维修、租赁、销售、零件销售、售后等，并为顾客增设了上牌、过户等服务。

随着互联网技术的飞速发展，二手车市场已经从线下转移到了线上，表现出了极为可观的市场发展前景，由此持续吸引了大批商家和风险投资者。人人车、易车网、汽车之家等均为现阶段在二手车交易方面取得一定成就的网络企业。

作为二手车交易信息中介网络平台，企业提供的是二手车交易过程中涉及的包括信息发布、检验认证、最后成交、代办过户、售后延保在内的一整套综合服务，从而收取一定的服务费并提供其他增值服务。二手车交易电商中介平台的核心业务是牵线搭桥、整合资源，提供车辆交易的中介、居间服务，附加业务主要是二手车评估、保修、保险、汽车金融、汽车养护等。若平台能将二手车产业链上的各类服务机构进行资源整合，二手车购买者就能享受到全套的服务。未来电商企业使用的就是大数据和整合资源，谁掌握着大数据信息，谁整合资源的能力强，谁就能快速抢占市场。

网上信息展示是二手车电商营销过程中的一个关键环节。网上信息显示主要包括对整车性能参数的描述，车辆照片和车主联系信息，这也是刺激下一步互动的重点。当顾客通过互联网点击进入车辆信息展示页面之后，展示信息的效果是能否吸引顾客到店交易的关键。顾客打开展示页时就对平面展示有了大致印象，然后根据客户自身需求与网页信息的反馈，迅速会有大致意向的筛选，并会做出是否交易的决定。

2. 价格策略

二手车电商平台的经济收入主要为佣金收入，并且只向买家收取。二手车业务的收费项目包括：二手车鉴定评估费用、免费的平台使用费、免费的二手车交易代办手续费用，并要收取交易车价的3%作为交易佣金。现阶段的二手车交易平台主要是以吸引卖家用户为基础，对其制定免费的价格策略。对于买家，低于行业平均水平的收费标准能够满足此类客户对较高价格的敏感程度。

目前，电子商务发展迅速，传统报价趋势已慢慢被新型报价趋势所代替。电子商务技术给买方提供了可随时获取和比较诸多经销商价格的便利功能，只需进行简单的网站搜索，便能迅速找到相同或相似产品的价格信息，最终筛选出满意的产品和价格，客户只要搜索满意的产品与价格便能获取相对应的卖家信息；卖方能够通过网络了解买家的行为，再依照买家的行为需求提供具有针对性的服务，准确地定位客户对产品的实际需求，向其提供期望价格内的产品。营销方还能使用微信等通信方式发送给客户一些打折和优惠信息。互联网平台跟传统线下平台获取信息的方式存在较大差距，网络报价不会运用跟线下报价一样的策略，原因在于网络平台上能够给客户提供诸多同质化的选择，报价相对偏高的产品必然会被埋没在看不到底的网络市场中。要想在网络交易中获取丰厚的营销回报，就必须针对网络交易特点制定最合适的报价策略。

二手车的网上价格与传统渠道价格区别很大。网络报价绝不能采用与传统终端报价一样的策略，因为网络上有大量同质化的选择，相对虚高的报价只会错失展现和营销的机会。只有制定适应网络交易特点的报价策略，才能获得丰厚的营销回报。

在 B2C 的电子商务模式基础上，需结合市场价格，梳理好需求、成本与价格等关键因素之间的关系。企业可应用的基本报价方法主要包括需求导向报价法与竞争导向报价法，前者是以客户体验与市场需求为基础，首先考虑到市场行情和顾客需求偏好等情况，准确划分出热销产品并分析出遇冷产品；同时，可根据这些情况筛选到全面的市场数据信息，分析大致的供需状况，以对相应的产品进行补充或删减。根据实际供需情况设定极具个性化和针对性的二手车价格，至于应采用何种网络营销报价策略，企业需依照自身情况以及市场行情酌情选择或同时应用多种策略，并灵活地进行调整。企业能够根据各种报价策略，找到适合自己的报价模式。

3. 渠道策略

由于互联网科技的高速发展，以及信息化社会的逐步推进，互联网竞争态势日益严峻，企业发展遭遇空前压力。在这种情况下，一个良好的营销渠道能够减轻企业承担的压力。传统行业要想跟上时代的步伐，就必须做出转型，调整自身产业模式，在自身产品上烙上互联网的印记，同时创新营销思路，让企业的实力得到全方位的升级。为了让企业的实力得到升级，企业应该加大互联网电子商务的研究力度，加强渠道竞争，创新营销渠道，让带有互联网印记的适应时代发展需要的新型营销渠道在这个最佳时机应运而生。

1）基于电子商务生成的新型虚拟化渠道，结合现实中传统渠道，大大扩展了业务来源。事实上，新型虚拟化渠道始终是建立在现实传统渠道的基础上发挥作用的，它无法脱离于现实渠道而独立运行。虚拟渠道是在现实渠道上扩展和衍生的，并优化改良了现实渠道，使渠道服务的综合水平得到了提升。

2）渠道信息在电子商务的背景下，比传统渠道更加透明，各环节的资源也得以整合。信息封闭、运营动荡是传统渠道的缺点。渠道各环节的信息逐渐透明得益于互联网的连接作用和数据采集能力，互联网营销渠道摆脱了传统封闭式的运作环节，通过各功能的相互转化与配合，建立起了一条全新的、具有共促性的、多维的生态链条。

3）企业可利用网络开展多样化且更吸引人的营销活动。网络广告、应用搜索引擎推

广是网络中最为普遍的营销方式。而 E-mail 群体推广及网站互动等营销方式，不但对企业有很好的宣传效果，同时还能实现与用户的互动，获取用户数据，对营销效果进行实时监测等。

二手车交易中介平台能够为用户提供商品的基本信息、交易价格、实际所在场地及交易保障等，且买卖双方都可通过网络平台更加简单地获取商品的相关信息，而面对面完成交易并享受相应的服务的方式仍在被选择。因此，拉式策略和推式策略应分别放在网络营销渠道及实体店营销渠道。

4. 促销策略

根据二手车交易数据显示，每年 3 月、9 月、10 月和 12 月是二手车交易的旺季。在特定时间段进行具有针对性的促销信息传播，促销效果将事半功倍。针对卖家，主要以网络和广播为主，广播的选择主要以交通广播台为主，网络传播主要以自有的电商平台为主。针对买家，主要以网络和报纸为主，网络的传播以自有电商平台为主，报纸应选择当地发行量最大的报纸。

成套的产品在电子商务的美化包装下更吸引眼球，消费者的购买意愿直接受生动的产品展示效果的影响，客户群体的稳定通过会员制和积分制维持，奖品种类和方案要灵活制订。客户对数字奖品和实物奖品更感兴趣，客户反馈意见的获取，针对客户偏好数据的分析，监测交易数量都可用于分析整个销售过程，而促销实际效果的验证均可通过电子商务平台进行；有针对性地设立特定的折扣、奖励及信用评级等，以便于轻松地策划和调整活动，保证一定的及时性与可控性，还能使各个环节的具体管控更加有据可依。

2.2.4 二手车互联网营销保障措施

1. 完善二手车经营机构

任何一个市场想要发展，都必须回归商品的本质，二手车市场也是如此。所谓商品，第一，需要正规的交易场所及制度来进行该商品的交易；第二，需要一个系统去研究该商品，并且对该商品的质量进行可靠的估计或者是评判。

只有专门从事二手车交易的公司才能收购或者是销售二手车。所谓的经纪公司，只不过是利用一些途径或方法促使一方与卖家达成二手车交易来收取佣金。传统观念的禁锢使得人们对于经纪及经销之间的区别并不清楚，这一点不仅仅是二手车从业者需要区别对待，认清经销和经纪之间本质上的不同之处，工商部门以及税务部门也需要对这两种概念进行区分。

2. 完善二手车互联网营销的售后服务

关于二手车的售后服务问题，可以从下述几点进行完善：

1）设定较高的二手车经营标准。由相关部门进行考察，对有意向者进行评级，通过后才可开展与其级别相对应的二手车业务。通过这种方式，使经营者建立良好的经营理念，更好地为客户服务，然后通过对其售后服务的考察来决定他是否可以开展更多的二手车业务。

2）面对部门齐备、责任划分清晰、有完善机构的二手车经营者应该多多给予奖励政

策，鼓励其开展业务的同时也对一些还没有进行规范的二手车经销商加以规范化以及正规化。

3）作为一个市场的经营主体，不同于简单的个人交易，经营行为相对于私人财产转让的不同之处就在于售后服务上。二手车经销商应该认识到自己经营的本质是为社会大众服务，树立完善的二手车售后服务理念，为推动二手车市场发展做出自己的贡献。

3. 制定二手车交易评估标准

1）评估标准没必要统一，按照目前的情况来看，全国范围内正在使用的评估方法有好几种，常见的标准有：使用时间、行驶里程数、按照固定公式计算。除此之外，作为一个专业的评估师，还需要关注车辆的实际使用情况以及是否是肇事车辆等信息。

2）随着二手车市场的不断增长，二手车评估师必定会成为一个专业性较强的职业，因此可以在大型的二手车交易市场中成立评估师协会，对二手车市场中的交易车辆进行专业的质量和价格评估，作为交易的参考。

3）授予评估师资质的相关机构必须严格把控授予条件以及流程，综合考证评估师的素质。还应该设置评估师资质的有效年限，过期则需要进行复检或者重考。

4. 打造专业二手车互联网交易平台

在二手车交易市场引入拍卖制度，这可使车辆信息更加透明，有利于尽快达成交易，与建立二手车交易市场的初衷相吻合。建立二手车交易的信息网络有利于让买家更加了解汽车的基础信息，建立购买信心；还可以为卖家提供一个展示自己商品的平台。总的来说，在二手车市场中引入拍卖机制可以有效促进市场的健康快速发展，并且还解决了信息共享的问题。

进一步拓宽车辆信息的来源，这就需要有关部门密切合作，搭建全国范围内的车辆信息网络。可以首先在省内建立，随后慢慢串联起来，再构成大区域，直至全国范围的网络。该电子商务平台可通过网络实现实时更新，补充交易市场的信息系统。随后还能进一步对二手车交易平台的车辆信息，出入库管理信息，交易评估信息等进行登记和管理，并提供查询、交易配对、交流、评估管理等网站服务。

2.3　二手车电子商务平台的设计与实现

2.3.1　二手车电子商务的运营模式

综合市场的现状，结合电子商务平台的特点，最终的解决方案是建立一个面对一二线城市的二手车经纪公司的电子商务平台，同时支持 B2B 和 B2C 的双重模式。作为车辆信息录入平台，二手车经纪公司和个人卖车用户使用平台提供的车型数据库录入基本的车辆信息；经过审核的有效信息，将作为信息服务平台的基础数据，为终端的买车用户提供大量的二手车辆信息，引导用户与二手车经纪公司达成交易。

通过电子商务平台的建立，让一线城市中具有较强的信息化意识的企业先行使用高端的模块及功能，积极推动二线城市的信息平台推广工作，让处于观望态度的小型企业试用简单的模块与功能，在推广上实现以大带小。二手车商务平台分为服务于所有访问前端页面的公众前台、服务于经纪公司管理的公司后台以及电子商务网站管理团队使用的网站后台。平台的运营主体服务于经纪公司，经纪公司录入信息，形成信息库，进而通过平台服务于公众。

最终为满足运营模式的需求，适应不同层次的解决方案中将开发工作分为两个阶段（见图2-4），第一阶段完成后能满足一线、二线城市的共同需求，第二阶段完成后能够满足一线城市的所有需求。

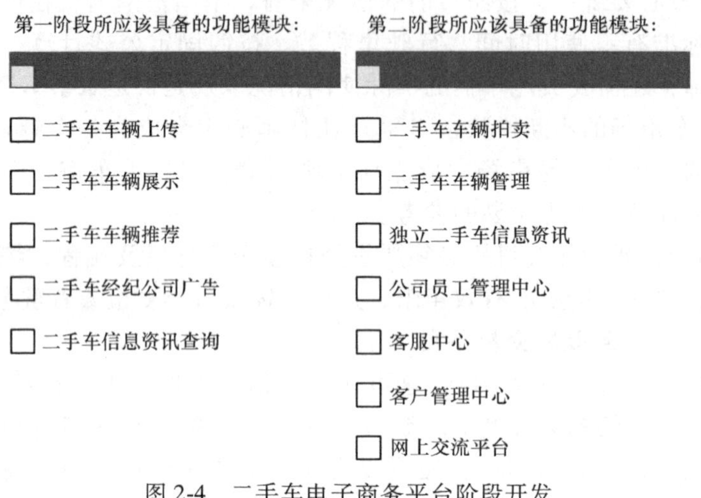

图2-4　二手车电子商务平台阶段开发

2.3.2　二手车电子商务平台的设计目标

二手车平台建立过程中最特殊的一点在于，二手汽车作为大额唯一商品，短期内并不可能实现线上交易，交易双方最终仍然需要经历面对面并在市场中进行过户、交易的过程。因此，需要在相应的二手车市场较为成熟的城市中开始建立推广平台，成熟市场的标志是让消费者有据可依、有迹可循，强制约束卖家达到诚信的标准来降低买家的风险。二手车平台必然是一个依赖于市场规则，又符合电子商务发展整体方向的产品，先期完善必要的功能，后期水到渠成顺应市场的需求来推广产品，是二手车电子商务平台的合理走向。

二手车个人用户主要利用网站实现两个目的：卖车的用户试图通过信息发布，快速、方便、高价地卖出自己的车辆；买车的用户则希望通过信息的查询，方便、真实、低价地买入自己心仪的车辆。

对于卖车的用户，主要在于如何引导用户将车辆卖给二手车经纪公司。二手车评估是经纪公司与卖车完成交易的必经步骤，通过二手车评估，双方达成合适的期望价格。因此，二手车评估模块是针对二手车个人用户开发过程中的重点。

对于买车的用户，主要的目标是让用户高效地搜索库中的目标车辆，而二手车搜索引擎是针对二手车个人用户开发的另一个重点。用户通过二手车搜索，能够方便地定位到自己心目中的车辆，因此这是提高整体用户体验度的重要环节。

1. 二手车评估

对所买卖的车辆进行必要的评估，得出一个合理的价格，是每个二手车用户所追求的。因此在设计评估模块上必须考虑到各个方面的因素，通过对国内外二手车评估体系的比较来了解我国二手车市场的实际情况。在发达国家，健全的评估监管体系在二手车行业的健康发展中起到了相当重要的作用。日本的“日本汽车评估协会”和瑞士的“二手车协会”都是权威的二手车评估机构。而在我国，这种权威的专业评估机构还很匮乏，这是由于我国的二手车市场存在着严重的信息不对称，导致二手车价值评估随意性较大，这也是制约我国二手车市场发展的最主要原因。在二手车交易中，消费者是弱势群体，不能全面获得车辆的技术状况、价格、行驶距离、修复经历等信息；而卖方为了获取利益，常常隐瞒二手车的缺陷。目前，我国很多二手车市场都没有评估、定价的能力和设施，二手车商家往往无法出具二手车的维修历史及详细车况检测报告，消费者在购买二手车时，则会面临质量、价格欺诈和购买非法车辆等风险。

此外，我国在二手车鉴定评估方面没有可以依据的评估标准与规范，在鉴定评估过程中，也很少使用检测设备，主要靠评估人员的肉眼观察，随意性很大。大多数二手车交易市场以评估价格作为收取交易费的依据，评估定价常常与实际交易价格相差很大，很难保证评估结果的公正性。

在我国目前的二手车鉴定评估中，人为因素起主导作用，导致二手车鉴定评估行业不统一、不规范、不科学，很多二手车市场仍然采用简单的平均年限折旧法进行价值的评估。因此，建立一套真正适合我国二手车市场的评估标准及方法尤为重要。通过对国内外二手车评估体系进行对比，可以清楚地了解二手车评估体系的发展方向，建立起真正符合我国国情的二手车鉴定评估体系，对于活跃二手车市场，促进二手车市场健康成长，以及汽车产业的快速发展具有重要意义。

2. 二手车搜索

当二手车用户浏览大量的二手车信息时，面临的一个很大的问题就是如何在众多的二手车信息中找到自己想要的信息。“第一车网”把搜索模块作为重点的建立模块，通过对用户行为的分析，将车辆信息的搜索条件重点分为：基本车型选择、车辆类型、车辆价格、车辆使用年份四个主要索引，同时开发一套模糊关键词查询模式，为更多的用户提供方便。在第一车网的首页搜索设计中，热门的车型、热点的价位以及热门的分类都被重点划分出来，并提供使用者最常用到的价格范围、车龄选择以及信息发布时间的快捷输入，充分为使用者提供便利。

搜索引擎看起来很简单，用户输入一个查询关键词，搜索引擎就按照关键词语到数据库去查找，并返回信息。但是会遇到一个问题，由于是平台内搜索，所以搜索的效率跟平台的硬件及软件好坏有很大的关系。习惯了使用百度、谷歌等高效搜索引擎，在遇到不熟悉的网站的时候，往往是首先进行站内搜索，如果搜索结果没有自己想要的，13%的消费者就会马上退出网站。因此建立一个高效的二手车搜索引擎是二手车电子商务平台所追求的目标。

2.3.3　二手车电子商务平台系统设计

电子商务系统分析就是在系统规划确定的原则和目标的指导下，结合电子商务系统的特点，对企业进行调查，全面了解企业的目标、组织结构、数据流程和业务处理过程，结合不同的电子商务活动的基本需求，确定详细的需求定义。在分析二手车市场后，整体的网站定位在二手车的购买和二手车的销售环节上，将网站分为“买车”“卖车”“车辆评估”“商户”“车型数据”“论坛”六个频道，分别对应于二手车电子商务中不同业务点的业务需求，如图 2-5 所示。

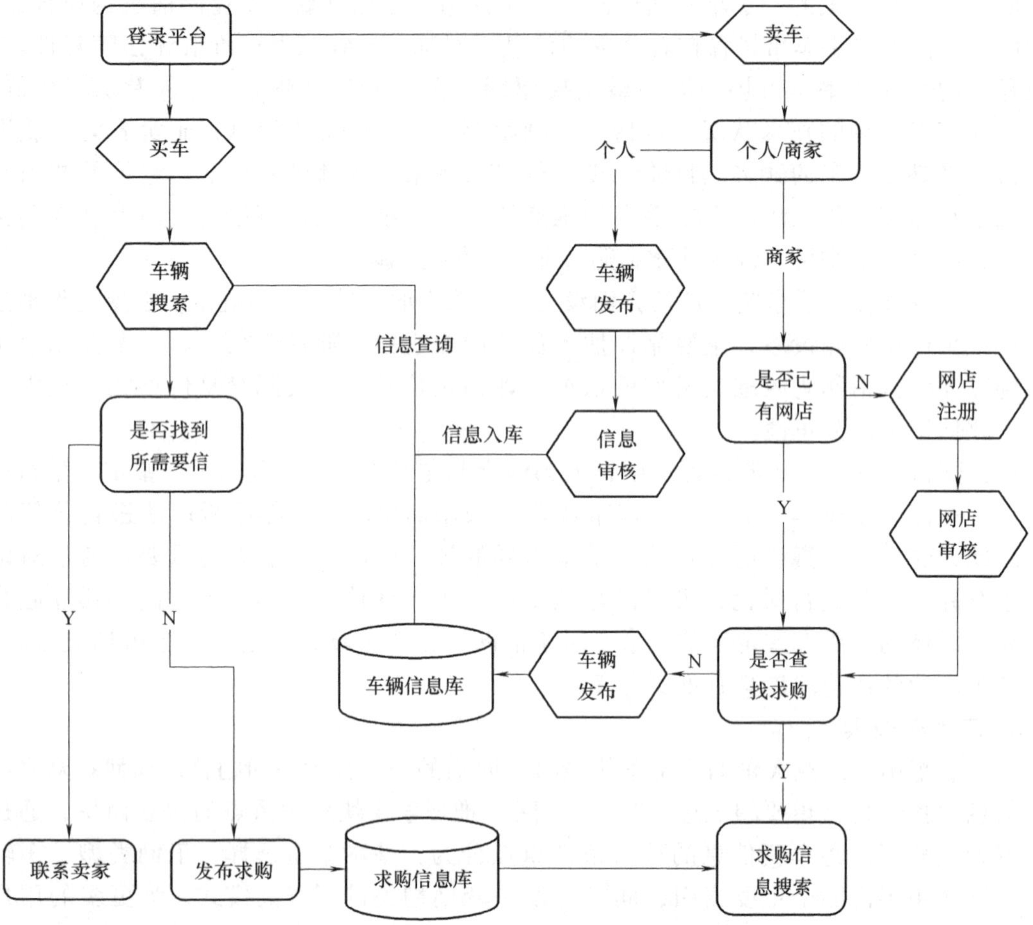

登录平台
卖车
买车
个人
个人/商家
商家
车辆搜索
车辆发布
信息查询
是否已有网店
N
网店注册
是否找到所需要信
信息入库
信息审核
Y
网店审核
Y
N
车辆信息库
车辆发布
N
是否查找求购
Y
联系卖家
发布求购
求购信息库
求购信息搜索

图 2-5　二手车电子商务平台业务流程图

通过系统分析，划分出网站的基本结构，然后根据既定的结构，制定需要应用于各个频道中的模块和功能，最后定义数据库结构后开始进行整体实施。

2.3.4　二手车电子商务平台实例分析

万车汇汽车生活广场是著名的二手车品牌连锁企业，也是国内品牌化经营的二手车企业之一。

万车汇致力于军事化、家庭化、学校化、组织化的“四化”建设，引入团队竞争机制、民主选举部门经理制度，给每位员工锻炼、培训、晋升的机会。万车汇借鉴国内外同行业的各种学习教材，再结合自身，建立了一套相对完善的二手车经营管理培训手册。

万车汇经营范围有新车、二手车、1 成首付购新车，买车卖车、评估、过户/外迁，福利活动，专业解答等。网站分为“我要卖车”“我要买车”“车辆评估”三个部分。每个模块的内容如表 2-2 所示。

表 2-2　万车汇二手车导购平台的结构模式

模式类型	具体内容
模式一：我要卖车	车主可以通过平台发布出售信息，分为个人发布和车商发布
模式二：我要买车	买车人可以通过对平台上二手车类目的筛选，选出自己满意的车辆
模式三：车辆评估	导购平台提供车辆评估的附加增值服务，通过相应的技术手段，检查车况

随着互联网的发展和计算机技术的广泛应用，二手车在电子商务模式中作为商品进行展示，成为二手车市场中令人称道的一个亮点。二手车电子商务平台也在向更高的层次推进，二手车买卖领域正发生着巨大的变革，这种发展和变化使得二手车电子商务平台的作用日益突显。衡量一个平台的好坏不再是简单的车辆展示，平台的准确性、高效性、可靠性、可管理性也成了主要的性能指标。因此，对二手车电子商务平台的研究和实践是非常必要的。

思考练习题

1. 二手车电子商务采取哪些营销策略？
2. 二手车电子商务平台的设计目标是什么？
3. 万车汇二手车电子商务平台有哪些结构模式？

第3章

汽车智能云车险

本章重点：

1. 汽车保险市场现状。
2. 智能云车险的发展概况。
3. 互联网车险的发展模式。
4. 智能云车险产品。

3.1 汽车保险市场现状

我国汽车保险市场的多年快速发展，推动了我国车险市场的快速成长。但由于相关法律法规不健全、行业自律缺乏和市场监管能力薄弱等问题，汽车保险领域仍面临着理赔难、销售渠道价格不统一等问题，并侵害了消费者利益。

3.1.1 我国车险销售渠道分析

目前，国内大部分车险公司的营销策略还是依靠营销人员实行人海战术进行直销，主要分为以下三种：电（网）销、4S店等代理机构销售和保险公司营业网点销售（如表3-1所示）。

表3-1 车险主要销售方式比较

销售方式	销售渠道	优点	缺点
电（网）销	通过保险公司服务电话或者网络购买	价格优势，所有保险信息透明，提供送单上门服务	没有面对面接触，客户信任度不高
4S店等代理机构销售	在购车4S店或者汽车保险代理网点购买车险	出险后在自己4S店维修车辆既方便又省心，还可以享受一些优惠政策，如工时费折扣	由于代理属于下级分销，价格会高于其他渠道。另外，有些4S店会通过客户骗保，影响客户的信用记录
保险公司营业网点销售	直接到保险公司营业网点购买车险	直接从保险公司营业网点购买相对可靠，并可详细咨询相关疑问	不能享受电销渠道汽车保险价格的优惠政策，需要亲自到网点投保

1. 电（网）销

自2007年汽车保险电销专用产品推出以来，国内保险业务新渠道发展迅猛，连续数年实现高速增长。2015年上半年，全行业实现车险保费收入2995.56亿元，同比增长11.75%，但较2014年下降5.09个百分点，增速下降较为明显，为近10年的最低增速。其中，电话销售渠道实现车险保费收入438.55亿元，同比增长1.49%，增速放缓。同时网络销售渠道实现车险保费收入324.99亿元，同比增长67.27%，增速迅猛。电话销售渠道占车险业务的比例为14.65%，同比下降1.48个百分点；网络销售渠道占车险业务的比例为10.85%，同比上升3.6个百分点。二者合计占比达到25.5%，同比上升2.12个百分点。

相对于传统渠道，电话、网络销售具有成本低、效率高、易管控和地域覆盖广等优势，被视为保险行业近几年来最具成长性的营销渠道。分析发现，其最具竞争力之处是低于传统渠道15%的价格水平。由于价格仍是当前车险竞争的主要手段之一，电销产品的出现恰好是顺应了目前的市场需求，同时也充分说明，费率改革的走向将直接决定车险市场竞争的走势。

2. 代理机构销售

一部分车主通过代理人、4S店购买保险。中国保监会规定，车险销售可提取8%返利，但实际往往更高。由于汽车销售商掌握主要的客户资源，几乎垄断了汽车保户，保险公司出于扩大市场占有率的动机，往往需要借助汽车销售商来销售车险，因而给予汽车销售商大量回扣。车险代理机构一般会从中赚取20%左右的佣金，甚至更多。显然，羊毛出在羊身上，这不仅仅使投保人承受高额保费，同时也大大侵蚀了保险公司的利润，甚至危及其生存。对于一些小的保险公司，由于市场占有率小，很难支付起一些昂贵的赔款。不仅如此，甚至一些大的保险集团也不堪重负。以人保财险为例，在车险市场占有大约三分之一的份额，但是高额的回扣率以及理赔费用使得车险的利润大大降低。因此，提供多元化、有竞争力的保险产品和剔除汽车经销商的盘剥，成为车险改革的当务之急。

3.1.2　发达国家车险概览

在大部分的发达国家，汽车出险时，车主首先需要及时记录对方的车牌号，对方车主的家庭住址、名字、联系电话以及对方车险的具体情况，然后现场拍照。同时，车主也需要记录日期、时间和事故地点；另外，如有可能，还要留下目击证人的联系方式。最后只需要在保险公司网上或者实体店中填写索赔申请，保险公司就会和另一方进行交涉和沟通，这样车主就省去和对方车主以及保险公司交涉的环节，在家坐等赔付，省时又省力。

国外保险公司一般通过精算系统的支持，将客户进行细分，不仅为自身带来最大效益的产品，更可为目标客户提供最便利的保险服务。

3.2　智能云车险的发展

3.2.1　发展背景

移动互联网的快速便捷性、自由开放性和以App为主的应用服务的互动共享性大大

提升了保险的无纸化和智能化运作，史无前例地突破了营业时间和地域的限制，有效地加快了受理速度和理赔过程。因此，国内各大保险公司纷纷开辟了保险的移动互联渠道，通过推出移动WEB、借助第三方平台、联合中介网站、成立互联网保险公司和开发移动App应用等多种途径，试水移动互联网保险。

截至2014年，全行业经营互联网保险业务的保险公司达到85家，其中中资公司58家，外资公司27家，仅2014年全年便新增了26家，2014年保费收入850亿元，同比增长高达195%，远高于同期全国电子商务交易增速。互联网渠道业务保费收入占总保费收入的比例由2013年的1.7%增长至4.2%，对全行业保费增长的贡献率达到18.9%，比上年提高8.2个百分点，成为拉动保费增长的重要因素之一。同年，保险业"新国十条"发布，明确提出支持保险公司积极运用网络、云计算、大数据、移动互联网等新技术促进保险业销售渠道和服务模式的创新，为互联网保险未来的发展指明了方向。

纵观当前我国车险移动互联网市场，发展势头强劲而动力不足，市场潜力巨大而开发不足，保险需求强烈而创新不足。以移动终端、移动网络和应用服务为要素的移动互联网进入了发展的快车道，移动终端已成为我国互联网的第一大入口。截至2015年3月，我国移动电话用户规模将近13亿户，移动互联网用户规模近9亿户，使用手机上网的用户数也创历史新高，达8.58亿户。预计到2020年，我国近100%的互联网用户都将是移动互联网用户，总数将达8.4亿户，普及率超过60%。迅速壮大的移动用户群体以其日益强烈和多样化的保险需求，促使我国保险业身处重大变革之中，而智能云车险正是这场变革中的竞争焦点之一。

3.2.2 技术推动保险创新

技术进步、保险领域痛点多，给保险创业制造了巨大的机会。近年来，技术的发展超乎想象。从全球的范围来看，2017年，互联网用户已突破40亿；近25亿的互联网用户拥有"智能型"设备；社交网站渗透率基本达到73%；计算成本和宽带通信成本在过去20年中基本是以每年30%左右的速度下降，过去的创业成本跟今天的创业成本已经不可同日而语。个人、汽车、房屋这三个领域颠覆性的技术创新基本都已经遇到了商业化的拐点。然而，保险领域痛点依然很多。虽然客户的行为已经发生了很大的改变，但保险客户转战到线上渠道的趋势很明显：客户使用电子邮件、手机、网络渠道的比例将近50%；实体渠道的使用量正在逐步下降，近60%的客户都表示不愿意为面对面的咨询和服务付费。与此同时，消费者对于保险公司的服务满意度却是很低的。不过，客户痛点越多的地方机会往往越大。从调查结果来看，消费者渴望新的保险模式：针对12个市场进行调研，结果发现，无论发展中国家还是成熟市场，消费者对于保险的需求差异不是很大，反而是有共性的——消费者期望全新的保险模式的出现。技术的升级、客户行为的改变以及当前保险行业的痛点，共同造就了目前保险类创业公司高速发展的态势。Quid数据库的统计显示，2005年全球的保险创业类公司是697家；到2009年增长50%，达到914家；到2015年，则又翻了一倍，达到2118家。不同时期创业公司拟定的发展方向也有很大不同。2005年的时候，保险类创业公司主要是集中在员工薪金、员工福利还有保险公司的IT系统开发；2009年新增的300多家保险类创业公司主要是集中在比价

网站和车联网两个领域，以及预防性医疗；2009 年到 2015 年间新增的保险创业公司，则都是从传统的保障型保险产品转为积极主动的预防型保险产品，无论健康险、房屋险还是旅游险。从保障到主动管理都是一个大的趋势。这新增的 1000 多家创业公司共获得约 380 亿美元的投资，在全球金融科技领域的占比在 30%～50%之间。为什么保险领域创业公司所占的比重这么大？第一，保险行业盈利情况良好。在这个行业里面创业，往往从现有蛋糕里面拿一块即可。第二，保险业的客户满意度和数字化水平很低，所以有很大的机会。从具体的投资分布来看，数字销售和市场营销 37 亿美元，IT 和大数据大概是 52 亿美元，网络安全、反欺诈 44 亿美元，支付计费、投资管理相关 47 亿美元，健康险相关的主动管理 83 亿美元，交通出行有关 66 亿美元，在线交易平台大概是 45 亿美元。从中可以看到，最大的一块还是在健康险这个领域，第二大块在车险领域。这些保险领域的创业公司，给价值链的各个环节带来一系列的创新：由于这些创业公司的存在，客户的期望也正在发生根本性的变化。客户到底要什么？大概就是这五个词语：简单、便捷、透明、个性化以及社交化。新创立的保险科技公司的业务模式形成一个闭环：运营产品，招募客户，给客户创造价值，建立客户的信任感，采集更多的数据，用数据再进行创新，提高在客户心中的重要程度，继续去扩大其他客户。而传统的保险公司则根据风险需求开发出产品，通过产品找到渠道，找到渠道培养销售人员，让销售人员找到客户，销售完成——是一个线性的保险开发产品过程。保险科技公司都是从满足客户需求入手，但其核心还应该是生成数据，基于这些数据做再次创新，才能最后形成六步法的循环。例如，中国平安通过社交媒体、二手车平台等提供有价值的服务，招募到客户，再通过客户获取相关的数据，运用数据二次开发找到小众、创新的保险产品。对中国平安而言，这个过程中最核心的步骤就是生成数据。纵观失败的案例，虽然一开始确实能够抓住客户的痛点，但由于数据没有拿到，或者即便拿到数据却没有进行进一步的创新，最终导致失败。所以核心还是要做成循环，而循环的核心在于数据的采集和二次开发。

3.2.3 云车险核心是数据

从传统的保险公司发展历程看，现在遇到最大的问题不是技术，最大的问题其实是它的客户群发生了改变。原先的客户群体，主要是通过与代理人面对面的交流获取信息和产品；而现在，随着数字化进程的加速，越来越多的客户开始借助网络获取信息和产品。客户，尤其是 40 岁以下的年轻客户的购买行为已经发生了深刻的变化。保险公司的痛点在于，消费者的购买行为发生了变化，然而保险公司却没有做好相应的改变。例如，调查显示，现在客户购买保险产品时，50%会登录保险公司官网，27%的购买环节是发生在社交网站中。现实情况来看，保险公司虽然在社交圈有服务中心，有自己的官方网站，但整体购买体验是比较差的，很多服务中心是解决投诉，不是解决销售咨询的。保险公司需要做什么？第一，重新思考客户体验；第二，成本优势；第三，数据使用。

1. 重新思考客户体验

调研显示，在搜索、购买、保全、理赔到续保五个环节中，保险公司提供的在线服务的消费者满意度呈下降趋势。就中国市场而言，整体优于全球平均水平，具体而言，理赔环节与国际水平相当，但保全和理赔环节仍然需要改进。

2. 成本优势

调查显示，提供更简单的产品和更快捷的服务可以在不降价的情况下吸引 66%的客户转换保险公司。提供更简单的产品可以在不降价的情况下吸引 85%的客户转换保险公司。因此，在保险领域，渠道以及渠道整合创新的机会比较大。可以与传统保险公司合作，后台接入它们的产品，前端运用自己的技术，如果能提供简单的服务、简单的产品、简单的信息，都会有很大的机会。车险理赔环节有很大的机会，国外有 1.5 个百分点的改进空间，国内应该更大。充分利用数字化技术和手段，相对于传统保险公司的现有业务，就会形成很大的成本优势。数字化营销也可以在很大程度上降低车险公司的成本。假如通过网络销售车险，代理商的佣金可以降低 14 个百分点，但在数字化广告、客户画像以及精准营销上的投入增加 7 个百分点，这样一来，数字化营销还是可以降低 7 个百分点的成本。现在国内正在进行商车费改，竞争加剧，为避免亏损，行业就需要降低成本，最主要的解决办法就是数字化营销再加上大数据定价，优化承保、优化理赔等可能节省的空间已经很小了，最大的机会还是在销售端。

3. 数据使用

在数字化时代，传统保险公司可以改进的领域还是在大数据方面，但核心问题是能力不足。为捕捉大数据机遇，保险公司需要强化大数据的获取以及应用能力。汽车保险业已经到了一个临界点。过去，车险通过 4S 店和代理人销售，后端的理赔等工作非常分散，且行业的竞争不是很激烈，利润率也处在较高的水平。然而现在，商车费改导致市场竞争更加激烈，车险市场增速放缓，中国客户日益挑剔，行业会有很多颠覆式创新的机会，尤其是在个性化定价和精准化营销方面。

3.3 互联网车险的发展模式

一般来讲，互联网+传统行业，核心逻辑是利用互联网降低传统行业成本或者提升传统行业的效率。互联网车险产业方向也是如此，以提升保险产业链的信息化和效率、改善保险价值链里的某一环节为创业方向。刚开始的时候，大部分的互联网保险公司主要从产品开发、营销这两个环节切入来改善保险行业，而目前，越来越多的互联网保险公司是从理赔、客户服务、保险公司及中介公司的信息化方向切入。

3.3.1 互联网车险模式

1. 官方网站模式

互联网保险的官网是指在互联网金融产品的交易平台中，大中型保险企业、保险中介企业等为了更好地展现自身品牌、服务客户和销售产品所建立的自主经营的互联网站。建立官方网站要求互联网保险公司资金充足，产品线丰富，且运营和服务体系完善。

官方网站模式运营特点包括：销售成本低廉、手续简单、流程极快，可以帮助保险公司获得价格优势。网站的客户不受线下销售渠道限制，可以有效拓宽投保群体，发挥大样本配置中和风险的作用。销售手续简单，线上出售的产品高度标准化，但赔付和评估依然在线下，而且投保人在赔付过程中承担全部举证责任，保证了保险公司在快速扩张

销售的同时控制赔付风险。因为线上销售并不要求获得投保人的详细信息，因此建立官方网站要求保险公司具备成熟的线上销售线下理赔模式系统和科学的保险产品设计，以及完善的内部风控，以此来避免因缺乏投保人评估步骤而导致的风险。

2. 第三方电子商务平台模式

第三方电子商务平台，是指独立于商品或服务交易双方，使用互联网服务平台，依照一定的规范，为交易双方提供服务的电子商务企业或网站。通常来说，第三方电子商务平台具有相对独立、网络化程度较高和流程专业等特点。

从金融监管角度来看，第三方电子商务平台模式存在着诸多漏洞，电子商务平台保险资质的缺失是风险的主要来源之一。

3. 网络兼业代理模式

网络兼业代理模式，以其门槛低、程序简单、对经营主体规模要求低等特点而受到普遍欢迎，逐渐成为目前互联网保险公司中介行业最主要的业务模式之一。

保监会下发的《保险代理、经纪公司互联网保险业务监管办法（试行）》文件规定，只有获得经纪牌照或全国性保险代理牌照的中介机构才可以从事互联网保险业务。大量垂直类的专业网站由于不具备上述监管要求，便以技术服务形式使用兼业代理的资质与保险公司开展合作业务。

4. 专业中介代理模式

保监会在 2012 年 2 月正式公布第一批包括中民保险网等 19 家企业在内的获得网上保险销售资格的网站，互联网保险公司中介网销的大门就此打开。此后，保险中介业务规模得到高速扩展。

专业的中介代理除了对资本金、网络系统安全性等多方面提出要求外，还需申请网销保险执照，较网络兼业代理模式更加安全可靠。专业中介代理网站做大做强之后能吸引庞大客流和现金流，利用保险风险数据、算法模型以及基于大数据的分析进一步加强自身的产品和价格优势，并进一步获得与合作保险公司深入合作的机会（包括压低成本，截留保费现金和导流收益）。

5. 专业互联网保险公司模式

专业互联网保险公司的经营业务主体之间存在较大差别，根据经营主体的不同，可以大致将专业互联网保险公司分为三种：产寿结合的综合性金融互联网平台、专注财险或寿险的互联网营销平台和纯互联网的“众安”模式。

专业互联网保险公司的优势体现在：

1）在数据的收集、归拢、分析上有先天优势，使得个性化的保险服务成为可能。

2）可利用大数据手段分析消费者行为，挖掘新的需求，开发新的保险产品。

3）引入信用评价机制作为承保标准的参照之一，有效解决道德风险问题。

3.3.2 互联网车险运作模式

以下是某保险公司的网络商务运作模式：

1. 网络宣传

某保险公司的网络公关通过与网上新闻媒体建立良好合作关系，将一些保险知识和信息通过网上媒体进行发布和宣传，例如博客、论坛、留言板等形式，从而引起消费者对保险产品的兴趣和关注。同时，通过网上新闻媒体树立公司良好的社会形象。其次，通过某些网站建立良好的沟通渠道，让与保险利益相关者能充分理解保险产品，以维护与老顾客关系，同时与新顾客建立联系。为了达到上述目的，其网站建设应满足以下要求：

1）在主页设计方面尽量保持页面的静态性，不使用不断运动的页面元素。

2）避免使用复杂的 URL 连接，在商务和行业站点申请链接。

3）统一规划网页色调，避免出现独立的网页。

4）适当控制滚动的长页面。

5）提高网站导航的超链接支持，并使用标准的链接形式。

6）控制页面下载的时间，一般不超过 10 秒。

2. 网络调研

某保险公司将运用互联网作为高效率的信息沟通渠道，大大提高了企业收集信息的效率。利用互联网进行市场调查并针对特定保险产品和客户群体进行分析研究，采集保险政策条款。建立公司独有的保险产品数据库，这样便能充分理解消费者的需求，实现产品设计制造及销售服务的全过程。其次，还要有建设客户数据库的策略，不仅包含客户的基本信息，还包含客户的消费信息，如购买的险种、数量、时间、缴费方式等。只有在强大的客户数据库的基础上，保险经纪公司的决策和运营效率才会大大提高，同时对保险公司的支持也将更为有效。这可以实现实时投保、核保、保单打印及部分保单保全功能，从而提高保险工作效率，并有利于保险公司及时掌握销售动态。

3. 网络销售

在某保险公司的网站上进行网络直销可以利用互联网的快捷、方便的特点，充分发挥保险电子商务的运营方式。电子商务的重要角色由客户和商家担当，它们的联系枢纽由网上交易中介完成，而认证中心（CA）则负责交易的安全认证及监管，银行、金融机构负责资金流通。参与电子商务的主要角色是企业（Business）和消费者（Consumer），因此该保险公司的网站就是一个 B2B、B2C 的综合性商城站点。

3.3.3 互联网车险管理模式

从对全球领先的大型保险企业（集团）的研究来看，为不断克服来自风险、成本和效率等方面的挑战，特别是在外部市场竞争日益激烈的情况下，各保险企业唯有从内部着眼，借助先进科学技术手段不断变革和优化运营模式。

1. 业务流程优化

业务流程是保险企业经营管理的基础，它决定着保险企业的运行效率，是保险企业的生命线。业务流程的变革，会引起构筑在其之上的保险企业组织架构、管理模式，甚至经营理念的系统性变化。正因为如此，保险企业运营模式变革应首先从梳理和精简内部业务流程开始。特别是随着互联网和电子信息技术的发展，全球保险企业不断对业务流程进行诊断，并以客户为导向，集中精力改进那些对客户的购买决策有重大影响的流程，包括产品开发流程、销售流程、核保流程、核赔流程、客户服务流程等，将被分割的许

多活动合并在一起，集成跨功能的活动，实现整个业务流程由客户需求来驱动、以客户满意为目标，从而改善衡量绩效的关键指标，如经营成本、员工工作效率、客户满意度、盈利水平等。在国内，1997 年中国平安保险集团重金聘请国际著名的管理顾问公司麦肯锡进行业务流程改造，取得了良好效果；太平人寿在运营领域全面实施六西格玛管理，显著提升了运营品质和服务水平。

2. 运营标准统一

一方面，理顺业务流程在一定程度上解决了保险企业的成本和效率问题，但运营标准不统一造成保险企业的经营隐藏着巨大的风险，而且运营标准混乱给客户带来了很多困扰，不利于保险企业建立起专业化经营的形象。另一方面，与一般企业不同，保险企业销售的产品是格式化的保险合同——保单，而由保险经营的大数法则和规模经济性所决定，同一张保单的销售量应达到一定的规模，也就是说保险企业存在大量重复性的工作，保险企业统一运营标准具有先天性的基础和条件。因此，国际化大型保险企业都非常注重规范和统一运营标准。这些企业制定各种完善的操作手册，将制度规范体系和运营标准以专业化、流程化的手册固化下来，并严格按照手册运作，杜绝流程不规范、执行标准不统一和凭感觉做事。例如，汇丰集团（包括银行业务、保险业务等）的各种手册十分齐全、细致，使每个员工都能熟知公司的具体操作，确保日常工作依照制度规定开展，所有经营管理规定都体现在日常活动中。

3. 后援集中

对于保险企业（集团）来说，跨业务条线存在着大量相同、相似的流程，如客户信息和保单数据录入、保单打印和寄发、保险文档管理、保费和赔款的收付费等，因此仅在同一个业务条线内优化业务流程和统一运营标准还远远不够，必须将存在于各业务单元内的相同、相似的功能实现资源整合和工作量均衡，以共享服务的方式提供给各个业务单元，这就是运营模式演进的更高阶段——后援集中。后援集中的基本模式是通过整合客户接触界面、共享的作业、集中和专业化的核心运营、第三方服务网络，搭建利用影像、工作流、客户关系管理等最新科技的平台，从面向产品的业务模式转型为面向客户的业务模式。整个平台的流程及系统设计以内外部客户需求为驱动，以工作流程管理和过程监控为要素，体现高程度的网络化、自动化、标准化，突出安全性、便捷性和高效性。

各分支机构在接收到客户的业务或服务需求时，通过影像传输系统和电子化的远程沟通平台，将前端业务传到相关的后台作业部门，由后台进行集中操作；在通过数据处理、风险审核等各个环节后，后台再将反馈结果传回给前端，完成对客户需求的执行，实现前端业务与后台操作的分离，使各分支机构更专注于业务拓展和与客户面对面的服务。同时，建立前端业务和后台操作之间平滑的相互链接，跟踪并分析市场情况，为后台运营提供决策支持。

3.4 智能云车险产品

目前，由于我国移动互联网在车险中的应用还处于起步阶段，还需要时间普及以及完善，因此在国内只有少数几家保险公司涉及该领域。

3.4.1 人保财险——微信公众号和手机 App“掌上人保”

2013 年，人保财险全面升级了微信公众号和自行开发了手机 App 应用程序。这实现了投保人通过微信即可享受人保财险提供的投保、续保、理赔、查询等一站式线上服务。对于人保车险的老客户来说，一键就能完成车险续保，并且支持理赔详情及进度查询、支持保单验证及查询。客户可以通过微信直接咨询车险服务，还可以随时随地查询保险公司推送的各类优惠信息和活动。

同时，人保财险自行开发的手机 App 应用则具备了更为强大的功能，手机应用软件“掌上人保”实现了电子自助理赔功能，即用户通过手机终端进行车险报案、查看拍照、单证上传、赔款支付的全流程自助服务。此 App 具有现场拍照报案、电子查勘员、电子速递员以及电子理赔员等基本功能。其中，电子查勘员是指公司非 VIP 客户可使用手机完成小额车损案件快捷自助查勘，对于出险后不涉及人伤、物损的案件，客户可通过手机进行自主勘查，拍摄并且上传事故现场照片、查询理赔进度，无须等待人保财险人员到达事故现场。这就大大缩短了理赔周期，同时也使整个赔偿环节透明化和规范化。

客户通过安装“掌上人保”并完成注册，当发生交通事故后，如果是单车事故，只需按照公司要求的取景角度（事故车辆前后 45°角拍摄）在现场拍摄四张照片；如是双方事故，则需要再额外拍摄四张照片，就可移动至不影响交通的地方对双方车辆的细微损伤进一步拍照、上传，等待人保财险定损结果；双方确认同意后，再上传车主的银行卡信息，接下来就只需等待保险公司的赔款到账了，客户动动手指就可完成全套理赔流程。此外，“掌上人保”还整合了实时路况、限速提醒等方便车主的实用信息，为车主出行提供便捷周到的增值服务。

虽然“掌上人保”的推出目的是为了简化理赔环节，但由于其许多附加条件导致这款产品在现实生活中的使用率并不高。据统计，超过 70%的客户并未使用过这款移动理赔终端。

首先，其设置的服务门槛过高，适用人群范围狭窄。虽然在 2013 年全面升级后，这一问题有所改善，但是仍有一些服务只有 VIP 客户才能享受，如“电子理赔员”这一功能。而 VIP 客户至少是两年未出险、无索赔记录，同时保费也达到一定的标准，因此大部分客户都无法在线上完成整套理赔流程。

其次，事故适用范围窄。根据“掌上人保”电子勘察员服务规定，电子理赔员适用于发生不涉及人伤、第三方物损的单、双方车辆损失事故；同时，事故车辆可正常行驶。在路上行驶，很多事故都是小剐小蹭，涉及物损和人伤是常有的事情，遇到这些情况时，车主们更希望能第一时间获得保险公司的帮助。这些都大大降低了“掌上人保”App 的实用性。

3.4.2 平安财险——快易免

2009 年，平安财险首次推出了移动端车险服务——快易免。快：客户赔款可以实时

到账，非常快；易：VIP 客户简易理赔服务，理赔进度可以微信实时查询；免：安装平安车险快易免 App，非事故免费道路救援随点随通。2013 年，中国平安对其进行二次升级，宣布在业内首次推出赔款即时到账、零查勘简易理赔、微信实时查询理赔进度、App 客户自助免费救援等服务。

平安客户可通过微信实时查询理赔进度，需要救援的客户无须拨打电话，只要在平安车险快易免 App 上点击“道路救援”进行简单操作，系统经客户授权会自动识别客户位置、传递救援信息，对救援实施情况进行实时跟踪。同时，从结案发起支付到赔款到达客户账户的时效直接由传统的 1~3 天缩减到 60 秒之内。显然，移动互联带来的是更好的客户体验和更优质的服务质量。

价格便宜、服务周到，是客户对平安车险的最直观感受。如今，平安集团又将移动互联网技术应用于理赔环节，大大简化了车主在出险后等待平安查勘员、到 4S 店定损、确定理赔金额等流程，节省了车主的时间。新技术与平安车险的专业能力相结合带来惊人的效率，从事故发生到赔款到账，可以仅需 10 分钟。

同时，平安财险为查勘员配备手持终端设备“e 理赔”出事故现场。除了具备高清拍照功能外，还与平安车险系统直接对接，直接将照片上传到公司计算机终端并制作报告，这些工作都可以在手持终端上完成，查勘员在处理完一起事故后就可以马上赶往下一个现场，大大缩短了客户的等待时间。手持终端直接接入平安车险数据库，车主购买保险的种类、所驾车辆损坏部件的理赔标准等数据都一目了然，查勘员在现场就可以及时准确地告知车主赔偿金额，并通过终端实时转账支付赔款。通过新科技的使用，改变传统查勘作业模式，查勘时效明显缩短，理赔效率大大提升。

除此以外，还有一些保险公司尝试将车险和移动客户端结合，但是主要是以保险咨询为主，如汽车报价、理赔流程和服务网点搜索等服务。比如，中国人寿和太平洋保险就不提供移动端报案和理赔等服务。

3.5 智能云车险发展趋势

3.5.1 智能云车险发展存在的问题

由于目前移动互联网平台的营业模式还在初级阶段，且缺乏一些相关的监管体制，因而存在各种安全隐患，导致保险公司在移动互联网车险应用中持有谨慎和保留的态度。其实，这样无形中就把保险公司的车险 App 软件推入了尴尬的境地。

市场上大部分的 App 产品都是大同小异，实用性不够高，而且适用范围狭窄，更多的是为了向客户提供一个咨询的平台。没有创新性的产品，必然无法在众多产品中脱颖而出，也将逐渐落寞，最终难逃被卸载的命运。

互联网上的产品除了要有创新性，更应该具有安全性。从政府监管到后台信息安全、支付安全和系统安全都值得我们去注意。移动互联网不仅会遇到黑客攻击，而且可能一旦移动终端丢失，保存在其中的保险信息就有可能被非法分子盗用或者泄露。

3.5.2 智能云车险发展方向

1. 用户体验至上，追求便捷服务

细分用户需求，注重客户体验，提供多样化产品。利用互联网的优势，为客户提供打破时间、空间局限的全方位移动服务是移动互联网保险发展的新方向。这一点尤其适用于车险当中，在车主遇险的时候，承保公司应尽量减少车主的等待时间。这时，保险公司需要关注的是移动用户的需求而不是产品本身，用户会根据不同时间、不同场景产生不同的需求，并呈现出多种需求。保险公司应充分利用云计算、搜索引擎、大数据等新技术，提高获取和深度挖掘信息的能力，通过对海量数据的聚类、分类、去重、模式识别、特征提取，逐步记录、分析和预测用户的需求和交易行为，快速响应多样化、个性化的用户需求，把保险需求、产品形态及其对应的价格机制精细到个人和群体，使产品具备差异化和定制化的特点，最终形成与互联网思维相适应的定制化和智能化的产品体系。

2. 建立风险评估，加强“安全保障”

信息安全风险不容忽视，互联网系统对网络信息系统的依赖度很高，保险公司需从信息管理制度、系统授权管理、数据加密、软件升级、硬件防护、灾备管理等多方面提升信息保护等级，否则有可能爆发重大信息安全事件。而且，我国移动互联网保险尚处于摸索期，建立有效的风险评估、监测、预警体系，也有利于促进我国移动互联网保险健康、持续地发展。

3. 高度重视信息安全问题

保险公司应关注网络的安全认证问题，遵从国际的安全电子交易协议，解决网上身份认证问题，确保网络支付安全，同时应建立健全客户信息安全制度，高度关注车主的个人信息资料安全，定期检查移动互联网保险平台的安全系统，及时根据网络风险状况的变化进行系统更新和升级，以保证移动互联网保险平台合格、合法、合规运作，从技术和制度两方面共同防范公司内外部人员非法接触数据，确保移动互联网保险交易和服务的安全运行。

思考练习题

1. 我国车险主要销售渠道有哪些？
2. 智能云车险的核心是什么？保险公司应该怎么做？
3. 互联网车险的发展模式有哪些？
4. 智能云车险发展存在的问题有哪些？
5. 智能云车险未来的发展方向有哪些？

第4章

车务管家在线

本章重点：

1. 涉车辆业务服务内容、申请材料和业务流程。
2. 交通安全违法处罚的种类、处罚条例和处罚程序。
3. 代缴税费服务中相关税费价格计算。
4. 涉驾驶证业务服务内容、申请材料和业务流程。
5. 聊车城车务管家在线软件应用。

4.1 车务管家常用的证明和凭证

车务管家是指汽车服务公司、代理人和经纪人等车务代办受客户委托代为办理车辆、驾驶证、交通缴费等事宜的一种业务形态，包括车辆上牌、过户，驾驶证换证、补证和审证，代缴税费（车船税、购置税），交通违章缴费等。

受客户委托代为办理涉及车辆、驾驶证和交通缴费等事宜时，需要客户提供的证明和凭证主要有机动车所有人的身份证明、购车发票等机动车来历证明、机动车整车出厂合格证明或者进口机动车进口凭证、车辆购置税完税证明或者免税凭证、机动车交通事故责任强制保险凭证、车船税纳税或者免税证明等。

4.1.1 车主证件

车主，是指拥有机动车辆的自然人或组织机构。

1. 个人车主

车辆所有权属于个人，机动车所有人的身份证明包括身份证、军官证、护照、户口本等。机动车所有人的身份证如图 4-1 所示。

2. 企业车主

车辆所有权属于单位，如机关、企业、事业单位和社会团体以及外国驻华使馆、领馆和外国驻华办事机构、国际组织驻华代表机构等。其中，机关、企业、事业单位、社会团体的身份证明，是该单位的组织机构代码证书[⊖]、加盖单位公章的委托书和被委托人的

⊖ 2015 年 10 月 1 日起，“三证合一”制度实施，即工商营业执照、组织机构代码证和税务登记证三个证件合并为一个带有统一社会信用代码的营业执照，不再向企业发放组织机构代码证；2016 年 1 月 1 日起，不再向机关、事业单位、社会团体及其他依法成立的机构发放和更换组织机构代码证。

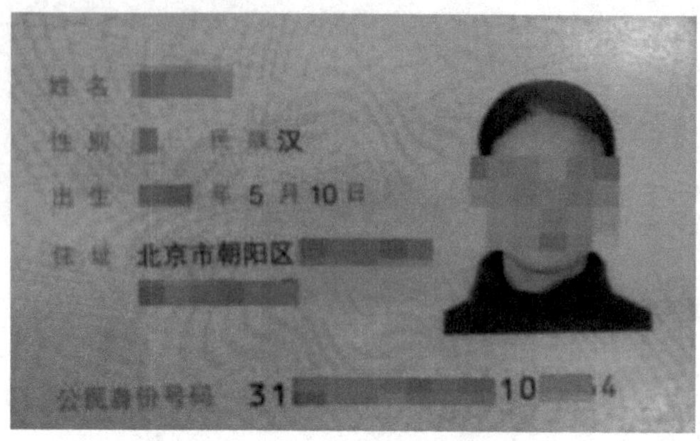

图 4-1　机动车所有人的身份证

身份证明。“三证合一”制度实施后，单位的组织机构代码证书由合并后的营业执照代替（见图 4-2）。

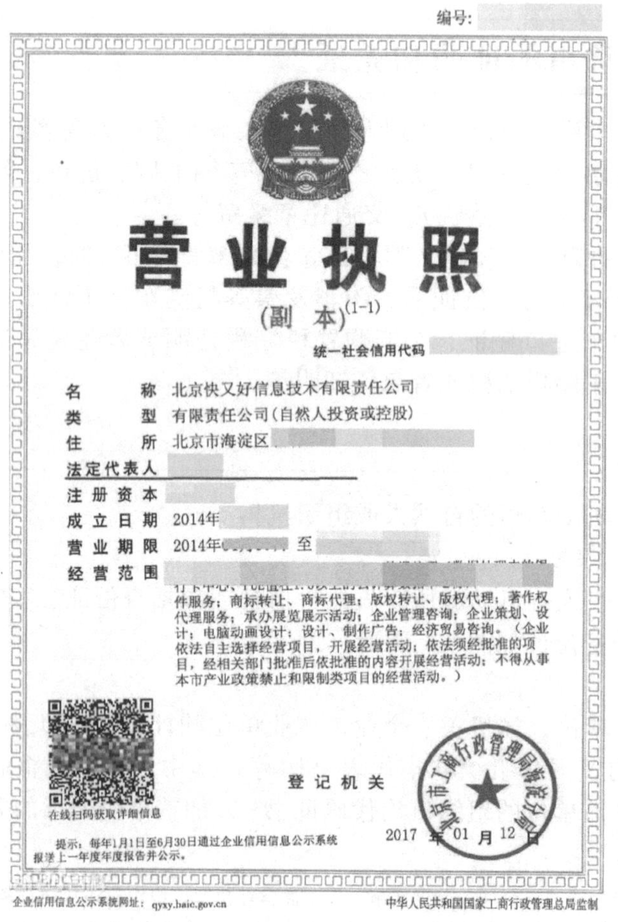

编号:

营业执照

(副　本)(1-1)

统一社会信用代码

名　　称　北京快又好信息技术有限责任公司
类　　型　有限责任公司(自然人投资或控股)
住　　所　北京市海淀区
法定代表人
注册资本
成立日期　2014年
营业期限　2014年 至
经营范围
件服务；商标转让、商标代理；版权转让、版权代理；著作权代理服务；承办展览展示活动；企业管理咨询；企业策划、设计；电脑动画设计；设计、制作广告；经济贸易咨询。（企业依法自主选择经营项目，开展经营活动；依法须经批准的项目，经相关部门批准后依批准的内容开展经营活动；不得从事本市产业政策禁止和限制类项目的经营活动。）

在线扫码获取详细信息

登记机关

北京市工商行政管理局海淀分局

2017 年 01 月 12 日

提示：每年1月1日至6月30日通过企业信用信息公示系统报送上一年度年度报告并公示。

企业信用信息公示系统网址：qyxy.baic.gov.cn　　中华人民共和国国家工商行政管理总局监制

图 4-2　“三证合一”后的营业执照

营业执照是工商行政管理机关发给工商企业、个体经营者的准许从事某项生产经营活动的凭证，没有营业执照的工商企业或个体经营者一律不许开业，不得刻制公章、签订合同、注册商标、刊登广告，银行不予开立账户。

营业执照上标注的统一社会信用代码相当于让法人和其他组织拥有了一个全国统一的“身份证号”，是推动社会信用体系建设的一项重要改革措施。统一社会信用代码用 18 位阿拉伯数字及大写英文字母表示，分别是 1 位登记管理部门代码、1 位机构类别代码、6 位登记管理机关行政区划码、9 位主体标识码、1 位校验码。

营业执照分为正本和副本，二者具有相同的法律效力，正本应当置于公司住所或营业场所的醒目位置。营业执照不得伪造、涂改、出租、出借、转让。

2019 年 3 月 1 日起，全国启用新版营业执照，新版营业执照印制有国徽、边框、标题（营业执照）、国家企业信用信息公示系统网址、登记机关公章、年月日、国家市场监督管理总局监制字样等，打印统一社会信用代码及号码、记载事项名称及内容、二维码等内容，其中副本照面加打年报提示语。

4.1.2　购车发票

购车发票又叫机动车销售发票，是对车辆的拥有权的一个重要凭证，也是车辆过户的必需材料。

1. 原始发票

原始发票即为新车购车发票，是一手车必须使用的原始发票原件，其与行驶本中车辆所有人的名称必须一致。发票为计算机六联式发票，如图 4-3 所示。

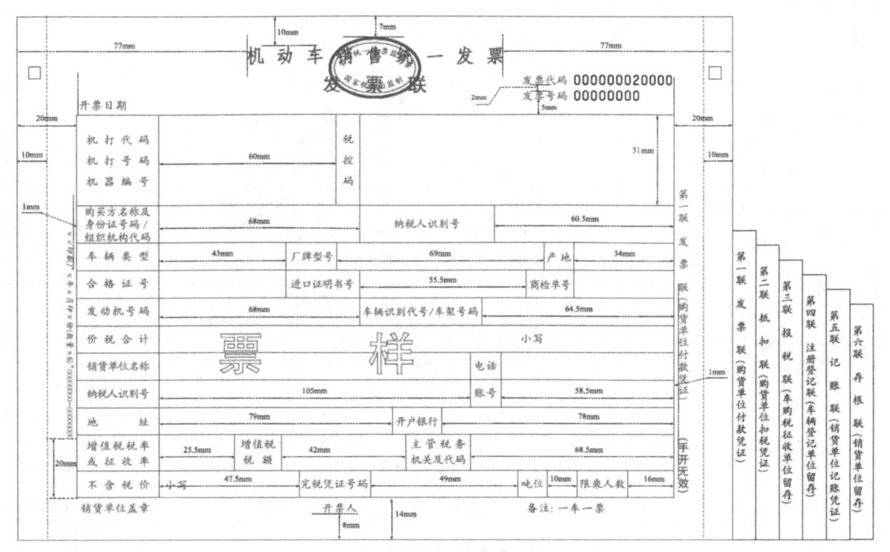

图 4-3　原始发票

第一联发票联（购货单位付款凭证），第二联抵扣联（购货单位扣税凭证），第三联报税联（车购税征收单位留存），第四联注册登记联（车辆登记单位留存），第五联记账联（销货单位记账凭证），第六联存根联（销货单位留存）。第一联印色为棕色，第二联印色为绿色，第三联印色为紫色，第四联印色为蓝色，第五联印色为红色，第六联印色为黑色。发票代码、发票号码印色为黑色。机动车销售发票规格为241mm×177mm。当购货单位不是增值税一般纳税人时，第二联抵扣联由销货单位留存。

如果发票不慎丢失，补开机动车销售统一发票的具体程序如下：

1）丢失机动车销售统一发票的消费者到机动车销售单位取得机动车销售统一发票存根联复印件（加盖销售单位发票专用章）。

2）到机动车销售方所在地主管税务机关盖章确认并登记备案。

3）由机动车销售单位重新开具与原机动车销售统一发票存根联内容一致的机动车销售统一发票。

2. 过户发票

过户发票是指办理车辆过户手续的时候要提供给车管所的二手车销售发票。二手车交易市场、二手车经销企业、经纪机构和拍卖企业应当通过增值税发票管理新系统开具二手车销售统一发票。单位和个人可以登录全国增值税发票查验平台，对增值税发票管理新系统开具的二手车销售统一发票信息进行查验。第一联发票联，第二联转移登记联，第三联出入库联，第四联记账联，第五联存根联。二手车销售统一发票与行驶本中车辆所有人名称要一致，如过户发票丢失，可去当时办理过户的二手车市场打印查询单。图4-4为过户发票。

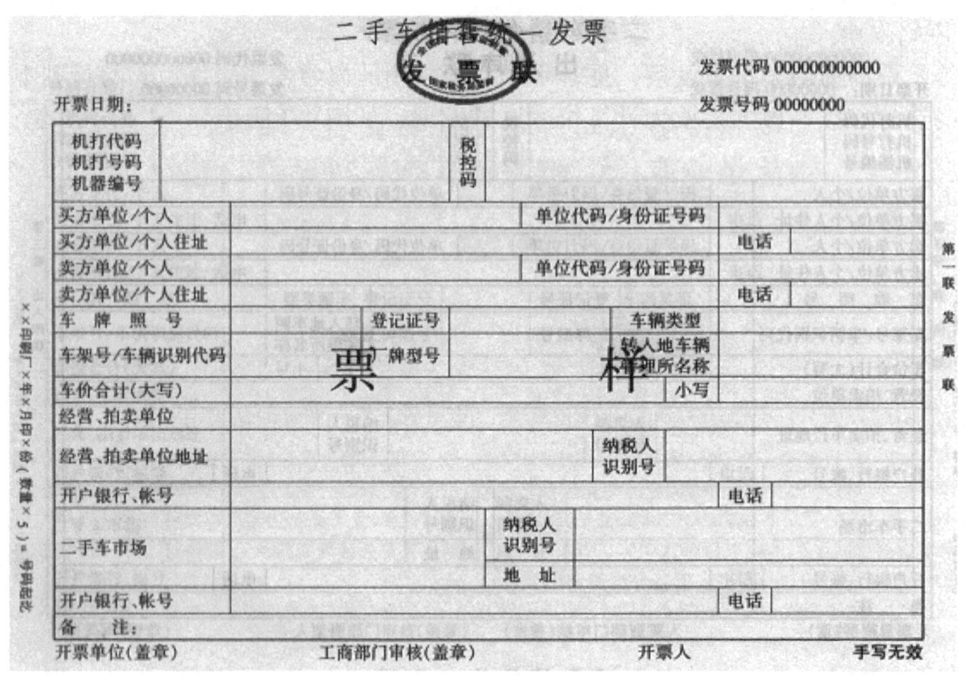

二手车销售统一发票

发票联

发票代码 000000000000
发票号码 00000000

开票日期：

机打代码 机打号码 机器编号		税控码	
买方单位/个人		单位代码/身份证号码	
买方单位/个人住址		电话	
卖方单位/个人		单位代码/身份证号码	
卖方单位/个人住址		电话	
车牌照号	登记证号	车辆类型	
车架号/车辆识别代码	厂牌型号	转入地车辆管理所名称	
车价合计(大写)		小写	
经营、拍卖单位			
经营、拍卖单位地址		纳税人识别号	
开户银行、帐号		电话	
二手车市场		纳税人识别号	
		地址	
开户银行、帐号		电话	
备注：			

开票单位(盖章)　工商部门审核(盖章)　开票人　手写无效

第一联 发票联

票样

图4-4　过户发票

4.1.3　机动车登记证书

机动车登记证书是车辆所有权的法律证明，由车辆所有人保管，不随车携带。此后办

理转籍、过户等任何车辆登记时都要求出具，并在其上记录车辆的有关情况，相当于车辆的户口本。机动车登记证书主要内容为注册登记摘要信息栏、转移登记摘要信息栏、注册登记机动车信息栏、登记栏。主要查看内容为车主信息、初次登记日期、出厂日期、过户记录、颜色、使用性质及变更记录等。图4-5～图4-7为机动车登记证书封面与内容。

图 4-5　机动车登记证书封面

注册登记摘要信息栏

转移登记摘要信息栏

第1页

注册登记机动车信息栏

第2页

图 4-6　机动车登记证书信息栏

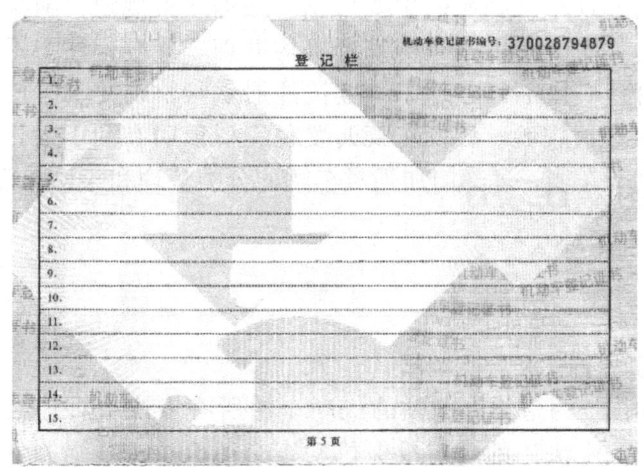

机动车登记证书编号：370028794879

登记栏

1.
2.
3.
4.
5.
6.
7.
8.
9.
10.
11.
12.
13.
14.
15.

第5页

图 4-7　机动车登记证书登记栏

若车辆登记证丢失补办，车主本人需持购车发票/过户发票、身份证原件、行驶证到所在地车管所补办，一般可以当时领取，车辆需要到场。

登记证编号与车管所计算机系统中录入的编号不相符，需要携带车主身份证（若

在北京办理，外地户口必须也要带北京居住证）以及车辆的手续，到车管所办理新的登记证。

4.1.4 机动车行驶证

机动车行驶证是准予机动车在我国境内道路上行驶的法定证件，是我国法律、法规认可的重要证件。机动车行驶证上列出了许多重要信息，包括车牌号码、车辆类型、车辆所有人姓名、车辆所有人住址、品牌型号、核定载人数、使用性质、发动机号码、车辆识别代号、注册日期、发证日期和检验记录等。

若机动车行驶证不慎丢失，车主需持车辆登记证、车主身份证原件到车辆所在地车管所补办，车辆必须到场。机动车行驶证如图 4-8 所示。

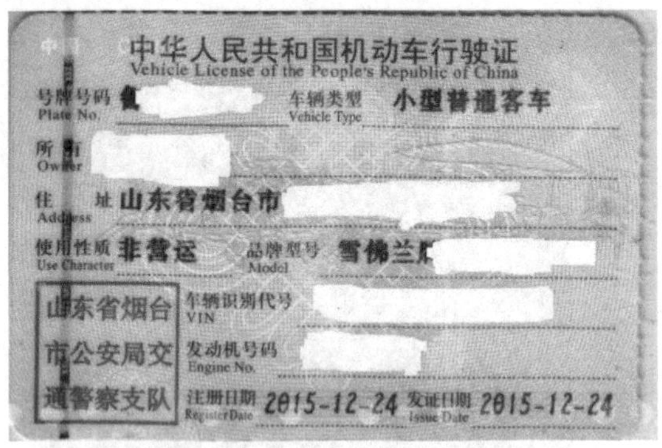

图 4-8　机动车行驶证内页

4.1.5 车辆购置税完税证明

根据《中华人民共和国车辆购置税暂行条例》的规定，纳税人交纳车辆购置税后，由税务机关核发车辆购置税完税证明，分为正本和副本，主要内容有：编号、纳税人（车主）名称、车辆厂牌型号、发动机号、车架（或车辆识别代码）、牌照号码、完税（免税）、征收机关名称、经办人签章等。它既是纳税人交纳车辆购置税的完税依据，也是作为车辆管理部门办理车辆牌照的主要依据。根据政策规定，纳税人应当持主管税务机关出具的完税证明，向公安机关车辆管理机构办理车辆登记注册手续，没有完税证明的，公安机关车辆管理机构不得办理车辆登记注册手续，以便于车辆通行公路和税务机关稽查车辆缴（免）税时查验。核发车辆购置税完税证明有利于强化管理，有效地防止偷税漏税现象，有利于车辆管理部门加强对车辆的分类管理和年检查验。图 4-9 为车辆购置税完税证明的正、副本。

4.1.6 车辆保险

1. 机动车交通事故责任强制保险单

在中华人民共和国境内道路上行驶的机动车的所有人或者管理人，应当依照《中华人民共和国道路交通安全法》的规定投保机动车交通事故责任强制保险。机动车交通事故责任强制保险（以下简称“交强险”），是指由保险公司对被保险机动车发生道路交通事故造成本车人员、被保险人以外的受害人的人身伤亡、财产损失，在责任限额内予以赔偿的强制性责任保险。

公安机关交通管理部门、农业（农业机械）主管部门（以下统称机动车管理部门）依法对机动车参加机动车交通事故责任强制保险的情况实施监督检查。对未参加机动车

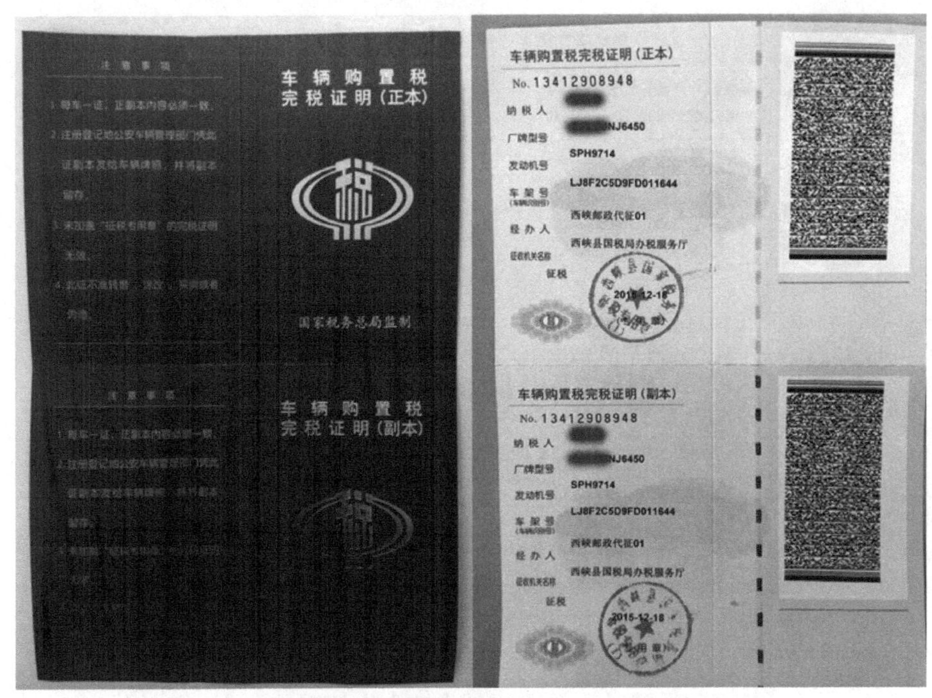

图 4-9　车辆购置税完税证明正、副本

交通事故责任强制保险的机动车，机动车管理部门不得予以登记，机动车安全技术检验机构不得予以检验。

公安机关交通管理部门及其交通警察在调查处理道路交通安全违法行为和道路交通事故时，应当依法检查机动车交通事故责任强制保险的保险标志。

机动车交通事故责任强制保险实行统一的保险条款和基础保险费率。保监会按照机动车交通事故责任强制保险业务总体上不盈利、不亏损的原则审批保险费率。

交强险单证由保监会监制，全国统一式样，分为交强险保险单、定额保险单和批单三个类别。除摩托车和农用拖拉机可使用定额保险单外，其他投保车辆必须使用交强险保险单。交强险保险单、定额保险单均由正本和副本组成，正本由投保人或被保险人留存，副本包括业务留存联、财务留存联和公安交管部门留存联。副本用于车辆年审，年审时收回副本。应注意交强险保单上的车船税信息。图 4-10 为机动车交通事故责任强制保险单。

交强险保单丢失、变更及退保：

1）丢失补办：持被保险人身份证原件（营业执照、加盖公司公章的委托证明）、行驶本、购车发票、登记证到投保保险公司进行补办。

2）变更：持双方身份证原件（营业执照、加盖公司公章的委托证明）、行驶本、购车发票、登记证到投保保险公司办理变更。

3）退保：外迁车辆可申请退保，本市过户车辆不能退保。

注意，车主和被保险人可能不是同一人，此时还需被保险人身份证复印件。如果保单

37061811

机动车交通事故责任强制保险单（正本）

AEDZAA2013Z00

PICC中国人民保险

中国人民财产保险股份有限公司

保险单号：

被保险人					
被保险人身份证号码(组织机构代码)					
地址				联系电话	
被保险机动车 号牌号码		机动车种类		使用性质	家庭自用汽车
发动机号码		识别代码(车架号)			
厂牌型号		核定载客	人	核定载质量	0.00千克
排量		功率		登记日期	2015-12-21
责任限额 死亡伤残赔偿限额	110000元	无责任死亡伤残赔偿限额		11000元	
医疗费用赔偿限额	10000元	无责任医疗费用赔偿限额		1000元	
财产损失赔偿限额	2000元	无责任财产损失赔偿限额		100元	
与道路交通安全违法行为和道路交通事故相联系的浮动比率					0.00%
保险费合计(人民币大写)：		(¥： 元)	其中救助基金(%)¥：		元
保险期间自 2015年 月 日 时起至			年 月 日 时止		
保险合同争议解决方式					
代收车船税 整备质量		纳税人识别号			
当年应缴 ¥： 元		往年补缴 ¥： 元		滞纳金 ¥：	元
合计(人民币大写)：				(¥：	元)
完税凭证号(减免税证明号)		开具税务机关			
特别约定					
重要提示	1. 请详细阅读保险条款，特别是责任免除和投保人、被保险人义务。 2. 收到本保险单后，请立即核对，如有不符或疏漏，请及时通知保险人并办理变更或补充手续。 3. 保险费应一次性交清，请您及时核对保险单和发票(收据)，如有不符，请及时与保险人联系。 4. 投保人应如实告知对保险费计算有影响的或被保险机动车因改装、加装、改变使用性质等导致危险程度增加的重要事项，并及时通知保险人办理批改手续。 5. 被保险人应当在交通事故发生后及时通知保险人。				投保确认码：
保险人	公司名称： 公司地址： 邮政编码：364000	服务电话：95518	签单日期：		(保险人签章)

核保：自动核保　　制单：　　经办：

尊敬的客户：您可通过本公司网站……、95518客服电话或附近的营业网点查询保险单信息。若对查询结果有异议，请通过以上三种渠道联系本公司。

第三联　交投保人

图 4-10　机动车交通事故责任强制保险单

有过户变更记录，需查看批单。

2. 机动车商业保险

机动车商业保险险种分主险和附加险两部分。目前，各保险公司的主险险种基本都包括机动车损失保险、第三者责任保险、车上人员责任险、全车盗抢险、提车保险等。附加险不能单独承保，只能附加在主险之上，如自燃损失险、车上责任险、玻璃单独破碎险等。

可以通过车主姓名、车牌号码、车架号码、发动机号码核对是否投保了机动车商业保险，保险有效期限和保费金额。图 4-11 为机动车商业保险保险单。

商业保险单丢失、变更及退保：

1）丢失补办：持车主身份证原件（营业执照、加盖公司公章的委托证明）、行驶本、购车发票、登记证到投保保险公司补办。

2）变更：持双方身份证原件（营业执照、加盖公司公章的委托证明）、行驶本、购车发票、登记证到投保保险公司办理变更。

3）退保：手续同上，过户未变更前需持原车主身份证。

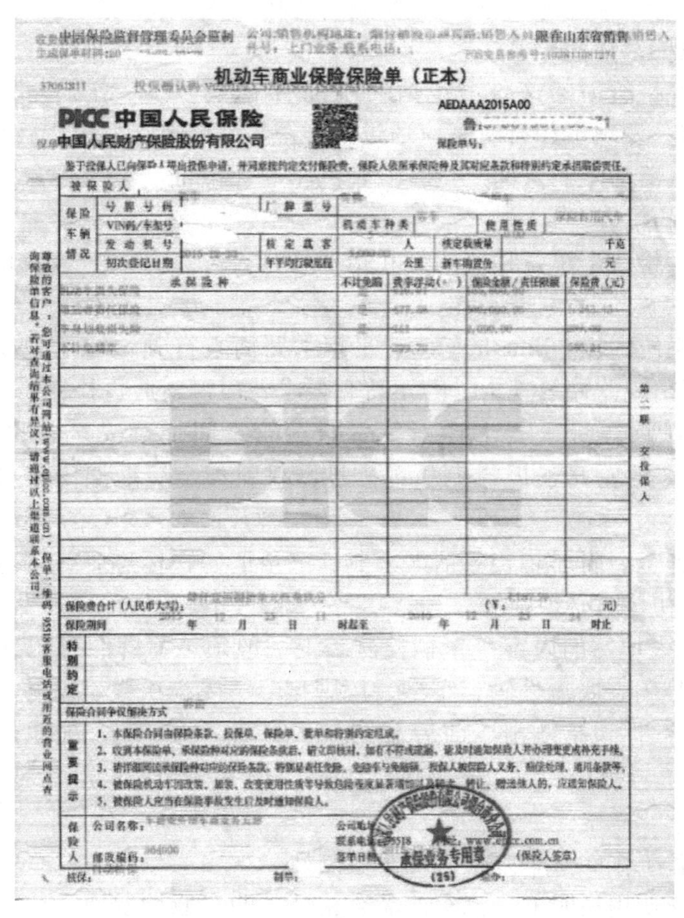

中国保险监督管理委员会监制　限在山东省销售

机动车商业保险保险单（正本）

PICC 中国人民保险
中国人民财产保险股份有限公司

AEDAAA2015A00

保险单号：

鉴于投保人已向保险人提出投保申请，并同意按约定交付保险费，保险人依照承保险种及其对应条款和特别约定承担赔偿责任。

被保险人						
保险车辆情况	号牌号码		厂牌型号			
	VIN码/车架号		机动车种类		使用性质	
	发动机号		核定载客	人	核定载质量	千克
	初次登记日期		年平均行驶里程	公里	新车购置价	元

承保险种	不计免赔	费率浮动（+/-）	保险金额/责任限额	保险费（元）

保险费合计（人民币大写）：　　（￥：　　元）

保险期间　　年　月　日　时起至　　年　月　日　时止

特别约定

保险合同争议解决方式

重要提示
1. 本保险合同由保险条款、投保单、保险单、批单和特别约定组成。
2. 收到本保险单、承保险种对应的保险条款后，请立即核对，如有不符或疏漏，请及时通知保险人并办理变更或补充手续。
3. 请详细阅读承保险种对应的保险条款，特别是责任免除、免赔率与免赔额、投保人被保险人义务、赔偿处理、通用条款等。
4. 被保险机动车因改装、加装、改变使用性质等导致危险程度显著增加以及转卖、转让、赠送他人的，应通知保险人。
5. 被保险人应当在保险事故发生后及时通知保险人。

保险人　公司名称：　公司地址：　邮政编码：　联系电话：95518　网址：www.e[illegible].com.cn　签单日期：　（保险人签章）

核保：　制单：　经办：

尊敬的客户：您可通过本公司网站（www.e[illegible].com.cn）、保单二维码、95518客服电话或附近的营业网点查询保险单信息，若对查询结果有异议，请通过以上渠道联系本公司。

第二联　交投保人

图 4-11　机动车商业保险保险单

4.2　涉车辆业务

新购车辆上牌，即注册登记，以及初次申领机动车号牌和行驶证的，机动车所有人应当向住所地的车辆管理所申请注册登记。用户购入新车，经过新车初检，缴纳车辆购置税以及车辆保险费后，可在公安机关车辆管理部门办理登记注册，领取证照。新车领取证照后，方能以合法身份正式上路行驶。

4.2.1　新车初检

新车购买后，车主应携带身份证、购车发票、车辆合格证等，驾车到购车当地机动车辆管理所指定的车检部门去“体检”，并缴纳验车费。车主应事先给新车加油加水，做好行车前的检查，确保新车能够正常行驶，同时注意按新车磨合期的具体要求行驶，不可高速行驶。

1. 检前准备

（1）检前准备的具体步骤

1）备齐汽车参检所需的文件。包括使用说明书、产品合格证、发动机和底盘（大梁）编号的拓印件；发现不相符时，应通过该车销售部门更正后再进行检测。

2）清洁车容。清洁车辆表面灰尘，检查汽车有无漏油、漏水现象。发现渗漏时，需修复后再进行汽车的检查。

3）检查灯光。检查全车各种照明灯和指示灯是否齐全有效。若发现故障，应排除后再进行车辆检查。

4）检测制动系统。以30km/h车速在平坦的路面上行驶，踩下制动踏板，看汽车是否制动有效、是否出现跑偏等现象。若不符合要求，应调整后再检测。

5）加装安全护网。货车要求在驾驶室至后轮之间加装安全护网，规格是距地面400mm，离驾驶室、后轮翼子板各100mm。护网材料为金属框架内镶拉板网，喷涂红白相间的漆条。

6）附加装置齐全。附加装置包括灭火器、三角形警告标志牌，可分别在消防器材商店和交警队购买，初检时必须配齐。

（2）车辆检测表填写的内容 车辆检测表上一般须填写牌照号码（新车为临时行驶车号牌）、发动机号码、底盘号码、车型、厂牌型号、受检次数、编号、检测日期、检测时间等项目。监测数据包括侧滑、前后制动和手制动、速度表、前照灯远近光、发动机废气、喇叭等。

2. 上线检测

1）将做好准备工作的汽车开至机动车检测站。

2）准备好汽车使用说明书、汽车产品合格证、购车原始发票、汽车编号拓印件等办理审核、制表和登记。

3）将拓印好的编号拓印件贴在机动车登记表相应的表栏内，并填写车主单位（姓名）及住址。若汽车拓印件尺寸过大，应剪整齐，并且在粘贴时，纸条不能压住编号栏的中间框线。

4）持填好的机动车登记表进行汽车初检。汽车初检时，由检验人员核对汽车车型、编号、颜色等项目，并在机动车登记表内填写相应内容。初检合格的车辆，车主向初检人员领取上线检测工作通知单，缴纳汽车检测费用并办理检测登记。

5）将汽车开至检测线入口，将机动车登记表和检测通知单送至计算机控制室录入系统，取回上述两种表格后，由检验员驾车上线检测。

6）车主到计算机控制室领取监测数据单，有不合格项目经调试后再检测（单项）。若全部合格，可进行灯光调整等下一个项目。

7）持汽车相关文件和检测结果单，请总检师审核并签署意见。

8）持上述所有文件，请驻检测站民警审核，并在机动车登记表上签字盖章。

总之，为保证检测一次性合格，事先最好进行自检。如果自检结果不合格，不一定说明车辆质量有问题，可请专业人士予以调整。

4.2.2　新车上牌

1. 新车上牌需要准备的资料

新车上牌车辆合格证、购车发票以及交强险保单（商业险可以上牌后再购买），北京、上海、广州地区的还需要有购车指标证明。到车管所办理上牌手续前，应该把交强险保单、购车资格证、居民身份证、暂住证（如果有）、车辆合格证、购车发票各复印3份备用，注意不能是传真件。购置税在购置税征稽处缴纳，需要提供身份证原件及复印件、购车发票（报税联）、合格证原件及复印件、纳税申报表；如果是进口车辆，还需提供海关货物进口证明书原件及复印件、商品检验单原件及复印件。需要特别说明的是，广州不仅需要购车指标，还需要打印出购车资格证明，方可办理购买购置税业务。购置税只能使用银联卡交费，交费成功之后，会有一个车辆购置税完税证明。

2. 车管所上牌流程

1）拍照。负责拍照的工作人员会根据车辆的车架号后四位设置好号码牌，放到车的风窗玻璃右下角，然后给车拍照。拍照前，需要把贴在风窗玻璃上的“CCC”贴纸以及“汽车燃料消耗量标识”贴纸撕掉。

2）拓印。拓印一般要在车管所检查区进行。有时候4S店会帮忙拓印，但要注意4S店拓印的份数是否足够，因为上牌的时候需要两份发动机号和三份车架号的拓印。拓印如图4-12和图4-13所示。

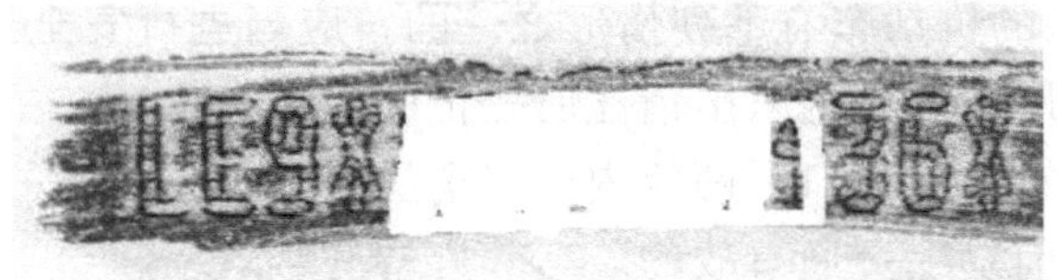

图4-12　发动机号拓印

图4-13　车架号拓印

3）过线。所有自主品牌的车辆都属于免检车辆，非免检车辆则需要过线检测，包括动力、灯光、尾气、刹车方面的检测。

4）刑侦。完成车辆拓印，拿到拓印好的发动机号及车架号后，便可以到刑侦检验室填写刑侦验车资料采集表。填写好上述采集表后，把拓印号以及采集表上交给柜台的业务员录入资料，获得公安局刑侦验车通知书。具体资料包括：机动车注册、转移、注销登记/转入申请表，还有交强险副本、购车发票（注册登记联）、刑侦回执、身份证原件和复印件、合格证原件、购置税附页。

5）验车。在验车区内，把整理好的资料交给在场的警察进行验车。为配合警察的验车工作，车主应该预先打开发动机舱盖，拆卸发动机隔热板。警察主要检验车架号以及发动机号与资料的数据是否一致。验车完毕，警察会给一个号码牌，让车主到业务大厅等候。

6）获得行驶证、机动车登记证书。完成选号后，工作人员会给车主打印机动车领牌凭证，车主缴费。缴费后等待一段时间后，便可以获得行驶证、机动车登记证书。

7）购买车船税。取得行驶证以及机动车登记证书后，可以复印一份，然后到车管所缴纳本年的车船税。

8）牌照安装。拿着行驶证和机动车登记证书到验车区，找安装工人到牌照仓库领取反光号牌并安装。

9）领取绿色环保标志。带齐相关资料（个人车辆需要行驶证、机动车登记证、车主的身份证这“三证”的原件；若车是组织机构的，则应带行驶证、机动车登记证、企业营业执照这“三证”的原件）免费领取。

4.2.3 注册登记

初次申领机动车号牌和行驶证的，机动车所有人应当向住所地的车辆管理所申请注册登记。机动车所有人应当到机动车安全技术检验机构对机动车进行安全技术检验，取得机动车安全技术检验合格证明后申请注册登记。但经海关进口的机动车和国务院机动车产品主管部门认定免予安全技术检验的机动车除外。专用校车办理注册登记前，应当按照专用校车国家安全技术标准进行安全技术检验。

免予安全技术检验的机动车有下列情形之一的，应当进行安全技术检验：

1）国产机动车出厂后两年内未申请注册登记的。

2）经海关进口的机动车进口后两年内未申请注册登记的。

3）申请注册登记前发生交通事故的。

申请注册登记的，机动车所有人应当填写申请表，交验机动车，并提交以下证明、凭证：

1）机动车所有人的身份证明。

2）购车发票等机动车来历证明。

3）机动车整车出厂合格证明或者进口机动车进口凭证。

4）车辆购置税完税证明或者免税凭证。

5）机动车交通事故责任强制保险凭证。

6）车船税纳税或者免税证明。

7）法律、行政法规规定应当在机动车注册登记时提交的其他证明、凭证。

不属于经海关进口的机动车和国务院机动车产品主管部门规定免予安全技术检验的机动车，还应当提交机动车安全技术检验合格证明。车辆管理所应当自受理申请之日起二日内，确认机动车，核对车辆识别代号拓印膜，审查提交的证明、凭证，核发机动车登记证书、号牌、行驶证和检验合格标志。

车辆管理所办理消防车、救护车、工程救险车注册登记时，应当对车辆的使用性质、标志图案、标志灯具和警报器进行审查。车辆管理所办理全挂汽车列车和半挂汽车列车

注册登记时，应当对牵引车和挂车分别核发机动车登记证书、号牌和行驶证。

有下列情形之一的，不予办理注册登记：

1）机动车所有人提交的证明、凭证无效的。

2）机动车来历证明被涂改或者机动车来历证明记载的机动车所有人与身份证明不符的。

3）机动车所有人提交的证明、凭证与机动车不符的。

4）机动车未经国务院机动车产品主管部门许可生产或者未经国家进口机动车主管部门许可进口的。

5）机动车的有关技术数据与国务院机动车产品主管部门公告的数据不符的。

6）机动车的型号、发动机号码、车辆识别代号或者有关技术数据不符合国家安全技术标准的。

7）机动车达到国家规定的强制报废标准的。

8）机动车被人民法院、人民检察院、行政执法部门依法查封、扣押的。

9）机动车属于被盗抢的。

10）其他不符合法律、行政法规规定的情形。

4.2.4　变更登记

已注册登记的机动车有下列情形之一的，机动车所有人应当向登记地车辆管理所申请变更登记：

1）改变车身颜色的。

2）更换发动机的。

3）更换车身或者车架的。

4）因质量问题更换整车的。

5）营运机动车改为非营运机动车或者非营运机动车改为营运机动车等使用性质改变的。

6）机动车所有人的住所迁出或者迁入车辆管理所管辖区域的。

机动车所有人为两人以上，需要将登记的所有人姓名变更为其他所有人姓名的，可以向登记地车辆管理所申请变更登记。

其中第1）、2）、3）项规定的事项变更的，机动车所有人应当在变更后十日内向车辆管理所申请变更登记；第6）项规定的事项变更的，机动车所有人申请转出前，应当将涉及该车的道路交通安全违法行为和交通事故处理完毕。

申请变更登记的，机动车所有人应当填写申请表，交验机动车，并提交以下证明、凭证：

1）机动车所有人的身份证明。

2）机动车登记证书。

3）机动车行驶证。

4）属于更换发动机、车身或者车架的，还应当提交机动车安全技术检验合格证明。

5）属于因质量问题更换整车的，还应当提交机动车安全技术检验合格证明，但经海关进口的机动车和国务院机动车产品主管部门认定免予安全技术检验的机动车除外。

车辆管理所应当自受理之日起一日内，确认机动车，审查提交的证明、凭证，在机动车登记证书上签注变更事项，收回行驶证，重新核发行驶证。车辆管理所办理机动车变更登记时，需要改变机动车号牌号码的，收回号牌、行驶证，确定新的机动车号牌号码，重新核发号牌、行驶证和检验合格标志。机动车所有人的住所迁出车辆管理所管辖区域的，车辆管理所应当自受理之日起三日内，在机动车登记证书上签注变更事项，收回号牌、行驶证，核发有效期为三十日的临时行驶车号牌，将机动车档案交机动车所有人。机动车所有人应当在临时行驶车号牌的有效期限内到住所地车辆管理所申请机动车转入。

申请机动车转入的，机动车所有人应当填写申请表，提交身份证明、机动车登记证书、机动车档案，并交验机动车。机动车在转入时已超过检验有效期的，应当在转入地进行安全技术检验并提交机动车安全技术检验合格证明和交通事故责任强制保险凭证。车辆管理所应当自受理之日起三日内，确认机动车，核对车辆识别代号拓印膜，审查相关证明、凭证和机动车档案，在机动车登记证书上签注转入信息，核发号牌、行驶证和检验合格标志。

若机动车所有人为两人以上，需要将登记的所有人姓名变更为其他所有人姓名的，应当提交机动车登记证书、行驶证、变更前和变更后机动车所有人的身份证明和共同所有的公证证明。但属于夫妻双方共同所有的，可以提供《结婚证》或者证明夫妻关系的居民户口簿。

变更后机动车所有人的住所在车辆管理所管辖区域内的，在车辆管理所办理变更登记。变更后机动车所有人的住所不在车辆管理所管辖区域内的，在迁出地和迁入地的车辆管理所办理变更登记。

有下列情形之一的，不予办理变更登记：

1）改变机动车的品牌、型号和发动机型号的，但经国务院机动车产品主管部门许可选装的发动机除外。

2）改变已登记的机动车外形和有关技术数据的，但法律、法规和国家强制性标准另有规定的除外。

有下列情形之一，在不影响安全和识别号牌的情况下，机动车所有人不需要办理变更登记：

1）小型、微型载客汽车加装前后防撞装置。

2）货运机动车加装防风罩、水箱、工具箱、备胎架等。

3）增加机动车车内装饰。

已注册登记的机动车，机动车所有人住所在车辆管理所管辖区域内迁移或者机动车所有人姓名（单位名称）、联系方式变更的，应当向登记地车辆管理所备案。

1）机动车所有人住所在车辆管理所管辖区域内迁移、机动车所有人姓名（单位名称）变更的，机动车所有人应当提交身份证明、机动车登记证书、行驶证和相关变更证明。车辆管理所应当自受理之日起一日内，在机动车登记证书上签注备案事项，重新核发行驶证。

2）机动车所有人联系方式变更的，机动车所有人应当提交身份证明和行驶证。车辆

管理所应当自受理之日起一日内办理备案。

机动车所有人的身份证明名称或者号码变更的，可以向登记地车辆管理所申请备案。机动车所有人应当提交身份证明、机动车登记证书。车辆管理所应当自受理之日起一日内，在机动车登记证书上签注备案事项。

发动机号码、车辆识别代号因磨损、锈蚀、事故等原因辨认不清或者损坏的，可以向登记地车辆管理所申请备案。机动车所有人应当提交身份证明、机动车登记证书、行驶证。车辆管理所应当自受理之日起一日内，在发动机、车身或者车架上打刻原发动机号码或者原车辆识别代号，并在机动车登记证书上签注备案事项。

4.2.5 抵押登记

机动车所有人将机动车作为抵押物抵押的，应当向登记地车辆管理所申请抵押登记；抵押权消灭的，应当向登记地车辆管理所申请解除抵押登记。

申请抵押登记的，机动车所有人应当填写申请表，由机动车所有人和抵押权人共同申请，并提交下列证明、凭证：

1）机动车所有人和抵押权人的身份证明。

2）机动车登记证书。

3）机动车所有人和抵押权人依法订立的主合同和抵押合同。

车辆管理所应当自受理之日起一日内，审查提交的证明、凭证，在机动车登记证书上签注抵押登记的内容和日期。

申请解除抵押登记的，机动车所有人应当填写申请表，由机动车所有人和抵押权人共同申请，并提交下列证明、凭证：机动车所有人和抵押权人的身份证明和机动车登记证书。

人民法院调解、裁定、判决解除抵押的，机动车所有人或者抵押权人应当填写申请表，提交机动车登记证书、人民法院出具的已经生效的调解书、裁定书或者判决书，以及相应的协助执行通知书。

车辆管理所应当自受理之日起一日内，审查提交的证明、凭证，在机动车登记证书上签注解除抵押登记的内容和日期。机动车抵押登记日期、解除抵押登记日期可以供公众查询。对机动车所有人提交的证明、凭证无效，或者机动车被人民法院、人民检察院、行政执法部门依法查封、扣押的，不予办理解除抵押登记。

4.2.6 审核注意事项

机动车登记证书和机动车行驶证是机动车两个重要的证件，它们相当于车辆的“户口本”和“身份证”，因此它们在新车上牌时有着严格的审核要求，对它们的审核有诸多注意事项：

1.《机动车登记证书》审核注意事项

注册登记摘要信息栏审核注意事项：

1）查看车主身份证件和办理登记证时用的证件是否一致，号码是否相同。

2）确认初次登记时是否为租赁公司车辆，租赁公司车辆一般不能外迁，本市能正常过户。

3）查看登记机关（注册地）、登记日期（初次上牌日期）和车牌号码。

4）查看是否为外地迁入车辆。

转移登记摘要信息栏审核注意事项：

1）车辆购买人信息及过户日期、新车牌号牌等。

2）新登记证一般将转移登记信息放到登记栏中。

注册登记机动车信息栏审核注意事项：

1）查看车辆品牌型号、颜色、车架号、发动机号与行驶证是否一致。

2）查看第10项国产/进口项目内填写内容：有填写进口、海关或工商罚没及境外自带等字样的时候要特别注意，这些可能影响车辆的价格和过户程序。

3）查看第30项使用性质项目内填写的内容是营运、租赁还是非营运，营运车辆一般不能做外迁处理，营运和租赁车辆的价格比非营运车辆要低。

登记栏审核注意事项：

1）查看车辆过户次数（确认是否一手车）、过户时间及其他变更信息。

2）最后一次过户时，车辆所有人信息与行驶本是否一致。

3）查看是否抵押登记，办理解押手续需车主本人与贷款银行联系，否则无法过户。

2.《机动车行驶证》审核注意事项

1）车辆品牌型号与行驶证是否一致。

2）车辆颜色是否一致。

3）车辆外观是否改变（加装天窗、轮毂、轮胎、大灯、加装尾翼、行李架、保险杠、大包围、车贴等）。

4）车牌号码与车辆及登记证是否一致。

5）车辆所有人名称与登记证及有效证件是否一致。

6）品牌型号、使用性质与登记证是否一致。

7）发动机号、车架号与登记证是否一致。

8）注册登记日期（初次上牌日期）。

9）发证日期：一手车与注册日期一致，如有过户或变更需重新申领行驶证。

10）检验记录（年检）有效期已过的车辆，需要先办理车辆年检后才能过户；小型、微型非营运载客汽车6年以内每2年检验1次；超过6年的，每年检验一次；超过15年的，每年检验2次。

11）年检到期日在查违章同时可以查到，要核对一下与行驶证的到期日是否一致，如果不一致有可能是委托外地年审或是没办完验车手续。

4.3 车辆过户

车辆过户，即机动车转移登记，机动车所有权发生转移，现机动车所有人应当于机动车交付之日起三十日内提交相关资料到指定地点查验车辆，申请办理转移登记。机动车

所有人申请转移登记前，应当将涉及该车的道路交通安全违法行为和交通事故处理完毕。办理过户时，先到车辆所在地的车管所办理转出手续，再到希望转入的地方办转入手续。

申请转移登记的，现机动车所有人应当填写申请表，交验机动车，并提交以下证明、凭证：

1）现机动车所有人的身份证明。

2）机动车所有权转移的证明、凭证。

3）机动车登记证书。

4）机动车行驶证。

5）属于海关监管的机动车，还应当提交《中华人民共和国海关监管车辆解除监管证明书》或者海关批准的转让证明。

6）属于超过检验有效期的机动车，还应当提交机动车安全技术检验合格证明和交通事故责任强制保险凭证。

现机动车所有人住所在车辆管理所管辖区域内的，车辆管理所应当自受理申请之日起一日内，确认机动车，核对车辆识别代号拓印膜，审查提交的证明、凭证，收回号牌、行驶证，确定新的机动车号牌号码，在机动车登记证书上签注转移事项，重新核发号牌、行驶证和检验合格标志。

机动车所有人的住所迁出车辆管理所管辖区域的，车辆管理所应当自受理之日起三日内，在机动车登记证书上签注变更事项，收回号牌、行驶证，核发有效期为三十日的临时行驶车号牌，将机动车档案交机动车所有人。机动车所有人应当在临时行驶车号牌的有效期限内到住所地车辆管理所申请机动车转入。

申请机动车转入的，机动车所有人应当填写申请表，提交身份证明、机动车登记证书、机动车档案，并交验机动车。机动车在转入时已超过检验有效期的，应当在转入地进行安全技术检验并提交机动车安全技术检验合格证明和交通事故责任强制保险凭证。车辆管理所应当自受理之日起三日内，确认机动车，核对车辆识别代号拓印膜，审查相关证明、凭证和机动车档案，在机动车登记证书上签注转入信息，核发号牌、行驶证和检验合格标志。

有下列情形之一的，不予办理转移登记：

1）机动车与该车档案记载内容不一致的。

2）进口汽车属海关监管期内、未解除监管或者未批准转让的。

3）机动车在抵押登记、质押备案期间的。

被人民法院、人民检察院和行政执法部门依法没收并拍卖，或者被仲裁机构依法仲裁裁决，或者被人民法院调解、裁定、判决机动车所有权转移时，原机动车所有人未向现机动车所有人提供机动车登记证书、号牌或者行驶证的，现机动车所有人在办理转移登记时，应当提交人民法院出具的未得到机动车登记证书、号牌或者行驶证的协助执行通知书，或者人民检察院、行政执法部门出具的未得到机动车登记证书、号牌或者行驶证的证明。车辆管理所应当公告原机动车登记证书、号牌或者行驶证作废，并在办理转移登记的同时，补发机动车登记证书。

办理车辆过户流程：

1）拓印车架号、拍摄机动车照片并粘贴在机动车查验记录表指定位置上。

2）持下列资料到机动车查验厅查验机动车：

① 机动车查验记录表。

② 机动车行驶证、机动车登记证书。

③ 属于机动车超过检验有效期的，还应当提交机动车安全技术检验合格证明和交通事故责任强制保险凭证。

3）填写《机动车注册、转移、注销登记/转入申请表》，并持下列资料到业务大厅领取排队号等候业务受理：

① 机动车注册、转移、注销登记/转入申请表和机动车查验记录表。

② 现机动车所有人的身份证明原件及复印件。

③ 机动车所有权转移的证明、凭证原件或者复印件。其中，二手车销售发票、协助执行通知书和国家机关、企业、事业单位和社会团体等单位出具的调拨证明应当是原件。

④ 机动车登记证书、行驶证和机动车号牌。

⑤ 属于海关监管的机动车的，还应当提交中华人民共和国海关监管车辆解除监管证明书或者海关批准的转让证明原件。

⑥ 属于机动车超过检验有效期的，还应当提交机动车安全技术检验合格证明和交通事故责任强制保险凭证原件。

⑦ 如代理人（经办人）代办的，还须提交所有人出具的委托书和代理人（经办人）的身份证明原件及复印件。

4）持机动车受理凭证到收费窗口缴费并选择机动车号牌号码。

5）到原业务受理窗口制作行驶证、检验合格标志，签注机动车登记证书，领取机动车号牌。

4.4 交通违法处罚

4.4.1 道路交通安全违法处罚

道路交通安全违法处罚是指公安机关交通管理部门对违反道路交通安全法律、法规的组织和个人所给予的一种行政制裁。道路交通安全违法处罚是道路交通安全执法中较常见的一种行为。公安机关交通管理部门对道路交通安全违法行为的处罚种类包括：警告、罚款、暂扣机动车驾驶证、吊销机动车驾驶证和拘留。

1. 警告

警告是指公安机关交通管理部门对违法行为人给予严厉谴责和告诫的一种制裁措施，属于申诫罚。警告是道路交通安全执法上较为常见的一种处罚方式，其作用在于指出违法行为的危害，责令改正，促使当事人认识错误，不致再犯。它的特点在于对违法行为人实施的是精神上或者名誉方面的惩戒，它既没有对违法当事人进行经济制裁，更没有限制违法当事人的人身自由，是道路交通违法行政处罚中最轻的一种，一般适用于情节比较轻微、危害后果较小的违法行为。警告可分为口头警告和书面警告两种，还有一种

是对在交通安全方面存在隐患的单位发放的隐患警告书。《道路交通安全法》第 87 条第 2 款规定：“公安机关交通管理部门及其交通警察应当依据事实和本法的有关规定对道路交通安全违法行为予以处罚。对于情节轻微，未影响道路通行的，指出违法行为，给予口头警告后放行。”依据这条规定，对轻微违法行为人可以口头方式做出警告处罚。

警告不同于批评教育。警告处罚与批评教育在形式和内容上有一定的相似之处，两者都是摆事实、讲道理，指出当事人行为的危害性，告诫今后不再重犯，但是两者的性质不同。警告是一种行政处罚，带有强制性，比一般批评教育更严厉；而批评教育只是一种思想教育，本身不带有强制性。

2. 罚款

罚款是指公安机关交通管理部门依法责令交通安全违法行为人当场或在一定期限内缴纳一定数额钱款的行政处罚手段，是行政处罚中适用最广泛的一种形式。罚款是对当事人在经济上实施制裁的处罚方式，目的在于强化教育效果，对违法者处以罚款，使其经济损失作为违法的直接后果，从而促使违法者更加深刻地认识错误，吸取教训，不再违法，保证法律、法规的实施。道路交通安全执法上的罚款包括对机动车或非机动车驾驶人、行人和乘车人等交通安全违法行为的罚款。

3. 暂扣机动车驾驶证

暂扣机动车驾驶证，是指公安机关交通管理部门依法对道路交通违法行为人在一定时间内暂停其机动车驾驶资格的处罚方式。驾驶人受到暂扣处罚之后，在被处罚期间内，不能合法驾驶机动车，即驾驶机动车的资格将受到限制。例如，对饮酒后驾驶机动车的驾驶人采取暂扣的处罚方式，即在一定期限内扣留其驾驶证、停止其驾驶机动车的资格，暂扣机动车驾驶证的期限为 6 个月。

4. 吊销机动车驾驶证

吊销机动车驾驶证，是指对违反道路交通安全管理法律、法规的驾驶人取消其驾驶机动车资格的处罚方式。驾驶人被吊销机动车驾驶证后，其原本所拥有的驾驶机动车资格因此而失去。这是对当事人驾驶资格最严厉的一种处罚，这种处罚方式一般适用于实施了严重道路交通安全违法行为的机动车驾驶人。根据《道路交通安全法》的规定，有下列情形之一的，吊销机动车驾驶证：因饮酒后驾驶机动车被处罚，再次饮酒后驾驶机动车的；醉酒驾驶机动车的；饮酒后驾驶运营机动车的；将机动车交由未取得机动车驾驶证或者机动车驾驶证被吊销、暂扣的人驾驶的；机动车行驶超过规定时速 50% 的；饮酒后或者醉酒驾驶机动车发生重大交通事故，构成犯罪的；违反道路交通法律、法规，发生交通事故后逃逸的；机动车驾驶证被公安机关交通管理部门依法先予扣留，违法行为人无正当理由未在 15 日内到公安机关交通管理部门接受处理的；驾驶拼装车或者已达到报废标准的机动车上路行驶的。

驾驶证被吊销后，一般情况下，当事人在两年内不准重新申请领取新驾驶证。醉酒驾驶机动车的、饮酒后驾驶营运机动车的，驾驶证被吊销后，5 年内不得重新取得机动车驾驶证。醉酒驾驶营运机动车的，驾驶证被吊销后，10 年内不得重新取得机动车驾驶证，重新取得机动车驾驶证后，不得驾驶营运机动车。如果是由于造成道路交通事故后逃逸而被吊销机动车驾驶证的、饮酒后或者醉酒驾驶机动车发生重大交通事故而构成犯罪的，行为人终生不得再次申请领取机动车驾驶证。

5. 拘留

拘留是指公安机关交通管理部门对违反道路交通安全管理的人所采取的一种限制其人身自由的处罚方式，是一种人身处罚，是行政处罚中最重的一种处罚，主要适用于以下几种违法行为：无证驾驶；因饮酒后驾驶机动车被处罚，再次饮酒后驾驶机动车的；酒后驾驶营运机动车的；伪造、变造或者使用伪造、变造的机动车牌证；造成交通事故后逃逸、尚不构成犯罪的等。根据法律规定，拘留的期限为 1 日以上 15 日以下。对道路交通违法行为人需要拘留处罚的，由县、市公安局、公安分局或者相当于县一级的公安机关裁决。

4.4.2 道路交通安全违法处罚条例

驾驶人违反道路交通安全法律法规的规定，发生重大交通事故，构成犯罪的，依法追究刑事责任，并由公安机关交通管理部门吊销机动车驾驶证。造成交通事故后逃逸的，由公安机关交通管理部门吊销机动车驾驶证，且终生不得重新取得机动车驾驶证。对道路交通安全违法行为的处罚种类包括：警告、罚款、暂扣或者吊销机动车驾驶证、拘留。

1. 违反交通信号的处罚

机动车驾驶人违反道路交通安全法律、法规关于道路通行规定的，处警告或者 20 元以上 200 元以下罚款。

2. 酒后、吸毒、服药驾驶的处罚

机动车驾驶人有饮酒、醉酒、服用国家管制的精神药品或者麻醉药品嫌疑时，必须接受测试和检验。对饮酒、服用国家管制的精神药品或者麻醉药品的驾驶人，依法予以处罚。

1）酒后驾驶机动车的，处暂扣 6 个月机动车驾驶证，并处 1000 元以上 2000 元以下罚款。因酒后驾驶机动车被处罚，再次饮酒后驾驶机动车的，处 10 日以下拘留，并处 1000 元以上 2000 元以下罚款，吊销机动车驾驶证。

2）醉酒驾驶机动车的，由公安机关交通管理部门约束至酒醒，吊销机动车驾驶证，依法追究刑事责任，5 年内不得重新取得机动车驾驶证。

3）酒后或者醉酒驾驶机动车发生重大交通事故构成犯罪的，依法追究刑事责任，并由公安机关交通管理部门吊销机动车驾驶证，终生不得重新取得机动车驾驶证。

机动车驾驶证违法的处罚：未取得机动车驾驶证、机动车驾驶证被吊销或者机动车驾驶证被暂扣期间驾驶机动车的，公安机关交通管理部门依法处以 200 元以上 2000 元以下罚款，并处 15 日以下拘留。将机动车交由未取得机动车驾驶证或者机动车驾驶证被吊销、暂扣的人驾驶，公安机关交通管理部门依法处以 200 元以上 2000 元以下罚款，并处吊销机动车驾驶证。

3. 涉机动车号牌违法的处罚

驾驶未悬挂机动车号牌的机动车上道路行驶，故意遮挡、污损或者不按规定安装机动车号牌的，公安机关交通管理部门依法处警告或者 20 元以上 200 元以下罚款。

伪造、变造或者使用伪造、变造的机动号牌及使用其他车辆的机动车号牌的，公安机

关交通管理部门予以收缴，扣留该机动车，处 15 日以下拘留，并处 2000 元以上 5000 元以下罚款，构成犯罪的依法追究刑事责任。

4. 简易程序处罚

对违法行为人处以警告或者 200 元以下罚款，适用简易程序。

1）简易程序处罚，可以由一名交通警察做出。

2）交通警察按照简易程序当场做出行政处罚的，告知当事人道路交通安全违法行为的事实、处罚的理由和依据，并将行政处罚决定书当场交给被处罚人。

5. 对非法取得驾驶证的处罚

以欺骗、贿赂等不正当手段取得机动车登记的，收缴机动车登记证书、号牌、行驶证，由登记地公安交通管理部门撤销机动车登记。

以欺骗、贿赂等不正当手段取得驾驶许可的，收缴驾驶证，由驾驶证核发地公安交通管理部门撤销机动车驾驶许可。

以下情况之一的，公安交通管理部门依法扣留车辆：

1）驾驶上道路行驶的机动车未悬挂机动车号牌，未放置检验合标志、保险标志，或未随车携带机动车行驶证驾驶证的。

2）有伪造、变造或者使用伪造、变造的机动车登记证书号牌、行驶证、检验合格标志、保险标志、驾驶证或者使用其他车辆的机动车登记证书、号牌、行驶证、检验合格标标志嫌疑的。

3）未按照国家规定投保机动车交通事故责任强制保险的。

4）机动车有被盗窃、拼装、达到报废标准嫌疑的。

4.4.3 道路交通安全违法处罚程序

对违法行为事实清楚，需要按照一般程序处以罚款的，应当自违法行为人接受处理之日起二十四小时内做出处罚决定；处以暂扣机动车驾驶证的，应当自违法行为人接受处理之日起三日内做出处罚决定；处以吊销机动车驾驶证的，应当自违法行为人接受处理或者听证程序结束之日起七日内做出处罚决定，交通肇事构成犯罪的，应当在人民法院判决后及时做出处罚决定。处理交通违法一般要在违法所在地办理，去公安交通管理部门处罚窗口进行确认，领取确认书，然后去指定银行上交罚款。

1）交通违法行为人或者车辆所有人、管理人在获知车辆交通违法信息后，通过如下方式接受处理：

① 被执勤民警当场开具的简易处罚决定书，交通违法行为人应持其第二联（交银行联）于开具决定书之日起十五日内，前往银行缴纳罚款，逾期不缴纳罚款的，每日按罚款数额的 3% 加处罚款，加处罚款总额不得超出罚款数额。

② 因交通违法行为被执勤民警依法扣留机动车的，交通违法行为人应持车辆扣留凭证、本人驾驶证和车辆行驶证十五日内到公安交通管理部门处罚窗口接受处理。

③ 机动车因交通违法行为被电子监控设备记录违法信息的，交通违法行为人或者车辆所有人、管理人可在获知违法信息后持本人驾驶证和车辆行驶证，前往公安交通管理部门处罚窗口接受处理。

2）需提供的材料：机动车驾驶人驾驶证、机动车行驶证、机动车第三者责任强制保险凭证。

4.5 代缴税费

4.5.1 车辆购置税的缴纳

1. 车辆购置税的相关概念

车辆购置税的纳税人为在中华人民共和国境内购置应税车辆的单位和个人。

其中所指的单位包括国有企业、集体企业、私营企业、股份制企业、外商投资企业、外国企业以及其他企业和事业单位、社会团体、国家机关、部队以及其他单位；所指的个人包括个体工商户以及其他个人。购置则是指购买、进口、自产、受赠、获奖或者以其他方式取得并自用应税车辆的行为。车辆购置税的征收范围包括汽车、摩托车、电车、挂车、农用运输车。

2. 车辆购置税征缴的依据和税率

（1）应纳税额的计算公式　车辆购置税实行从价定率的办法计算应纳税额。应纳税额的计算公式为

$$应纳税额=计税价格\times税率$$

（2）车辆购置税的税率　车辆购置税的税率为10%，但是在不同的时期国家对税率也有不同的规定。2009 年为扩大内需，促进汽车产业发展，经国务院批准，对 2009 年 1 月 20 日至 12 月 31 日购置 1.6L 及以下排量乘用车，暂减按 5%的税率征收车辆购置税。这里所指的乘用车是指在设计和技术特性上主要用于载运乘客及其随身行李和（或）临时物品，含驾驶员座位在内最多不超过 9 个座位的汽车。具体包括国产轿车、国产客车、国产越野汽车、国产专用车和进口乘用车。2010 年，国务院对车辆购置税又有了新的规定：对 2010 年 1 月 1 日至 12 月 31 日购置 1.6 L 及以下排量乘用车，暂减按 7.5%的税率征收车辆购置税。

（3）车辆购置税的计税价格　根据不同情况，车辆购置税的计税价格按照下列规定确定：

1）纳税人购买自用的应税车辆的计税价格，为纳税人购买应税车辆而支付给销售者的全部价款和价外费用，不包括增值税税款。

2）纳税人进口自用的应税车辆的计税价格的计算公式为

$$计税价格=关税完税价格+关税+消费税$$

3）纳税人自产、受赠、获奖或者以其他方式取得并自用的应税车辆的计税价格，由主管税务机关参照应税车辆市场平均交易价格规定的最低计税价格核定。

4）车辆购置税实行一次征收制度。购置已征车辆购置税的车辆，不再征收车辆购置税。

3. 车辆购置税的免税、减税规定

对于车辆购置税的免税、减税规定如下：

1）外国驻华使馆、领事馆和国际组织驻华机构及其外交人员自用的车辆免税。

2）中国人民解放军和中国人民武装警察部队列入军队武器装备订货计划的车辆免税。

3）设有固定装置的非运输车辆免税。

4.5.2 车船税

1. 车船税的相关概念

车船税是指对在我国境内应依法到公安、交通、农业、渔业、军事等管理部门办理登记的车辆、船舶，根据其种类，按照规定的计税依据和年税额标准计算征收的一种财产税。国务院财政部门、税务主管部门可以根据实际情况，在规定的税目范围和税额幅度内，划分子税目，并明确车辆的子税目税额幅度和船舶的具体适用税额。车辆的具体适用税额由省、自治区、直辖市人民政府在规定的子税目税额幅度内确定。2018 年 8 月 1 日，财政部、税务总局、工业和信息化部、交通运输部下发《关于节能新能源车船享受车船税优惠政策的通知》，要求对符合标准的新能源车船免征车船税，对符合标准的节能汽车减半征收车船税。

2. 税目税额与标准

《车船税税目税额表》中的载客汽车，划分为大型客车、中型客车、小型客车和微型客车 4 个子税目。其中，大型客车是指核定载客人数大于或者等于 20 人的载客汽车；中型客车是指核定载客人数大于 9 人且小于 20 人的载客汽车；小型客车是指核定载客人数小于或者等于 9 人的载客汽车；微型客车是指发动机气缸总排气量小于或者等于 1L 的载客汽车。三轮汽车是指在车辆管理部门登记为三轮汽车或者三轮家用运输车的机动车。低速货车是指在车辆管理部门登记为低速货车或者四轮农用运输车的机动车。

2012 年新的车船税（核定载客人数 9 人（含）以下乘用车部分）将按 7 个档次征收：

1）1.0L（含）以下 60 元至 360 元。

2）1.0L 以上至 1.6L（含）300 元至 540 元。

3）1.6L 以上至 2.0L（含）360 元至 660 元。

4）2.0L 以上至 2.5L（含）660 元至 1200 元。

5）2.5L 以上至 3.0L（含）1200 元至 2400 元。

6）3.0L 以上至 4.0L（含）2400 元至 3600 元。

7）4.0L 以上 3600 元至 5400 元。

3. 减免标准

1）减半征收车船税的节能乘用车应同时符合以下标准：

① 获得许可在中国境内销售的排量为 1.6L 以下（含 1.6L）的燃用汽油、柴油的乘用车（含非插电式混合动力、双燃料和两用燃料乘用车）。

② 综合工况燃料消耗量应符合标准。

2）减半征收车船税的节能商用车应同时符合以下标准：

① 获得许可在中国境内销售的燃用天然气、汽油、柴油的轻型和重型商用车（含非

插电式混合动力、双燃料和两用燃料轻型和重型商用车）。

② 燃用汽油、柴油的轻型和重型商用车综合工况燃料消耗量应符合标准。

3）免征车船税的新能源汽车是指纯电动商用车、插电式（含增程式）混合动力汽车、燃料电池商用车。纯电动乘用车和燃料电池乘用车不属于车船税征税范围，对其不征车船税。

4）免征车船税的新能源汽车应同时符合以下标准：

① 获得许可在中国境内销售的纯电动商用车、插电式（含增程式）混合动力汽车、燃料电池商用车。

② 符合新能源汽车产品技术标准。

③ 通过新能源汽车专项检测，符合新能源汽车标准。

④ 新能源汽车生产企业或进口新能源汽车经销商在产品质量保证、产品一致性、售后服务、安全监测、动力电池回收利用等方面符合相关要求。

5）免征车船税的新能源船舶应符合以下标准：

船舶的主推进动力装置为纯天然气发动机。发动机采用微量柴油引燃方式且引燃油热值占全部燃料总热值的比例不超过5%的，视同纯天然气发动机。

4. 免征对象

按照2007年1月1日实施的《中华人民共和国车船税暂行条例》免征车船税的有：

1）非机动车船（不包括非机动驳船）。

2）拖拉机。

3）捕捞、养殖渔船。

4）军队、武警专用的车船。

5）警用车船。

6）按照有关规定已经缴纳船舶吨税的船舶。

7）依照中国有关法律和中国缔结或者参加的国际条约的规定，应当予以免税的外国驻华使馆、领事馆和国际组织驻华机构及其有关人员的车船。

除此以外，省、自治区、直辖市人民政府可以根据当地实际情况，对城市、农村公共交通车船给予定期减税、免税。

4.6　涉驾驶证业务

4.6.1　机动车驾驶证

机动车驾驶证是由公安车辆管理机关核发的，证明机动车驾驶人驾驶资格的法定凭证。驾驶机动车，应当依法取得机动车驾驶证。机动车驾驶证既是一种技术凭证，也是一种权利凭证。机动车驾驶证由证夹、驾驶证主页、驾驶证副页三部分组成。证夹为黑色人造革封皮，驾驶证主页为聚酯防伪薄膜单页卡片，苹果绿花纹，驾驶证副页为苹果绿色的单页卡片。机动车驾驶证主页如图4-14所示。

机动车驾驶证列明和签注以下内容：

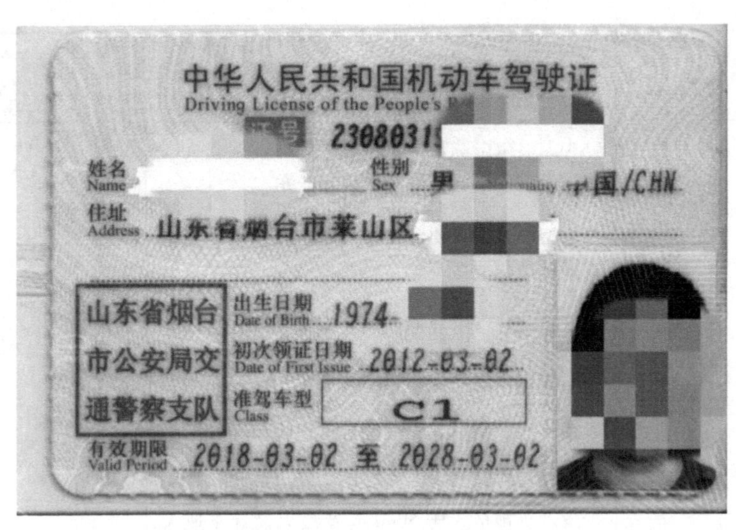

图 4-14　机动车驾驶证主页

1）机动车驾驶人信息：姓名、性别、出生日期、国籍、住址、身份证明号码（机动车驾驶证号码）、照片。

2）车辆管理所签注内容：初次领证日期、准驾车型代号、有效期限、核发机关印章、档案编号。

1. 准驾

准驾是指驾驶证申请人报考车型经公安车辆管理机关考试合格后，准许驾驶的车型，以及按规定不经考试即准许驾驶的车型。

机动车驾驶人准予驾驶的车型顺序依次分为大型客车、牵引车、城市公交车、中型客车、大型货车、小型汽车、小型自动档汽车、低速载货汽车、三轮汽车、残疾人专用小型自动档载客汽车、普通三轮摩托车、普通二轮摩托车、轻便摩托车、轮式自行机械车、无轨电车和有轨电车，如表 4-1 所示。

表 4-1　准驾车型及代号

准驾车型	代号	准驾的车辆	准予驾驶的其他准驾车型
大型客车	A1	大型载客汽车	A3、B1、B2、C1、C2、C3、C4、M
牵引车	A2	重型、中型全挂、半挂汽车列车	B1、B2、C1、C2、C3、C4、M
城市公交车	A3	核载 10 人以上的城市公共汽车	C1、C2、C3、C4
中型客车	B1	中型载客汽车（含核载 10 人以上、19 人以下的城市公共汽车）	C1、C2、C3、C4、M
大型货车	B2	重型、中型载货汽车；大型、重型、中型专项作业车	

（续）

准驾车型	代号	准驾的车辆	准予驾驶的其他准驾车型
小型汽车	C1	小型、微型载客汽车以及轻型、微型载货汽车；轻型、小型、微型专项作业车	C2、C3、C4
小型自动档汽车	C2	小型、微型自动档载客汽车以及轻型、微型自动档载货汽车	
低速载货汽车	C3	低速载货汽车（原四轮农用运输车）	C4
三轮汽车	C4	三轮汽车（原三轮农用运输车）	
残疾人专用小型自动档载客汽车	C5	残疾人专用小型、微型自动档载客汽车（只允许右下肢或者双下肢残疾人驾驶）	
普通三轮摩托车	D	发动机排量大于50ml或者最大设计车速大于50km/h的三轮摩托车	E、F
普通二轮摩托车	E	发动机排量大于50ml或者最大设计车速大于50km/h的二轮摩托车	F
轻便摩托车	F	发动机排量小于等于50ml，最大设计车速小于等于50km/h的摩托车	
轮式自行机械车	M	轮式自行机械车	
无轨电车	N	无轨电车	
有轨电车	P	有轨电车	

年龄在60周岁以上的驾驶人，不得驾驶大型客车、牵引车、城市公交车、中型客车、大型货车、无轨电车和有轨电车；年龄在70周岁以上的驾驶人，不得驾驶低速载货汽车、三轮汽车、普通三轮摩托车、普通二轮摩托车和轮式自行机械车。

2. 增驾

增驾是指已取得正式驾驶证的机动车驾驶人在所持驾驶证准驾车型的基础上，要求增加驾驶其他车型。

4.6.2 机动车驾驶证换证

换发机动车驾驶证的情形主要有以下几种：

1）有效期满。

机动车驾驶证有效期分为六年、十年和长期。机动车驾驶人应当于机动车驾驶证有效期满前九十日内，向机动车驾驶证核发地车辆管理所申请换证。

机动车驾驶人在机动车驾驶证的六年有效期内，每个记分周期均未记满12分的，换发十年有效期的机动车驾驶证；在机动车驾驶证的十年有效期内，每个记分周期均未记满12分的，换发长期有效的机动车驾驶证。

2）驾驶人居住地发生变化。

机动车驾驶人户籍迁出原车辆管理所管辖区的，应当向迁入地车辆管理所申请换证。机动车驾驶人在核发地车辆管理所管辖区以外居住的，可以向居住地车辆管理所申请换证。

3）年龄原因。

年龄达到60周岁，持有准驾车型为大型客车、牵引车、城市公交车、中型客车、大型货车的机动车驾驶人，应当到机动车驾驶证核发地车辆管理所换领准驾车型为小型汽车或者小型自动档汽车的机动车驾驶证；年龄达到70周岁，持有准驾车型为普通三轮摩托车、普通二轮摩托车的机动车驾驶人，应当到机动车驾驶证核发地车辆管理所换领准驾车型为轻便摩托车的机动车驾驶证。

4）机动车驾驶人自愿降低准驾车型。

5）具有下列情形之一的，机动车驾驶人应当在三十日内到机动车驾驶证核发地车辆管理所申请换证：

① 在车辆管理所管辖区域内，机动车驾驶证记载的机动车驾驶人信息发生变化的。

② 机动车驾驶证损毁无法辨认的。

申请时应当填写申请表，并提交申请材料。

1）申请条件。

① 机动车驾驶人应当于机动车驾驶证有效期满前九十日内，向机动车驾驶证核发地车辆管理所申请换证。

② 机动车驾驶人不具有依法被吊销、撤销或注销机动车驾驶证的情形。

③ 机动车驾驶人的累积记分未达到满分。

④ 机动车驾驶人应当符合《机动车驾驶证申领和使用规定》（公安部令第91号）中规定的申请机动车驾驶证的身体条件。

2）申请材料。

① 机动车驾驶证申请表。

② 申请人的身份证明。

③ 县级或者部队团级以上医疗机构出具的有关身体条件的证明。

④ 申请人的机动车驾驶证。

⑤ 委托代理的应当提交代理人的身份证明和机动车驾驶人与代理人共同签字的机动车驾驶证申请表。

3）办理程序。机动车驾驶人或代理人携带上述材料到车辆管理所办理机动车驾驶证有效期满换证手续。

4）办理期限：符合规定且手续齐全的，当场办结。

4.6.3　机动车驾驶证的遗失补发

机动车驾驶证丢失、损毁、遗失的，机动车驾驶人应当向机动车驾驶证核发地车辆管理所申请补发。申请时应当填写机动车驾驶证申请表，并提交以下证明、凭证：

1）机动车驾驶人的身份证明。

2）机动车驾驶证遗失的书面声明。

符合规定的，车辆管理所应当在一日内补发机动车驾驶证。机动车驾驶人补领机动车驾驶证后，原机动车驾驶证作废，不得继续使用。机动车驾驶证被依法扣押、扣留或者暂扣期间，机动车驾驶人不得申请补发。

4.6.4 机动车驾驶证的注销

机动车驾驶证的注销，是指由于持证人的自然或人为原因，不再从事或不再适合从事驾驶工作，由发证机关收回驾驶证，注销其证件效力的一种业务手续。

机动车驾驶人具有下列情形之一的，车辆管理所应当注销其机动车驾驶证：

1）死亡的。

2）提出注销申请的。

3）丧失民事行为能力，监护人提出注销申请的。

4）身体条件不适合驾驶机动车的。

5）有器质性心脏病、癫痫病、美尼尔氏症、眩晕症、癔症、震颤麻痹、精神病、痴呆，以及影响肢体活动的神经系统疾病等妨碍安全驾驶疾病的。

6）被查获有吸食、注射毒品后驾驶机动车行为，正在执行社区戒毒、强制隔离戒毒、社区康复措施，或者长期服用依赖性精神药品成瘾尚未戒除的。

7）超过机动车驾驶证有效期一年以上未换证的。

8）年龄在 70 周岁以上，在一个记分周期结束后一年内未提交身体条件证明的；或者持有残疾人专用小型自动档载客汽车准驾车型，在三个记分周期结束后一年内未提交身体条件证明的。

9）年龄在 60 周岁以上，所持机动车驾驶证只具有无轨电车或者有轨电车准驾车型；或者年龄在 70 周岁以上，所持机动车驾驶证只具有低速载货汽车、三轮汽车、轮式自行机械车准驾车型的。

10）机动车驾驶证依法被吊销或者驾驶许可依法被撤销的。

4.6.5 驾驶证记分和审验

1. 记分

道路交通安全违法行为累积记分周期（即记分周期）为 12 个月，满分为 12 分，从机动车驾驶证初次领取之日起计算。依据道路交通安全违法行为的严重程度，一次记分的分值包括 12 分、6 分、3 分、2 分、1 分五种。

对机动车驾驶人的道路交通安全违法行为，处罚与记分同时执行。机动车驾驶人一次有两个以上违法行为记分的，应当分别计算，累加分值。

机动车驾驶人对道路交通安全违法行为处罚不服，在申请行政复议或者提起行政诉讼后，经依法裁决变更或者撤销原处罚决定的，相应记分分值予以变更或者撤销。

机动车驾驶人在一个记分周期内累积记分达到 12 分的，公安机关交通管理部门应当扣留其机动车驾驶证。机动车驾驶人应当在十五日内到机动车驾驶证核发地或者违法行

为地公安机关交通管理部门参加为期七日的道路交通安全法律、法规和相关知识学习。机动车驾驶人参加学习后，车辆管理所应当在二十日内对其进行道路交通安全法律、法规和相关知识考试。考试合格的，记分予以清除，发还机动车驾驶证；考试不合格的，继续参加学习和考试。拒不参加学习，也不接受考试的，由公安机关交通管理部门公告其机动车驾驶证停止使用。

机动车驾驶人在一个记分周期内有两次以上达到12分或者累积记分达到24分以上的，车辆管理所还应当在道路交通安全法律、法规和相关知识考试合格后十日内对其进行道路驾驶技能考试。接受道路驾驶技能考试的，按照本人机动车驾驶证载明的最高准驾车型考试。

机动车驾驶人在一个记分周期内记分未达到12分，所处罚款已经缴纳的，记分予以清除；记分虽未达到12分，但尚有罚款未缴纳的，记分转入下一记分周期。

1）机动车驾驶人有下列违法行为之一，一次记12分：

① 驾驶与准驾车型不符的机动车的。

② 饮酒后驾驶机动车的。

③ 驾驶营运客车（不包括公共汽车）、校车载人超过核定人数20%以上的。

④ 造成交通事故后逃逸，尚不构成犯罪的。

⑤ 上道路行驶的机动车未悬挂机动车号牌的，或者故意遮挡、污损、不按规定安装机动车号牌的。

⑥ 使用伪造、变造的机动车号牌、行驶证、驾驶证、校车标牌或者使用其他机动车号牌、行驶证的。

⑦ 驾驶机动车在高速公路上倒车、逆行、穿越道路中央分隔带掉头的。

⑧ 驾驶营运客车在高速公路车道内停车的。

⑨ 驾驶中型以上载客载货汽车、校车、危险物品运输车辆在高速公路、城市快速路上行驶超过规定时速20%以上或者在高速公路、城市快速路以外的道路上行驶超过规定时速50%以上，以及驾驶其他机动车行驶超过规定时速50%以上的。

⑩ 连续驾驶中型以上载客汽车、危险物品运输车辆超过4小时未停车休息或者停车休息时间少于20分钟的；未取得校车驾驶资格驾驶校车的。

2）机动车驾驶人有下列违法行为之一，一次记6分：

① 机动车驾驶证被暂扣期间驾驶机动车的。

② 驾驶机动车违反道路交通信号灯通行的。

③ 驾驶营运客车（不包括公共汽车）、校车载人超过核定人数未达20%的，或者驾驶其他载客汽车载人超过核定人数20%以上的。

④ 驾驶中型以上载客载货汽车、校车、危险物品运输车辆在高速公路、城市快速路上行驶超过规定时速未达20%的。

⑤ 驾驶中型以上载客载货汽车、校车、危险物品运输车辆在高速公路、城市快速路以外的道路上行驶或者驾驶其他机动车行驶超过规定时速20%以上未达到50%的。

⑥ 驾驶货车载物超过核定载质量30%以上或者违反规定载客的。

⑦ 驾驶营运客车以外的机动车在高速公路车道内停车的。

⑧ 驾驶机动车在高速公路或者城市快速路上违法占用应急车道行驶的。

⑨ 在低能见度气象条件下，驾驶机动车在高速公路上不按规定行驶的。

⑩ 驾驶机动车运载超限的不可解体的物品，未按指定的时间、路线、速度行驶或者未悬挂明显标志的；驾驶机动车载运爆炸物品、易燃易爆化学物品以及剧毒、放射性等危险物品，未按指定的时间、路线、速度行驶或者未悬挂警示标志并采取必要的安全措施的；以隐瞒、欺骗手段补领机动车驾驶证的；连续驾驶中型以上载客汽车、危险物品运输车辆以外的机动车超过 4 小时未停车休息或者停车休息时间少于 20 分钟的；驾驶机动车不按照规定避让校车的。

3）机动车驾驶人有下列违法行为之一，一次记 3 分：

① 驾驶营运客车（不包括公共汽车）、校车以外的载客汽车载人超过核定人数未达 20%的。

② 驾驶中型以上载客载货汽车、危险物品运输车辆在高速公路、城市快速路以外的道路上行驶或者驾驶其他机动车行驶超过规定时速未达 20%的。

③ 驾驶货车载物超过核定载质量未达 30%的。

④ 驾驶机动车在高速公路上行驶低于规定最低时速的。

⑤ 驾驶禁止驶入高速公路的机动车驶入高速公路的。

⑥ 驾驶机动车在高速公路或者城市快速路上不按规定车道行驶的。

⑦ 驾驶机动车行经人行横道，不按规定减速、停车、避让行人的。

⑧ 驾驶机动车违反禁令标志、禁止标线指示的。

⑨ 驾驶机动车不按规定超车、让行的，或者逆向行驶的。

⑩ 驾驶机动车违反规定牵引挂车的；在道路上车辆发生故障、事故停车后，不按规定使用灯光和设置警告标志的；上道路行驶的机动车未按规定定期进行安全技术检验的。

4）机动车驾驶人有下列违法行为之一，一次记 2 分：

① 驾驶机动车行经交叉路口不按规定行车或者停车的。

② 驾驶机动车有拨打、接听手持电话等妨碍安全驾驶的行为的。

③ 驾驶二轮摩托车，不戴安全头盔的。

④ 驾驶机动车在高速公路或者城市快速路上行驶时，驾驶人未按规定系安全带的。

⑤ 驾驶机动车遇前方机动车停车排队或者缓慢行驶时，借道超车或者占用对面车道、穿插等候车辆的。

⑥ 不按照规定为校车配备安全设备，或者不按照规定对校车进行安全维护的。

⑦ 驾驶校车运载学生，不按照规定放置校车标牌、开启校车标志灯，或者不按照经审核确定的线路行驶的。

⑧ 校车上下学生，不按照规定在校车停靠站点停靠的。

⑨ 校车未运载学生上道路行驶，使用校车标牌、校车标志灯和停车指示标志的。

⑩ 驾驶校车上道路行驶前，未对校车车况是否符合安全技术要求进行检查，或者驾驶存在安全隐患的校车上道路行驶的；在校车载有学生时给车辆加油，或者在校车发动机熄灭前离开驾驶座位的。

5）机动车驾驶人有下列违法行为之一，一次记 1 分：

① 驾驶机动车不按规定使用灯光的。

② 驾驶机动车不按规定会车的。

③ 驾驶机动车载货长度、宽度、高度超过规定的。

④ 上道路行驶的机动车未放置检验合格标志、保险标志，未随车携带行驶证、机动车驾驶证的。

2. 驾驶证审验

机动车驾驶人应当按照法律、行政法规的规定，定期到公安机关交通管理部门接受审验。机动车驾驶人换领机动车驾驶证时，应当接受公安机关交通管理部门的审验。

持有大型客车、牵引车、城市公交车、中型客车、大型货车驾驶证的驾驶人，应当在每个记分周期结束后三十日内到公安机关交通管理部门接受审验。但在一个记分周期内没有记分记录的，免予本记分周期审验。发生交通事故造成人员死亡承担同等以上责任未被吊销机动车驾驶证的，应当在本记分周期结束后三十日内到公安机关交通管理部门接受审验。在异地从事营运的机动车驾驶人，向营运地车辆管理所备案登记一年后，可以直接在营运地参加审验。

机动车驾驶证审验内容包括道路交通安全违法行为、交通事故处理情况，身体条件情况，道路交通安全违法行为记分及记满 12 分后参加学习和考试的情况。

持有大型客车、牵引车、城市公交车、中型客车、大型货车驾驶证一个记分周期内有记分的，以及持有其他准驾车型驾驶证发生交通事故造成人员死亡承担同等以上责任未被吊销机动车驾驶证的驾驶人，审验时应当参加不少于三小时的道路交通安全法律法规、交通安全文明驾驶、应急处置等知识学习，并接受交通事故案例警示教育。对交通违法行为或者交通事故未处理完毕的、身体条件不符合驾驶许可条件的、未按照规定参加学习、教育和考试的，不予通过审验。

机动车驾驶人因服兵役、出国（境）等原因，无法在规定时间内办理驾驶证期满换证、审验、提交身体条件证明的，可以向机动车驾驶证核发地车辆管理所申请延期办理。申请时应当填写申请表，并提交机动车驾驶人的身份证明、机动车驾驶证和延期事由证明。

延期期限最长不超过三年。延期期间，机动车驾驶人不得驾驶机动车。

思考练习题

多项选择题

1. 车辆购置税完税证明的主要内容包括（　　）。

A. 牌照号码　　B. 经办人签章　　C. 车主身份证号　　D. 发动机号

2. 交强险单证包括（　　）。

A. 交强险保险单　　B. 机动车损失保险

C. 定额保险单　　D. 第三者责任保险

3. 新车初检的检前准备步骤中不包括（　　）。

A. 清洁车容　　B. 填写牌照号码　　C. 检测制动系统　　D. 核对车主身份信息

4. 机动车行驶证审核注意事项中包括下列哪些项（　　）。

A. 车辆颜色是否一致

B. 查看车辆品牌型号、颜色、车架号、发动机号与行驶证是否一致

C. 车牌号码与车辆及登记证是否一致

D. 发动机号、车架号与登记证是否一致

5. 申请转移登记的现机动车所有人提交的证明或凭证包括（　　）。

A. 交强险保险单

B. 现机动车所有人的身份证明

C. 机动车登记证书

D. 机动车行驶证

6. 违反道路交通安全管理，构成拘留的行为中包括（　　）。

A. 无证驾驶

B. 违反交通信号

C. 伪造、变造或者使用伪造、变造的机动车牌证

D. 造成交通事故后逃逸、尚不构成犯罪的

7. 免征车船税的新能源汽车应同时符合以下哪些标准（　　）。

A. 获得许可在中国境内销售的纯电动商用车、插电式混合动力汽车、燃料电池商用车

B. 符合新能源汽车产品技术标准

C. 通过新能源汽车专项检测，符合新能源汽车标准

D. 新能源汽车生产企业或进口新能源汽车经销商在产品质量保证、产品一致性、售后服务、安全监测、动力电池回收利用等方面符合相关要求

8. C1 驾照的准驾车型包括（　　）。

A. 小型汽车　　B. 低速载货汽车　　C. 小型自动档汽车　　D. 三轮汽车

9. 依据道路交通安全违法行为的严重程度，一次记分的分值有（　　）。

A. 12 分　　B. 6 分　　C. 3 分　　D. 5 分

10. 机动车驾驶人有下列哪些违法行为时一次记 6 分（　　）。

A. 闯红灯

B. 驾驶机动车在高速公路上行驶低于规定的最低时速的

C. 机动车驾驶证被暂扣期间驾驶机动车的

D. 驾驶营运客车在高速公路车道内停车的

第5章

汽车科技金融

本章重点：

1. 汽车科技金融的定义、作用、分类。
2. 汽车金融体系的组成。
3. 汽车科技金融公司的盈利模式。
4. 汽车金融产品的设计与开发。
5. 汽车金融大赛模拟演练。

5.1 汽车科技金融概述

5.1.1 汽车科技金融

汽车金融学是一门介于汽车产业经济学、货币银行学、保险学和投资学等学科的边缘学科，它是以这些学科的基本理论和基本方法为基础，逐步确立和发展起来的，是专门研究汽车金融活动的方法和规律的科学。它研究的是货币资本在汽车生产、交换、消费及服务领域的配置方式与配置效率。

汽车金融是依托并促进汽车产业发展的金融业务。国外汽车产业的发展已经有数百年的历史了，各方面已经相当完善，汽车金融已经成为继房地产金融之后的第二大个人金融服务项目，是一个规模宏大、发展成熟的产业，每年的平均增长率在3%左右。目前，在全世界每年的汽车消费总额中，现金销售额占30%左右，汽车金融服务融资约占70%。当今世界，整个汽车产业的价值链已经发生了根本性的改变，金融服务已经成为最有价值的环节之一。未来的汽车市场不再单纯是车型或新技术的竞争，而是围绕金融服务展开的竞争。竞争的结果将决定未来汽车市场的格局。

1. 汽车科技金融的定义

汽车科技金融是指信息技术在汽车金融领域的应用。从根本上讲，汽车科技金融没有改变金融的本质，而是通过将信息技术所创造的新联系方式、新循环方式，创新性地与金融传统的联系方式和循环方式相交叉、相结合，继而形成新的金融循环方式。这种新的金融循环方式相对传统的方式来说，具有诸多优势，例如，更优质的客户体验、更丰富的产品服务组合、更低廉的成本、更完善的风控手段等。但其基本任务还是运用多种金融方式和金融工具筹集和融合、融通资金，支持汽车生产、流通、维修服务和消费，

促进汽车生产过程中资金的良性循环，保障汽车生产过程顺利进行。汽车科技金融是汽车制造业、流通业、维修服务业与金融业相互结合、渗透的必然结果，涉及政府法律、政策行为以及金融保险等市场的相互配合，是一个相互交叉、彼此渗透的复杂系统。

汽车金融是在汽车生产、销售、使用过程中，由金融及非金融机构向汽车生产、流通及消费环节提供的融资及其他金融服务，包括对生产商、经销商提供的短期融资、库存融资和对用户提供的消费信贷或融资租赁等，是汽车生产、流通、消费的各个环节中所涉及的资金融通方式和路径，包括从资金供给者到资金需求者的资金流通渠道。汽车科技金融凭借“汽车+金融+互联网”创新融合、产业互联的思维理念和汽车科技金融领域的先发优势，解决了汽车流通产业中长期存在的效率低、融资难、融资少、周期长、资金不稳定等痛点，可实现汽车后市场行业规模和交易效率的多维提升，使资金流通渠道更加高效、便捷。

汽车科技金融的基本要素包括科技金融需求方、科技金融供给方、科技金融中介机构和科技金融服务体系等。汽车金融作为一个完整的整体，资金融通应是一个全方位的资金融通过程，作为汽车金融领域的资金需求者，既应该有汽车需求者，又应该有汽车供应者；作为资金供应者，既应该有银行等金融机构，又应该有资本市场上的广大投资者，还应该有汽车投资基金等新的资金来源。

汽车金融服务主要是在汽车的生产、流通、购买与维修服务等消费环节中融通资金的金融活动，包括资金筹集、信贷运用、抵押贴现、证券发行和交易，以及相关的保险和投资活动，具有资金量大、周转期长、资金活动相对稳定和价值增值性等特点。汽车金融服务机构包括商业银行、信贷联盟、信托公司等金融机构，还包括汽车金融服务公司等非金融机构等；汽车金融服务模式包括分期付款销售方式、融资租赁方式、汽车销售融资公司的再融资方式、信托租赁方式等几种主要的形式。

2. 汽车金融的作用

金融行业在经济发展中的作用毋庸置疑，而汽车产业则多是发达国家或发展中国家的支柱产业，将汽车产业与金融结合起来，在宏观上和微观上都具有极其重要的意义。

（1）汽车金融服务的宏观作用

1）调节国民经济运行中生产与消费不平衡的矛盾。从汽车金融最基本的职能上来说，汽车金融的产生和发展调节了国民经济运行中生产和消费不平衡的矛盾。生产力的发展加速了生产社会化和消费社会化，产品结构变化中价值高的汽车等家庭耐用消费品生产的发展引领了电子工业和材料工业的发展，并带动了整个产业结构和技术结构体系的变革，这种变革强烈地刺激着人们的现实消费需求和潜在的消费需求。然而，社会满足这种消费需求的能力却非常有限，而汽车金融则能调节国民经济运行中生产和消费不平衡的矛盾，从而刺激了消费。发展汽车金融不仅能平衡汽车供需之间的矛盾，而且能解决整个生产、流通、消费环节的资金运转问题。汽车金融的信贷（需求）与储蓄（供给）之间存在内在的互相转化的必然性，汽车金融服务机构的大部分资金来自消费者的储蓄，同样，汽车金融服务机构的资金应该而且也可以在汽车的生产性信贷和汽车消费性信贷之间进行适当的分配，以调节和保证社会消费基金与社会生产基金之间的平衡。

2）充分发挥金融体系调节资金融通的功能，提高资金的使用效率。汽车金融的独特

功能在于，它能够充分发挥金融体系调节资金融通的功能，通过汽车金融机构的专业化分工，实现汽车生产领域和流通领域资金的相互分离，以改善汽车产业的资金循环；并在此基础上，进一步理顺流通领域的资金流向，更多地由专业化的汽车金融机构面对汽车消费者，开展汽车金融零售业务，由其他金融机构以购买汽车贷款支持证券或商业票据等方式，间接参与汽车金融业务，从而加快资金在汽车产业与金融产业之间的流转速度，降低资金风险，提高资金的使用效率，最终促进汽车产业与金融产业持续、稳定、协调地发展。

3）汽车金融服务的发展，有助于推动汽车产业结构的优化和升级。建立完善的汽车金融体系，可以通过资产证券化、商业票据等金融工具筹集资金，对上游汽车配件企业进行融资，支持其设备更新和技术改造，进而推动生产效率的提高和成本的降低。还可以通过对下游汽车经销商的融资，建设标准的品牌专营店，提供优质的售后服务，增强品牌竞争力，促进汽车产业的良性发展。

4）汽车金融服务通过乘数效应以及与其他产业的高度关联性，促进国民经济的发展。汽车金融服务能够推动汽车产业的发展，对国民经济发展产生巨大的投资乘数效应。汽车工业具有中间投入比例大、价值转移比例大、投资量大、规模经济要求高、与国民经济的很多部门联系密切等特点，这些都决定了汽车工业的发展既依赖于很多产业部门，又对国民经济的发展具有很大的带动作用。汽车金融服务对国民经济的巨大乘数效应，就是通过汽车工业对相关产业的带动作用体现出来的。

5）汽车金融服务的发展有助于平抑经济周期性波动对汽车产业的影响。汽车金融服务具备“逆汽车产业周期而为”的功能。汽车产业本身是呈周期性波动发展的，当它处于高峰而超出产能限制时，汽车金融可以通过利率、信贷价格等方式来控制社会的汽车信贷总量；当它处于低潮达不到产能时，汽车金融要通过放松信贷总量、增加汽车贷款投放，来扩大汽车销售，起到平抑汽车产业周期性波动的作用。汽车金融公司的此种作为和商业银行“顺周期”而行的做法正好相反，一些尖锐的批评认为，商业银行在汽车信贷中的多数做法是“锦上添花”，而非“雪中送炭”，汽车金融服务在平抑经济周期性波动方面要比商业银行对汽车产业更具有积极的作用。

（2）汽车金融服务的微观作用

1）对制造商而言，汽车金融服务是实现生产和销售资金分离的主要途径，它提高了资金的使用效率。汽车金融服务对汽车厂商可以起到维护销售体系、整合销售策略、提供市场信息的作用。对汽车制造企业来讲，企业要实现生产和销售资金的相互分离，就必须有汽车金融服务。汽车金融服务能够大大改善生产企业和经销商的资金运用状况，提高资金的使用效率。

2）对经销商而言，汽车金融服务是实现批发和零售资金分离的途径，是现代汽车销售体系中一个不可缺少的基本组成部分。批发资金是用于经销商库存周转的短期资金，零售资金是用于客户融资的中长期资金，两者性质不同。汽车金融对汽车经销商可以起到提供存货融资、营运资金融资、设备融资的作用。对经销商的库存融资和对客户的消费信贷可以促进汽车销售过程中批发资金和零售资金的相互分离，从而便于进行资金管理和风险控制，提高资金收益率。同时，汽车金融服务还有利于汽车生产制造和汽车销售企业开辟多种融资渠道，如商业信用、金融授信等。

3）对消费者而言，汽车金融是汽车消费的理想方式。汽车金融服务包括消费信贷、租赁融资、维修融资、保险等业务。高折旧率是汽车消费的一个重要特点，如果以全额车价款购车，不仅要承担投资回报率小于贷款利率的损失，而且要承担高折旧率的损失。因此，对消费者而言，汽车信贷不仅能解决支付能力不足的问题，更重要的是能降低消费者资金运用的机会成本。而伴随着汽车生产技术的发展，汽车的重置价值不断降低，这进一步加速了汽车的折旧过程。这样一来，汽车消费的高折旧特点无疑大大拓展了对相关金融服务的市场需求。正因为如此，发达国家才通常以金融方式消费汽车，并且金融消费中融资租赁的比例较高。

4）汽车金融的发展能够完善个人金融服务体系。以信用经济为特征的市场经济拥有高度发达的金融服务体系。在这个金融服务体系中，个人金融服务和公司与法人金融服务共同构成了其基本组成部分。个人金融服务是指专门为个人提供融资、信用贷款、投资理财等服务的金融业务，包括房地产金融、汽车金融、教育金融等。个人金融业务在整个金融服务体系中越来越重要，处于一个新兴发展的时期。汽车金融服务在个人金融业务中占有重要的地位，目前是仅次于房地产金融的一项重要金融服务。市场经济在对汽车金融服务发展提出要求的同时，也为汽车金融服务的发展创造了必备的条件，表现为市场经济所创造出的巨额国民财富和迅速增加的国民收入，这都为汽车金融服务的发展提供了坚实的物质基础以及良好且稳定的环境，从而促进了汽车金融规模的扩大和品种的多样化。相关法律和消费信用制度的完善，保障了汽车金融服务交易双方的正当权益，促进了汽车金融服务的健康发展。在市场经济条件下，消费者的信用消费信心增强，对未来预期消费的提前实现有较大的需求，这也有利于汽车金融服务的发展。

总之，汽车金融服务中加入科技元素提高了汽车生产、服务、消费行业的资金使用效率，推动了汽车产业结构的优化和升级，调节了国民经济中生产与消费不平衡的矛盾，平抑了经济周期性的波动，完善了个人金融服务体系。

5.1.2 汽车金融体系

1. 市场体系

在现代经济社会中，汽车产业广泛而活跃的融资活动，必须通过金融市场才能进行汽车生产和消费所需资金的筹集与融通。汽车金融市场，是指围绕汽车产业需要的一系列金融服务而形成的投融资关系，是金融市场在汽车生产、流通、维修服务和消费领域的子市场和细分化市场。

汽车金融作为汽车产业链中最具价值和活力的一环，日益成为各方关注的焦点。与国外相比，国内汽车金融的渗透率相对较低，但市场的发展潜力巨大，近年来飞速发展背后的驱动要素主要包括中国汽车消费市场快速增长的消费主体和消费观念的转变，汽车金融市场参与者日趋多样化、汽车金融产品和服务更加丰富、个人征信体系更加完善。

2. 汽车金融市场

（1）汽车金融市场的组成 汽车工业是我国的支柱产业之一，在国民经济中占据重要的地位。2004 年以后，中国汽车消费信贷开始向专业化、规模化方向发展。而前期汽

车金融业务的重要参与者——商业银行，也并没有就此归于沉寂，它们一方面通过彼时开始萌芽的信用卡分期业务在消费信贷领域同汽车金融公司开展竞争；另一方面则依托商业银行在汽车生产厂家扩大产能之际，纷纷切入各大汽车集团新建生产基地的项目融资，并沿着产业链条逐步开展对汽车经销商的预付款融资和库存车融资，将信贷的投放上移到生产制造环节和批发环节，海量的资金涌入和信贷支持也间接推动了中国汽车产业维持至今的十年发展黄金期。

汽车金融是汽车行业利润的主要来源。从发达国家的情况来看，汽车后市场是成熟汽车市场的主要利润来源，汽车销售利润约占整个汽车产业链利润的20%，零部件供应利润约占20%，另外60%的利润是在服务领域中产生的。而国外汽车后市场不仅利润占比大，而且利润水平高，汽车后市场整体行业利润率可达40%~50%，可谓是汽车行业利润水平最高的领域之一。

从2009年起，我国已成为世界上最大的汽车生产国和消费国。据中国汽车工业协会对外发布的信息显示：截至2017年年底，我国汽车产销量均超过2880万辆，连续九年位居世界第一。随着国民经济的健康发展、城乡道路的快速建设、居民收入的迅速增加，汽车已成为普通百姓的代步工具，我国在未来的一段时期内仍将处于汽车消费的高潮。汽车产业的发展和汽车消费的需求，还拉动了汽车后市场的崛起。目前，我国约有27000家4S店。在二线以下城市和农村市场，主要由二网等下游非授权经销商提供服务，车源来自4S店或者相互调车。登记在册的二网车商有五六万家，而实际数量超过10万家。二网的金融服务缺乏稳定性，虽然有少数银行下沉到二网，但大部分资金由第三方金融平台和民间借贷提供。

（2）汽车金融市场基本要素

1）融资主体——资企的供给者和需求者：资金供给者和需求者即为汽车金融市场中商品的买卖双方，这是汽车金融市场中最为基本的要素，它包括家庭和企业。个人和家庭通过参加汽车存款或者购买汽车金融市场上的有价证券而成为汽车金融市场的资金供给者，或者因购买、修理汽车向汽车金融机构申请贷款而成为资金的需求者。同时，企业将生产经营过程中暂时闲置的资金存入汽车金融机构或购买各种汽车消费有价证券，从而成为资金的供给者；或是为了汽车的生产、销售、售后服务向银行申请贷款以及在金融市场上发行债券而成为资金的需求者。

2）融资中介：融资中介是指在汽车资金融通过程中处于资金供给者和资金需求者之间的中间环节，主要是指兼营或专营汽车金融业务的金融机构，如汽车金融公司、商业银行、保险会司、证券公司等银行及非银行金融机构。

3）市场金融工具：市场金融工具是指可以在汽车金融市场上同货币相交易的各种金融契约。因为资金交易和一般商品买卖不同，必须借助于金融契约的形式，如商业票据、汽车金融债券、汽车抵押债券、汽车生产、销售、维修服务企业和汽车金融机构所发行的股票，以及未到期的汽车存款单和汽车抵押贷款契约等，这些都是可以用于交易的金融工具。

（3）汽车金融市场的分类 汽车金融市场作为金融市场的重要组成部分，按照市场层次划分，汽车金融市场可以分为一级市场和二级市场。

汽车金融一级市场，又叫初级市场，是汽车金融融资活动的初始市场，包括汽车信贷、新汽车金融机构上市交易等。在该市场中，借款人通过汽车金融中介机构或直接在资本市场中进行资金融通。汽车金融二级市场指汽车金融融资工具的再交易和再流通市场，包括汽车金融中介机构将持有的汽车借款直接出售或以证券的形式转让给二级市场机构的交易，或汽车有价证券的再转让交易。

（4）汽车金融市场的融资方式 汽车金融市场的融资方式包括间接融资和直接融资两种。

1）间接融资。间接融资是指银行等汽车金融机构不直接参与汽车的生产、销售、售后服务与投资，而是根据自身资本运转的实际状态，对从事汽车生产、销售、维修服务的企业组织存款并发放生产经营及消费所需的贷款，当然也可以是经中央银行批准在限额内发放的固定资产贷款（包括技术贷款）。上述贷款通常采取抵押贷款的形式。间接融资具有无限扩展的可能性，不受融资双方在资金、数量、时间、地点与范围等方面的限制，因此融通灵活方便，资金运用也较为合理有效。在汽车金融活动中，必须依靠间接融资的方式，才能合理有效地实现资金融通。

2）直接融资。直接融资是指汽车金融机构直接向汽车产业投资，参与相关企业的生产销售、维修服务及其他经营活动，以获取利润；还包括汽车生产、销售、维修服务等企业在资本市场上发行股票或债券来筹集资金。直接融资一般受到融资双方在资金数量、时间、地点及范围的限制，因此显得不灵活，却对汽车生产、销售、维修服务企业改善经营管理、提高经济效益具有很大的帮助。

在现实生活中，直接融资与间接融资各有利弊，两者应当相互补充、相互促进，才能充分提高资金的使用效率，促进汽车产业的健康发展。

（5）企业的组织结构体系 任何金融活动的开展都必须依赖一定的金融机构，金融机构的经营活动对社会经济的发展起着十分重要的作用。

汽车金融机构是汽车金融运营的载体，由经营汽车金融业务的各种金融中介和经营附属汽车金融业务的各种金融企业组成，主要包括汽车金融公司、商业银行及非银行金融机构（如证券公司、保险公司、信托公司）等。从世界范围来看，各国的汽车金融机构组织体系都因各国不同的政治、经济、文化背景而不同。

目前，我国的汽车金融机构主要有商业银行、汽车金融公司、汽车企业集团财务公司和金融租赁公司等。

1）商业银行。在我国，商业银行是唯一可以吸收公众存款的汽车金融机构。多年来，受我国经济体制和金融自由化发展程度的影响，我国的商业银行发展缓慢，无论在风险管理上还是产品创新上，都无法同发达国家的银行相比。我国商业银行垄断着近80%的资金资源，并占据着几乎全部的汽车消费信贷市场份额。由于缺乏市场竞争，我国商业银行的金融创新动力大大削弱，目前能够提供的汽车金融产品只有分期贷款，各金融机构的产品同质性强。但是在欧美国家，商业银行还可以从事证券发行、融资租赁等业务。我国的商业银行向经销商提供的主要贷款产品包括库存融资、建店融资和流动资金贷款，是经销商较为推崇且应用最广泛的融资方式。汽车金融领域参与较多的银行包括民生银行、中信银行、平安银行等商业银行，向经销商提供的金融服务同质性较强。

2）汽车金融公司。汽车金融公司是指经中国银行业监督管理委员会批准设立的，为中国境内的汽车购买者及销售者提供金融服务的非银行金融机构。我国汽车金融公司的资金来源主要有股东投资，接受境外股东及其所在集团在华全资子公司和境内股东3个月（含）以上定期存款和向金融机构借款。它的主要业务范围是：接受汽车经销商采购车辆贷款保证金和承租人汽车租赁保证金；经批准，发行金融债券；从事同业拆借；向金融机构借款；提供购车贷款业务；提供汽车经销商采购车辆贷款和营运设备贷款，包括展示厅建设贷款和零配件贷款以及维修设备贷款等；提供汽车融资租赁业务（售后回租业务除外）；向金融机构出售或回购汽车贷款应收款和汽车融资租赁应收款业务；办理租赁汽车残值变卖及处理业务；从事与购车融资活动相关的咨询、代理业务；经批准，从事与汽车金融业务相关的金融机构股权投资业务；经中国银监会批准的其他业务。

汽车金融公司现阶段的主要业务包括经销商库存融资和消费信贷，汽车金融公司提供融资支持的对象主要是某品牌授权的经销商，这能够在一定程度上缓解经销商的资金压力，但能够提供的资金总额度有限。截至2016年8月底，我国共有25家汽车金融公司，几乎全部的合资品牌汽车厂商都将旗下的汽车金融公司引入了中国市场，而大部分自主品牌汽车厂商也已成立或正在筹建汽车金融公司，试图直接为经销商提供融资支持。

3）汽车企业集团财务公司。汽车企业集团财务公司是指以加强企业集团资金集中管理和提高企业集团资金的使用效率为目的，为企业集团成员单位提供财务管理服务的非银行金融机构。它的资金来源主要有股东投入、成员单位的存款和同业拆借。符合条件的财务公司，可以向中国银行业监督管理委员会申请发行财务公司债券。其从事的业务主要有：对成员单位办理财务和融资顾问、信用签证及相关的咨询、代理业务；协助成员单位实现交易款项的收付，经批准的保险代理业务；对成员单位提供担保；办理成员单位之间的委托贷款及委托投资；对成员单位办理票据承兑与贴现；办理成员单位之间的内部转账结算及相应的结算、清算方案设计；吸收成员单位的存款；对成员单位办理贷款及融资租赁；经中国银行业监督管理委员会批准还可以从事承销成员单位的企业债券对金融机构的股权投资；有价证券投资；成员单位产品的消费信贷、买方信贷及融资租赁等业务。我国目前有7家汽车企业集团设立了财务公司，分属于不同的汽车企业集团。虽然《企业集团财务公司管理办法》没有对汽车企业财务公司从事汽车金融业务进行规定，但是，由于其规定部分财务公司经中国银监会的批准，可以从事成员单位产品的消费贷款买方信贷及融资租赁等业务，事实上也放开了汽车企业财务公司从事汽车金融业务的政策限制。然而，尽管部分汽车企业集团财务公司已经开始进行汽车消费贷款的试点工作，但由于资金来源有限经营管理经验不足等原因，其在汽车金融领域内的专业化优势尚未显现。

4）金融租赁公司。金融租赁公司是指经中国人民银行批准，以经营融资租赁业务为主的非银行金融机构。它的资金来源有金融机构借款、外汇借款、同业拆借业务、经中国人民银行批准发行金融债券等。其业务范围包括直接租赁、回租转租赁、委托租赁等融资性租赁业务、经营性租赁业务、接受法人或机构委托的租赁资金、接受有关租赁当事人的租赁保证金、向承租人提供租赁项下的流动资金贷款、有价证券投资、金融机构股权投资、租赁物品残值变卖及处理业务、经济咨询和担保，以及中国人民银行批准的其他业务。

（6）政策支持 《汽车销售管理办法》从2017年7月1日起正式实施，《汽车品牌销售管理实施办法》同时废止，新办法打破了原有的主机厂授权4S店模式，经销商可以多品牌经营，建店成本和运营成本有望下降，经营状况有望改善。

降低车贷首付的比例，鼓励消费金融创新。2016年2月，国务院发布了《关于金融支持工业稳增长调结构增效益的若干意见》，其中提出适当降低二手车贷款首付比例，扩大汽车消费信贷。修订后的《汽车贷款管理办法》于2018年1月1日起实施，汽车贷款比例上限提升，自用传统动力汽车贷款比例最高75%，自用新能源车85%，二手车贷款70%。

汽车金融的融资渠道拓宽。2016年4月，中国人民银行和银监会共同发布《关于加大对新消费领域金融支持的指导意见》，鼓励汽车金融公司发行金融债券，通过同业拆借补充流动性，发展车贷资产证券化。

（7）汽车消费需求下沉 高低线城市差异大，渠道正在重塑。大部分4S店位于一二线城市，汽车销售服务及金融服务供给充分，但销售增速随着保有量的增加而放缓。部分4S店出现库存积压，小型4S店面临生存压力。然而在低线城市和农村市场，汽车需求旺盛，销量仍保持两位数增长，而当地的销售商却没有足够的车源，金融服务也缺乏稳定性。随着渠道的整合重塑，低线城市的汽车金融服务需求将逐渐得到满足。

新一轮的购车需求涌现，90后，甚至95后人群出现首次购车需求。刚毕业工作的年轻人由于消费观念的改变，购车需求提前爆发，虽然没有足够的积蓄全款买车，但是年轻人对于分期购车和租车的接受程度较高。另一方面，早些年已经购车的家庭进入了集中换车期，消费升级也带动了高端车的销售。

（8）汽车金融供给增加 除了银行和汽车金融公司之外，融资租赁公司、互联网金融、汽车电商平台等纷纷布局汽车金融，拓展低线城市和农村市场，为年轻客户提供个性化、差异化的汽车金融服务。金融服务从汽车销售向汽车后市场延伸。汽车销售的利润率持续走低，汽车金融成为汽车流通环节重要的利润增长点。目前，汽车金融主要布局在新车销售环节，包括经销商贷款和消费者贷款，新车业务依托4S店的销售体系，风控相对简单。随着国内征信环境的改善，二手车市场的成熟，云计算和大数据的普遍应用，金融服务将向汽车保养维修、汽车置换、汽车残值处理、车险等汽车后市场延伸。

5.1.3 汽车科技金融核心

大数据是汽车科技金融的核心。近年来，汽车科技金融行业高速发展，技术长足进步，以小额信贷、汽车金融、金融科技等为代表的新金融势力迅速崛起。但不可忽视的是，金融的本质仍是风控，由信息不对称、数据维度不完善或弱相关引发的欺诈风险、多头共债等信用风险尤为严峻，正成为阻碍行业健康有序发展的巨大挑战。据统计，在我国，互联网金融50%~70%的损失来自欺诈，这也可以说是风控业务中最困难的地方。因此，让数据实现交换和共享，打破信息孤岛效应，从而真正降低金融服务中产生的各类风险，就必须通过金融科技手段来完善数据采集。

一般而言，科技金融的内涵就在于如何辩证地看待科技与金融之间的关系。现阶段的研究成果普遍认同科学技术是第一生产力，金融是现代经济的核心，经济的发展需要科

技推动，而科技产业的发展更需要金融的强力助推。由于金融的强力助推，科技产业在发展过程中不断呈现出生机勃勃的新面貌：计算机的应用、网络的普及、无线技术的发展、电子商务的繁荣、汽车车型的换代等。从传统意义上看，科技与金融原本属于不同的产业，在两者融合的过程中必然会出现很多不容回避的难题。世界各国都在努力推动科技金融的发展，我国金融产业起步相对较晚，因此需要进行更多的实践和摸索。由于高科技企业通常面临高风险，同时融资需求比较大，因此，科技产业与金融产业的融合更多的是科技企业寻求融资的过程。科技金融的本质内涵可概括为四点：是一种创新活动，即科学知识和技术发明被企业家转化为商业活动的融资行为总和；是一种技术（经济范式），即技术革命是新经济模式的引擎，金融是新经济模式的燃料，二者合起来就是新经济模式的动力所在；是一种科学技术资本化的过程，即科学技术被金融资本孵化为一种财富创造工具的过程；是一种金融资本有机构成提高的过程，即同质化的金融资本通过科学技术异质化的配置，获取高附加回报的过程。

金融产业是推动社会创新创造活动不可或缺的重要因素，无论国内还是国外，金融产业对产业经济社会的影响都是举足轻重的，而汽车科技金融作为推动汽车科技产业发展的重要力量，正在助推着汽车产业的可持续高速发展。

1. 激活社会资本，增加资金供给

现阶段，创业投资发展的最大瓶颈是资本供给，而汽车科技金融作为汽车科技与金融投资的多重创新，通过政府的引导作用，吸引民间资本、国外资本进入汽车科技创业投资领域，能最大程度地激活社会投资，改善创业资本的供给，解决汽车科技创业投资的资金来源问题。例如，美国创业投资发展早期就是主要凭借政府的信用来吸引社会资金，通过股权融资的方式解决中小企业的融资问题。此外，通过设立政府创业投资引导，吸引保险资金、社保资金等机构投资者的资金进入创业投资领域。这不仅能大大降低保险资金和社保资金的风险，更可以极大地支持立足本土的创业资本基金和管理团队的形成，从而可以通过本土创业投资机构支持汽车科技创新型企业的发展。

2011 年，上海成立 5 亿元汽车产业投资基金，对整车生产的上下游产业、新能源产业等进行中长期股权投资，对 Pre-IPO 等做中期或短期策略投资等。该政策效果就很突出，当地汽车产业规模增长迅猛，其龙头企业上汽集团在 2013 年的世界 500 强排名中上升了 72 位。

2. 引导投资方向，优化资源配置

随着金融活动的全球化，金融资产开始在世界范围内流动，对于如何引导金融资产集聚而不形成投机，其关键是以推动技术产业的发展为目的，实现金融资产与汽车等科技创新的结合。通过发挥科技金融的主观能动性来加快科技创新向产业转化，借助金融市场预支科技创新的远期利润作为近期研发的投入，实现未来价值的资本化，激活科技创新的当前存量，增加全社会汽车产业科技创新成果的供给量，从而引导社会资本投资汽车科技企业等处于初创期的企业，弥补市场空白。

3. 推动技术变革，加快产业升级

目前，我国民间存在大量的闲置资金，大力发展汽车科技金融服务，以政府信用吸引社会资金，可以改善和调整社会资金配置，引导资金流向汽车产业的技术改革发展。通过运用创业投资机制，利用创业投资机构的综合能力，对处在汽车、生物医药、集成电路、软件、新能源与新材料等领域的企业加大扶持力度，培育出一批以市场为导向、以自主研发为动力的创新型企业，提高我国自主创新能力，带动我国以自主创新为主的高新技术产业的发展。

4. 促进人才培养，提升发展实力

培养创新创业人员是一个地区实现自我创新发展的关键因素之一。通过设立政府创业投资引导基金培养创业投资管理团队，是一些国家创业投资的成功之路，而建设本土创业投资人才队伍又是创业投资发展的必由之路。例如，美国小企业投资公司计划的一个成功之处，就是为美国创业投资行业的发展输送了大量优秀人才，使创业投资行业成为一个具有吸引力的行业。因此，设立政府创业投资引导基金，应该注重培育本土的创业投资家，从而推动我国包括汽车科技在内的创业投资行业快速发展。

5.2 汽车科技金融融资模式

5.2.1 汽车金融公司融资结构的理论基础

1. 融资结构理论

从经济学一般原理来看，融资结构是融资理论中的一个重要组成部分。原因有三：一是融资结构影响企业的融资成本和企业的市场价值；二是融资结构决定企业的治理结构，即经理、股东、债务持有人之间的契约关系；三是融资结构通过企业行为和资本市场运行，影响总体经济的稳定和增长。资本结构理论是西方企业财务理论的主要内容，现在也直接影响并渗透到了我国财务管理的实践中。企业的最优资本结构取决于何种资本结构可以使企业价值或股东财富最大化，围绕着这一问题，许多学者提出了不同的资本结构理论：

（1）净收入理论（Net Income Theory） 假设前提：①投资者以一个固定不变的比例投资或估算企业的净收入；②企业能以一个固定利率筹集所需债务资金。在这样的前提下，由于债务融资的资本成本比股权融资的资本成本低，且固定不变，所以当企业提高财务杠杆时，企业的加权平均资本成本会降低，从而提高企业的市场价值。净收入理论说明了负债经营的必要性，强调了加大负债比率产生的积极作用。该理论的假设前提在现实生活中很容易强调加大负债比率产生的积极作用。但是，该理论的假设前提在现实生活中是很容易被打破的。

（2）净营业收入理论（Net Operating Income Theory） 该理论认为，企业的资本成本和企业价值与资本结构无关。净营业收入理论实际上包含着这样一种假设：一方面，负债增加会使公司股东所承担的风险增加，普通股权益的资本成本会因此而提高，并导致综合资本成本的上升；但另一方面，负债比率提高后，债务资本所占比例加大，较低的债务资本成本会降低综合资本成本。这一升一降正好彼此抵消，所以综合资本成本将保持不变。按照这一理论，不论财务杠杆如何，都不会对综合资本成本，乃至企业价值产生影响，因而也不存在最优资本结构，因此对筹资决策无关紧要。这一理论与企业现实中的行为有很大差距，原因在于它必须在完全市场的假定前提下才能成立，而现实中的市场都是不完善的。

（3）传统理论（Traditional Theory） 传统理论介于净收入理论和净营业收入理论之间，该理论认为：投资者认为企业在一定程度内的债务比率是“合理的和必要的”，对债权人或股东来说，企业适度使用“财务杠杆”并不会增加其投资风险，而且投资者主张企业可以通过财务杠杆来降低加权平均资本成本，增加企业的总价值。但是若超过一定程度地利用财务杠杆，权益成本的上升就不再能被债务的低成本所抵消，加权平均成本反而就会上升。加权平均资本成本由下降变为上升的转折点即为加权平均资本成本的最低点，该点的资本结构也就是企业最佳的资本结构。

（4）MM理论（权衡理论） 现代财务理论始于Franco Modigliani和Merton Miller的资本结构理论模型，该理论的提出使得资本结构研究成为一种严谨的、科学的理论。许多学者一直在试图做有关MM理论的一系列严格假设的研究，以试图重新解释在企业考虑了公司及个人所得税、潜在破产成本、债务代理成本等约束条件后的最优资本结构存在的可能性。早期的MM理论认为，由于所得税法允许债务利息费用在税前扣除，因此在某些严格的假定下，负债越多，企业的价值越大。但在现实生活中，由于其基本假设不能成立，因此后人在此基础上深入研究，在放松部分假设的前提下，发展了MM理论。

2. P2P车贷业务模式

车贷成为P2P网贷平台的主流资产之一，即汽车企业、经销商、拥有车辆的个人、汽车购买人通过P2P平台进行融资。P2P平台线上发布车贷项目最早可追溯到2011年，以小额消费购车和个人汽车抵押的形式出现，当年车贷交易额在3100万元左右。次年，抵押/质押型项目增长明显，带动车贷交易额增长至15亿元左右。2014—2015年，车贷平台数量大幅增多，年交易额分别达到195亿元和665亿元；2016年，P2P车贷交易额攀升至1616亿元左右，同比增长高达143%。P2P车贷主要业务模式发展历程详见表5-1。

表5-1 P2P车贷主要业务模式发展历程

P2P车贷模式	主要发展历程
消费贷款	2011年2月，人人贷首次发布汽车消费贷款项目，全年交易规模近百万元。2012年，宜人贷和翼龙贷也先后开始提供汽车消费贷款业务，但年度总交易额不超过300万元。2013年和2014年，汽车消费贷款出现高速增长，年度交易额分别为3亿元和6亿元；2015—2016年增长到30亿~50亿元
抵押/质押	微贷网自2011年8月起发布汽车抵押项目，当年行业交易额达3000万元。2012年，民民贷、一起好等平台开始涉足该领域，年交易额达15亿元。2013年，交易规模达90亿元。2014年，随着平台数量的增多和存量平台开展业务范围的扩大，年交易额首次突破100亿元，达到180亿元；2015年增至560亿元；2016年首次突破千亿元大关，达1311亿元
车商贷款	2013年下半年渐成规模，以“迷你贷”为代表，当年交易额在250万元左右。2014年，PPmoney、好车贷、点融网等平台也开始发布车商贷款项目，当年交易规模达8亿元；2015年同比增长4倍，达到40亿元；2016年达到134亿元

（续）

P2P 车贷模式	主要发展历程
融资租赁	始于 2014 年，以融资租赁收益权转让模式为主，当年交易额为 5 千万元。2015 年，点车成金、力帆善融、融金所等平台开始涉足汽车融资租赁，当年交易额约 11 亿元；2016 年交易额达 29 亿元
汽车垫资	最早可追溯到 2014 年第四季度，以“钱保姆”为代表，当年行业交易规模达 2000 万元。以该模式为主营业务的平台数量较少，截至 2016 年年底，平台数量约 10 家，行业累计交易规模 137 亿元，其中 2016 年交易额为 107 亿元

P2P 车贷大致有五种业务模式：汽车抵押/质押、车商贷款、汽车融资租赁、汽车垫资、汽车消费贷款（非垫资类）。其中，最早出现的是消费贷款和抵押/质押，于 2011 年分别由人人贷和微贷网两家平台开展。据零壹研究院数据中心统计，2012 年，我国汽车抵押和消费购车贷款总规模在 15 亿元左右。2013 年，随着迷你贷等平台上线，车商贷款作为一种新的专营模式在 P2P 行业出现。2014 年第四季度，非消费类的汽车垫资贷款、融资租赁收益权转让模式先后出现。至此，P2P 车贷的五种模式齐具。

据数据统计，2016 年 P2P 车贷交易规模达到 1616 亿元，其中抵押/质押类约 1311 亿元，占到 83.1%。汽车抵押/质押贷款由于客群范围广、门槛低，因此成为 P2P 车贷的最主要业务模式。车商贷款近几年规模增幅明显，2016 年交易额仅次汽车抵押/质押贷款，约 134 亿元。汽车垫资交易规模集中在少数几家平台，历史累计交易额为 137 亿元。消费贷款和汽车融资租赁规模较小（2016 年均不超过 35 亿元），但涉足此领域的平台数量较多，加之网贷新规和汽车金融新政实施带来的政策利好，该领域或将迎来高速增长。P2P 车贷各类业务模式历年交易规模详见表 5-2。

表 5-2 P2P 车贷各类业务模式历年交易规模 （单位：亿元）

年份	抵押质押	车商贷款	汽车垫资	消费贷款	融资租赁	合计
2011 年	0.3			0.01		0.31
2012 年	15			0.03		15.03
2013 年	90	0.03		3		93.03
2014 年	180	8	0.2	6	0.5	194.7
2015 年	560	40	30	24	11	665
2016 年	1311	134	107	35	29	1616
合计	2156.3	182.03	137.2	68.04	40.5	2584.07

按照 P2P 车贷的具体业务模式分类，各类 P2P 车贷业务发展历史、发展阶段、市场规模均有所不同，下面将就不同 P2P 车贷的业务模式进行进一步阐述。

（1）汽车抵押/质押贷款 借款人以汽车抵押物作为担保，通过 P2P 平台融资。若借款人直接将汽车抵（质）押至 P2P 平台或其关联方，该类车贷业务就属于平台自营型，由 P2P 平台承担汽车评估、抵押登记、授信、GPS 安装等责任，审批流程通常较短、放款速度较快，其典型代表为微贷网。

若汽车抵（质）押权归属于小微金融机构或汽车消费金融公司，后者将其所持债权转让给 P2P 平台或平台上的投资人，则为转让模式。P2P 平台一般不对借款人借款资质进行一一评估，而主要对债权转让方进行尽职调查或要求其提供一定形式的担保，如图 5-1 所示。这种模式便于 P2P 平台快速扩张规模，尤其是对有渠道优势的平台而言。早期的有利网、爱钱帮等均可归为此类。

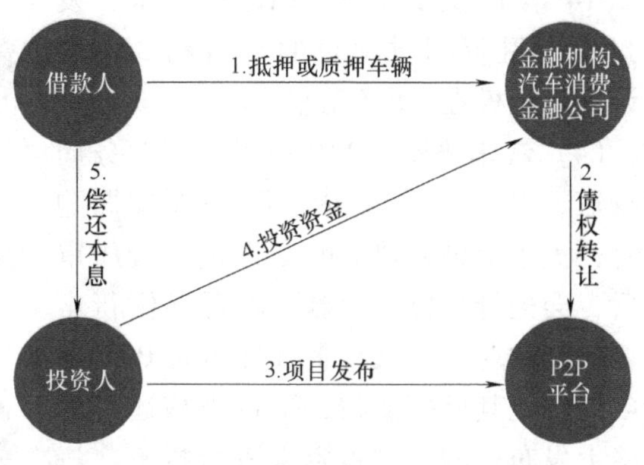

图 5-1　P2P 汽车抵押/质押贷款模式（转让型）

（2）车商贷款　借款人以抵（质）押汽车或质押车辆登记作为担保通过 P2P 平台发起借款，平台审核并完成相关程序后，在线上发布借款标的，出借人可直接在线上投资，最终由借款人通过专门的支付通道向投资人偿还本息，如图 5-2 所示。

借款人一般属于汽车经营商和汽车融资租赁公司，且多为中小企业，借款目的多为短期资金周转。因此，相较于抵押/质押模式，车商贷款虽然比融资额更高，但由于客群较小，因此其规模远不如前者。除了迷你贷、好车贷等少数平台，其他平台多将其作为次要业务经营。

（3）汽车融资租赁　目前，P2P 平台上的汽车融资租赁项目基本都是以租代购，广义上也属于消费金融的范畴。汽车融资租赁一般采用收益权转让模式，具体流程如下：承租方已与汽车融资租赁公司达成租赁协议的情况下，融资租赁公司向 P2P 平台申请转让此笔融资租赁租金的收益权，P2P 平台对融资租赁公司进行尽职调查且在通过的情况下要求其提供担保，审核通过后发布借款标的。满标后，投资人受让租金收益权，融资租赁公司从而获得资金，承租人按时还款。P2P 汽车融资租赁收益权转让模式如图 5-3 所示。

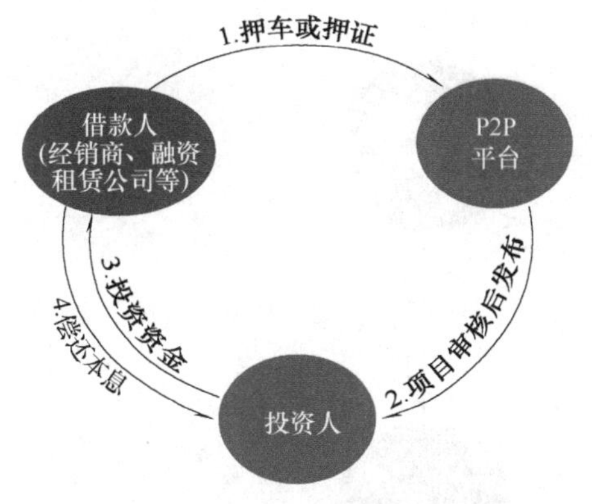

图 5-2　P2P 车商贷款模式

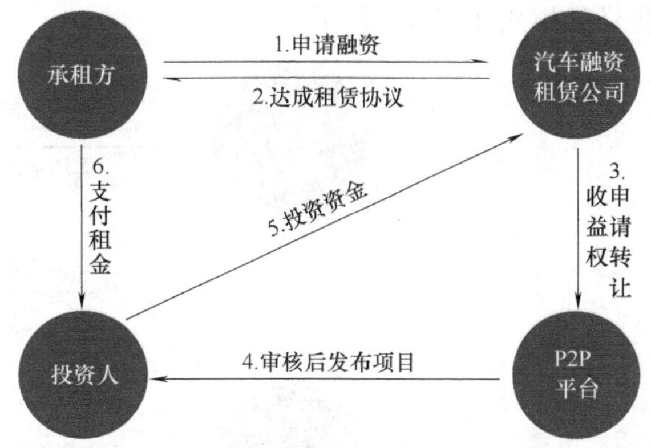

图 5-3　P2P 汽车融资租赁收益权转让模式

事实上，融资租赁公司也可先将租金收益权转让给资产管理公司、保理公司等金融机构，再由后者向 P2P 平台投资人转让。据统计，汽车融资租赁收益权转让模式最早出现

于 2014 年 11 月，截至 2016 年年末，发布过汽车融资租赁项目的平台约 30 家，累计交易规模在 40 亿元左右。

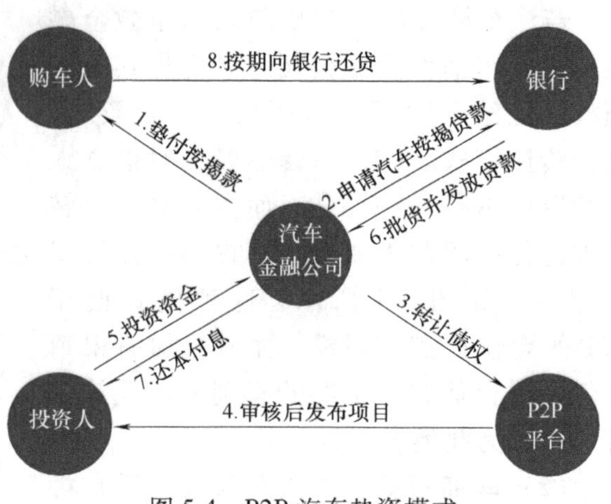

图 5-4　P2P 汽车垫资模式

（4）汽车垫资　P2P 汽车垫资业务周期较短，多在 30 天以内。购车人按揭购车时，汽车金融公司对购车人进行资质审核后，会先行垫付按揭款，随后向银行申请按揭贷款业务。汽车金融公司向 P2P 平台申请转让其所持债权，平台审核通过后在线上发布标的，供投资人进行投资。汽车垫资模式如图 5-4 所示。投资人资金通过专业支付通道支付给汽车金融公司，银行审批放贷后，将放贷给购车人的资金以受托支付的方式转账到汽车金融公司，同时投资人收回本息。

P2P 平台通常与几家汽车金融服务公司保持长期合作，以保持业务稳定性。对汽车金融公司而言，快速回笼资金是其主要目的，P2P 平台的审核速度和满标速度尤为重要。与汽车金融公司有稳定的合作关系、投资活跃度高、资金端来源充足是开展汽车垫资贷款的必要条件，对 P2P 而言，入门门槛和竞争壁垒较高。截至 2016 年年底，仅有 5 家平台汽车垫资贷款累计规模在亿元以上。

（5）汽车消费贷款（非垫资类）　汽车消费贷款即购车人为购买汽车申请的贷款，按流程不同可以分为以下几类：

1）购车人自发向 P2P 发起借款申请，除融资目的为购买汽车外，与 P2P 个人信贷并无显著区别。P2P 平台不对该类人群和项目进行主动筛选，项目分布零散。事实上，2011 年至 2012 年，人人贷、翼龙贷、宜人贷发布的汽车消费贷款项目均属此类。

2）P2P 平台与汽车消费金融公司合作，由 P2P 平台投资人受让债权的贷款，汽车消费贷款模式如图 5-5 所示。

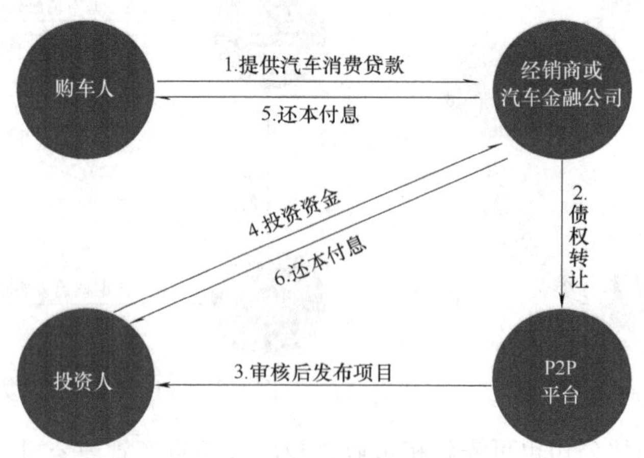

图 5-5　P2P 汽车消费贷款模式（转让型）

汽车经销商或汽车金融公司为购车人提供贷款服务后，将该笔债权转让给 P2P 平台投资人；平台审批项目后发布供投资人投资，资金通过专用支付通道进入经销商或汽车金融公司账户；购车人通过 P2P 专用通道给平台上的投资人偿还本金。

5.2.2 汽车金融公司融资结构

资本结构引起人们广泛关注的是由于莫迪格莱尼和米勒提出的资本结构与企业的价值不相关的结论，即 MM 理论。但是由于这个结论的前提条件非常苛刻，常常受到现实环境的挑战，于是，经过发展提出了税负利率——破产成本的权衡理论，该理论便又向现实迈进了一步。该理论认为，负债可以为企业带来税负的庇护利益，而随着负债的增加破产成本也会增加，当庇护利益的边际收益等于因负债增加而产生的破产边际成本时，企业的价值将会最大。从这个意义上说，资本结构不宜过大或者过小。资本结构过大，意味着债权人将会承受过大破产成本，因此债权人不会借款或者提高利率，这都会使得企业价值较低；而资产结构过小，则意味着企业还有可以利用的资源，没有得到充分的利用，显然也没有使得企业的价值最大化。

所谓资本结构是指公司各种长短期资金筹集来源的构成情况和比例关系，也就是资产负债表各项目的组成情况。汽车金融服务公司的资金来源可分为两大类：债务融资和股权融资。其中，债务融资可分为短期债务融资和中长期债务融资，股权融资可分为内部股权融资（公司的经理人员、职工）和外部股权融资（外部投资者）。作为一种特殊的企业形式，汽车金融服务公司对融资的依赖性很强，这主要是由资金的密集性和资金使用时间的长期性决定的。汽车金融服务公司的融资结构会直接影响到公司的正常运行和公司的市场价值，同时也决定了公司的治理结构，特别是在资金偏紧的情况下，汽车金融服务公司之间相互提供资金的数量有限，要想获得生存和发展，就必须向社会融资，因此发展汽车金融公司的首要问题是融资结构的问题。汽车金融公司资本结构的决策首先要受到一些法律、法规的限制，中国银监会发布的《汽车金融公司管理办法》和《实施细则》对于汽车金融公司的资本和信贷有如下规定：

1）汽车金融公司对单一借款人的授信余额与注册资本的比例不得超过 15%；汽车金融公司对最大十个客户的授信余额不得超过注册资本的 50%；汽车金融公司对关联人不得发放信用贷款，对关联人的授信条件不得优于其他借款人同类授信的条件；汽车金融公司对单一股东及其关联人授信余额不得超过 100%，授信余额的计算口径为扣除借款人以现金和现金等价物做抵押后的余额。

2）汽车金融公司的担保余额不得超过注册资本的 200%。

3）汽车金融公司自用固定资产与注册资本的比例不得超过 40%。

4）汽车金融公司流动资金与流动负债的比例不得低于 100%。流动资产是指现金、一个月内到期的购车人贷款、一个月内到期的应收款和其他一个月内可变现的资产，上述各项资产中应扣除预计不可收回的部分。流动负债是指一个月内到期的购车人存款，一个月内到期的向金融机构的借款和其他一个月内到期的负债。

5）汽车金融公司应实施资本总额与风险资产比例控制管理。汽车金融公司资本充足率不得低于 10%，资本充足率即资本总额与风险加权资产比。

汽车金融公司风险加权资产的计算及各类资产风险权重，可以参考如下方法：

风险加权资产=对商业银行的债权×20%+有商业银行提供保证的债权人×20%+
其他担保形式担保的债权×50%+其他形式资产×100%+
担保业务余额×100%

其中，其他担保形式是指商业银行提供保证以下的担保，其他形式资产不包括现金。计算各项贷款的风险资产时，应当首先从贷款账面价值中扣除专项准备，其他各类资产的减值准备，也应当从相应的资产项目账面价值中扣除。汽车金融公司应实现资产五级分类制度来评估贷款质量，采用以风险为基础的分类方法（简称贷款风险分类法），即把贷款分为正常、关注、次级、可疑和损失五类，后三类合称为不良贷款。

对于不同类型的贷款，汽车金融公司可以参照如下的比例进行贷款损失准备计提。关注类贷款计提比例为2%，次级类贷款计提比例为25%，可疑类贷款计提比例为50%，损失类贷款计提比例为100%，其中，次级和可疑类贷款的损失准备、计提比例可以上下浮动20%。

在具体决策时，可以使用每股收益无差别点来衡量。一般来说，在业务量高于某一点时，采用负债筹资将会有利于每股收益的扩大，在业务量低于某一点时，采用权益筹资将会有利于每股收益的扩大。这种方法存在的问题是没有考虑风险，包括负债的风险以及业务量的扩大带来的风险，而且每股收益与企业的价值并不总是一致的，往往存在着一定的偏差，但是这种方法也确实能给我们确定一个可以参考的数值。

5.2.3 汽车科技金融公司的主要融资方式

由于汽车金融业属于资金高度密集型的行业，所以分析其融资方式对分析该行业的发展有着重要的意义。融资方式是由金融市场环境和政策环境决定的，由于中外汽车金融服务的提供机构——银行的资金来源基本相同，我国还没有建立信贷联盟，信托公司也不提供汽车金融服务，因此，这里主要是对中外汽车金融公司的融资方式进行比较。

1. 国内汽车金融公司的融资方式

国内汽车金融公司的融资方式比较单一，根据2003年银监会发布的《汽车金融公司管理办法》有关规定，国内汽车金融公司的资金主要通过以下方式筹集：

1）吸收境内股东单位三个月以上期限的存款。

2）转让和出售汽车贷款业务。

3）向银行贷款和同行拆借（不超过七天）。

在这几个渠道中，向银行贷款是最主要的融资渠道。

就股东存款融资渠道而言，一是受制于股东数量。根据我国公司法规定，有限责任公司的股东数量一般不能超过50个。事实上，银监会对设立汽车金融公司的股东资格有要求，其主要股东就是汽车制造商或其附属的金融机构，范围很窄。二是受制于三个月以上的期限要求，其主要股东一般没有长期存款来用于汽车金融公司的分期融资，就“向金融机构借款”这一渠道而言，也缺乏有针对性的操作措施。首先是利率难以确定。如果是短期借款，还可比照银行间市场的同业拆借利率，但由于汽车金融公司

刚刚设立，不具备进入同行拆借市场所要求的主体资格，因此在与银行的实际谈判中，很难以同业拆借利率拿到钱。至于其中长期贷款所需的资金来源，如果向银行借款，根据现行的利率政策，贷款利率下浮不能超过10%，那么一年期贷款利率至少在5%以上。这样的利率，对于汽车金融公司而言显然是过高了，根本无法和商业银行在大体相同的融资成本上开展竞争，也就难以起到通过设立这类机构促进汽车金融服务专业化的作用。

2008年1月30日，银监会发布了新的《汽车金融公司管理办法》，对2003年10月颁布实施的原《汽车金融公司管理办法》做出重要修改，增加业务范围，拓宽融资渠道，力促汽车金融业在有效控制风险的前提下，实现又好又快地发展。

新《汽车金融公司管理办法》着重对准入条件、业务范围、风险管理指标等方面做出重大修改和调整，业务范围除原来的汽车零售贷款和批发贷款业务外，还新增了汽车融资租赁业务。

2008年版《汽车金融公司管理办法》还拓宽了汽车金融公司的融资渠道，允许其发行金融债券，从事同业拆借，原先只能吸收境内股东单位三个月以上期限的存款，新办法在此基础上增加了境外股东及其所在集团在华全资子公司的三个月（含）以上的定期存款。

此外，汽车金融公司还被允许接受汽车经销商采购车辆贷款保证金和承租人汽车租赁保证金，办理租赁汽车残值变卖及处理业务，从事与汽车金融业务相关的金融机构股权投资业务。

2. 汽车科技公司融资形式

1）银行贷款。银行是企业最主要的融资渠道。按资金性质，分为流动资金贷款、固定资产贷款和专项贷款三类。专项贷款通常有特定的用途，其贷款利率一般比较优惠，贷款分为信用贷款、担保贷款和票据贴现。

2）股票筹资。股票具有永久性，无到期日，不需归还，没有还本付息的压力等特点，因而筹资风险较小。股票市场可促进企业转换经营机制，真正成为自主经营、自负盈亏、自我发展、自我约束的法人实体和市场竞争主体。同时，股票市场为资产重组提供了广阔的舞台，优化了企业组织结构，提高了企业的整合能力。

3）债券融资。企业债券，也称公司债券，是企业依照法定程序发行，约定在一定期限内还本付息的有价证券，表示发债企业和投资人之间是一种债权债务关系。债券持有人不参与企业的经营管理，但有权按期收回约定的本息。在企业破产清算时，债权人优先于股东享有对企业剩余财产的索取权。企业债券与股票一样，同属有价证券，可以自由转让。

4）融资租赁。融资租赁是通过融资与融物的结合，兼具金融与贸易的双重职能，对提高企业的筹资融资效益，推动与促进企业的技术进步有着十分明显的作用。融资租赁有直接购买租赁、售出后回租以及杠杆租赁。此外，还有租赁与补偿贸易相结合、租赁与加工装配相结合、租赁与包销相结合等多种租赁形式。融资租赁业务为企业技术改造开辟了一条新的融资渠道，采取融资融物相结合的新形式，提高了生产设备和技术的引进速度，还可以节约资金，提高资金利用率。

5）海外融资。可供企业利用的海外融资方式包括国际商业银行贷款、国际金融机构贷款和企业在海外各主要资本市场上的债券、股票融资业务。

5.2.4 汽车科技金融发展

2015 年 6 月举办的世界经济论坛发布了一份关于“金融服务的未来”的研究报告，报告中从传统金融服务的六个功能模块：支付（payments）、保险（insurance）、存贷（deposit & lending）、募资（capital raising）、投资管理（investment management）和市场资讯供给（market provisioning），来尝试回答金融科技创新的相关问题。

对于汽车行业来说，金融和科技在很长的一段时间内，都是分别与其发生关联的。具体来说，在汽车与金融方面，汽车作为一个完整的产业链，需要金融在汽车销售的前期、中期和后期三个阶段提供全覆盖的产品和服务。销售前的汽车生产和分销，金融需要为厂家供应链和经销商建店、设备、库存及试乘试驾车等方面提供融资支持；汽车销售中，则需要为客户提供购车、保险及增值服务的消费信贷；在用车阶段，金融需要为汽车后市场消费、二手车购买等提供消费信贷，还要为提供出行服务的车队供应方提供融资支持，未来还需要为电动车运行基础设施（如充电桩等）提供项目建设融资。而在汽车与科技方面，工业 4.0、定制化生产、新能源汽车、车联网、在线售车、智慧出行等新兴领域，都已超越了概念构想并步入了实际应用阶段。

当科技改变了金融的面貌，其也必将改变金融与汽车的接触方式。

随着环境污染和世界能源危机问题的日益严重，汽车工业作为能源消耗和尾气排放的重要源头面临着严峻挑战，大力发展新能源汽车已经迫在眉睫。虽然政府部门出台了相关的扶持政策和措施，但是新能源推广依然面临着诸多问题，单纯依靠政府补贴已无法真正地让新能源汽车走向市场化，新能源汽车需要商业模式的创新。创新的商业模式或可助力新能源汽车的发展，其中一个渠道便是融资租赁。

1. 互联网汽车金融平台的优势

互联网汽车金融的主体包括车商贷平台、电商交易平台和互联网汽车保险平台。各个主体从不同角度切入车贷业务，为不同对象提供定制化产品，大大提高了产品应用效率，降低了顾客成本。

1）可依托流量优势，降低汽车消费金融顾客成本。渠道成本在汽车金融领域成本上仅次于资金成本，4S 店由于店面及人员投入较高，作为汽车金融的传统渠道成本较高且难以灵活调整，通过自建平台或与互联网公司合作，在渠道成本控制方面可以掌握主动权，进一步降低其绝对值。

2）可依靠大数据技术获得更加全面真实的用户数据，提高坏账甄别率，加快贷款审批速度，提高供应链金融运作效率。大数据作为互联网金融平台的固有优势，不仅体现在汽车消费金融领域客户征信信息的完整性上，还体现在供应链金融领域。在对厂商信息的整合方面，大数据可将企业的历史交易数据、运营情况、财务状况等信息做到电子化，从而可以全面、高效地整合信息，发放贷款。

3）互联网融资相对资金成本可控，且期限更为灵活。资金成本是汽车金融最大的成

本，随着银行贷款利率居高不下，ABS 融资[⊖]票面利率也屡创新高。从互联网“宝宝类产品”（余额宝等）的收益率来看，其利率虽有上升，但仍低于银行基准利率。另外，随着用户对互联网理财产品的关注度上升，且第三方支付有一定导流作用，更为快捷的投资理财服务预计将来会聚集更多的社会闲置资金，用于高速增长的互联网消费金融领域。

无论汽车市场还是汽车金融行业，都在互联网时代迎来了新的发展机遇。“互联网+汽车”行业的融合，已经从最初的汽车门户和汽车社区，发展到了车联网、汽车电商（二手车交易平台）、汽车金融平台等相对高级的领域。

最开始的“互联网+汽车金融”产生于传统的汽车金融企业，它们运用互联网改善汽车金融的流程和体验，丰富获客渠道。2013 年以后，随着我国互联网金融的爆发式增长，汽车金融的互联网演变加速，以阿里巴巴、百度、京东等互联网巨头为代表的互联网企业，包括 P2P 平台和众筹平台在内的互联网金融平台、汽车电商、互联网汽车金融服务平台等，纷纷试水汽车金融，汽车互联网金融迎来风口。与此同时，互联网企业及互联网金融平台在数据积累、用户体验、交易支付等环节的持续创新，也为汽车金融市场催生出了更加多元的商业模式。

2. 传统金融机构汽车互联网金融发展概况

商业银行、汽车金融公司等传统金融机构的互联网化，主要致力于改善汽车金融流程和体验，丰富获客渠道，部分机构正在尝试开展汽车金融的互联网审批。

大部分商业银行的汽车金融业务都停留在线下，或者仅仅在官网上给出简单的汽车金融业务介绍资料，仅有少数商业银行提供了互联网服务入口，用户通过网站和主机 App 可以进行车贷申请、查询车贷的额度、选择合适的贷款方案。关于银行车贷的互联网化方面，平安银行走在了行业前列。平安银行旗下拥有橙 e 网平台，设立了汽车金融专区，涵盖了新车贷款、二手车贷款、汽车抵押贷款和“车主无忧”贷款（消费者购买车辆保险、税费，车辆装饰以及车辆养护时可申请的消费贷款），基本覆盖了消费者的所有汽车金融需求。用户可以在线了解汽车金融产品的详情，如果申请新车消费贷款，还可以自主搜索和查询优惠方案，并在登录橙 e 网后在线申请。

另一个走在行业前列的是招商银行，其信用卡中心网站上推出了汽车相关消费分期专区，页面相对简单，仅提供新车贷款服务，用户可以在线提交车贷申请，并能查询申请进度，之后将会有招商银行工作人员主动联系，沟通后续事宜。

汽车金融公司的互联网尝试主要停留在在线获客层面，大多在官网上推出了面向消费者的在线申请、在线预审等通道，实际购买与签约放款则在线下进行。

另外，随着大数据技术的逐渐成熟，汽车金融的互联网审批正在逐步成为现实，这将大大提高金融效率。例如，2015 年上汽通用汽车金融推出了“网购贷”，消费者只需在五个电商网站上有三笔以上交易记录，并提供全屏截图即可申请贷款。上汽通用汽车金融还开发了极速通、自动审批通道等产品，优化贷款流程、缩短批复时间，最快 5 秒批复贷款申请，使消费者当天提车成为现实。该公司还是国内首家实现通过微信平台完成汽

⊖ 以项目所属的资产为支撑的证券化融资方式。

车贷款申请和批复手续的汽车金融公司。

3. 互联网巨头布局汽车金融情况

在汽车金融领域，新老互联网公司正在扮演越来越重要的角色。它们通过新技术和新模式对传统企业形成了挑战，甚至颠覆了行业生态。我国互联网界的三大领军企业（百度、阿里巴巴、腾讯）都在汽车金融领域展现出了极大的野心。

作为国内最重要的互联网流量入口之一，百度在其网站上推出了百度汽车频道，提供二手车搜索、估价卖车、贷款买车、车险等信息聚合服务，用户在点击后即可跳转到合作平台网站。在汽车领域，百度已经投资了优步、天天用车、51 用车和优信二手车。这其中，优信二手车平台推出了金融服务，为二手车的零售金融和供应链金融提供金融服务。

2015 年，阿里巴巴在车金融领域动作频频：3 月，与上海汽车集团投资管理有限公司合资设立 10 亿元的互联网汽车基金，天猫携手宝马探索汽车电商新模式；4 月，成立阿里汽车事业部，与上海通用汽车达成战略合作；7 月，阿里汽车事业部联手蚂蚁小贷和众多汽车厂商推出“车秒贷”；9 月，投资携车网。

近年来，腾讯在汽车领域展开了一系列布局：2013 年，腾讯联合君联资本等投资了 B2B 平台优信拍；2015 年 1 月，腾讯和京东以现金和独家资源的形式对易车网投资约 13 亿美元，并向易车旗下专注于汽车金融互联网平台的子公司易鑫资本注资 2.5 亿美元；2015 年 8 月，腾讯投资 C2C 平台人人车；2015 年 9 月，腾讯联合易车网等共同投资 C2B 平台天天拍车。至此，腾讯完成了在新车电商及二手车电商 C2B、C2C、B2B 主要细分领域的完整布局。

5.3 汽车科技金融公司盈利模式

盈利模式是指在主营业务中，将资金、人才、技术、品牌、外部资源等要素有机地整合在一起，通过单独和系列的战略控制手段，来形成长期、稳定的利润增长点的经营模式。汽车金融的盈利模式由两个结构组成：一是盈利模式的利润链，即盈利模式获取利润的组成因素，是用于衡量盈利模式利润来源的重要参数；二是通过利润链的贯穿与连接，将能够带来利润的企业资源组合在一起的具体方式（狭义上的盈利模式）。这两点之间的关系是，利润链通过同特定的企业资源方式相结合，并渗透到具体的业务中去，才能形成利润来源与途径。两者相互结合、相互作用，共同形成一个完整的盈利模式。

汽车金融公司的主要盈利模式分为基本盈利模式和增值盈利模式两种。基本盈利模式是指传统的以汽车销售为主，兼顾维护修理、保险代理的盈利模式，这是目前国内汽车金融服务业普遍采用的盈利模式；增值盈利模式是指在基本盈利模式之上附加了金融资本运作所构成的盈利模式。增值盈利模式主要包括融资汽车租赁式盈利模式、购车理财式盈利模式、汽车文化营销盈利模式、资本运作利润模式等。汽车金融服务增值型盈利模式是 20 世纪 50 年代以后出现的一种新的获取利润方式，在汽车金融服务的发展过程中具有重要的价值。

5.3.1 基本盈利模式

1. 信贷息差利润模式

这种模式以汽车信贷利息的借贷差作为汽车金融公司的利润。汽车金融公司除自有资本金外，还会从其他金融机构和金融市场中融入大部分资金，这中间的借贷利息差额就是汽车金融公司的利润来源，即汽车金融公司使用自有资本金、盈余资金从事汽车个人信贷和汽车经销商获取的利息收入，还有将通过其他金融机构获得的资金用于汽车信贷取得的利息收入。上述两项收入在扣除成本费用后，即为汽车金融公司的信贷息差利润。

根据《汽车金融公司管理办法》规定，我国汽车金融公司可以从事八大业务中的部分或全部人民币业务，可见，《汽车金融公司管理办法》对汽车金融公司车贷业务范围规定得相当全面。虽然目前我国汽车金融公司的业务开展受限，而且在国外，车贷业务也不是汽车金融公司最主要的利润来源，但是仅从“通用公司金融服务遍及世界41个国家，在世界范围内为1.5亿辆汽车的销售提供10000亿美元的贷款”这条信息来看，购车贷款模式对汽车金融公司而言仍具有较强的吸引力。

2. 维护修理利润模式

随着汽车销售市场的发展和汽车销售商对利润的追求，特别是欧美发达国家汽车销售特许专营服务模式的影响，在我国，作为汽车售后服务重要组成部分的汽车维护维修业务已被纳入汽车金融服务的整个流程。汽车金融公司和大部分的汽车经销商把维护修理作为一个重要的业务流程和利润来源，维护修理利润模式也以其较高的利润回报，开始在汽车金融服务的盈利模式中显现出来并日益占据重要地位。这种盈利模式的基本点是：在利润链上更好地体现了基本特点与功能，形成了一个完整的汽车服务链，在金融服务的传递、服务质量的感知和顾客忠诚度的提高方面基本形成了一个完整的体系；在利润模式的控制手段上，除品牌、专营许可、维修技术外，还为金融服务进入该业务的支付、现金流量管理、消费能力的启动与增级等方面提供了空间，在利润率上有较大的跃升，其服务的重复性和增值性成为汽车金融服务诸多业务中利润较丰厚的一块。

3. 保险代理利润模式

在汽车金融服务业务中，通过代理保险公司的车险业务，可以赢得较大的利润。由于汽车金融公司具有为顾客提供保险融资，在售车及售后服务阶段同顾客有频繁接触的机会，容易同顾客建立起密切的联系等特点，因此保险公司愿意与其合作，由其代理部分或者全部汽车保险产品的销售工作。保险公司对汽车金融公司的回报是，允许其在所销售的保险收入中提成。

4. 增值盈利模式

作为欧美发达国家的个人金融服务项目，汽车金融服务是一个规模较大、发展较为成熟的产业，有着多样化的增值服务类型，如价格浮动式汽车金融服务、投资理财式汽车金融服务、以旧换新式汽车金融服务、公务用车汽车金融服务等。与股票、债券、银行存款等大众化的金融服务相比，汽车金融服务是一种较为复杂的金融服务，它是围绕汽车销售展开的。随着消费者的消费习惯逐渐多样化且不断变化，其对汽车金融服务的需求也呈多样化趋势。汽车金融公司为满足消费者的多样化需求，会不断开发新的汽车金

融服务。汽车消费涉及的金融服务很多，如果消费者提前在汽车金融服务公司中投入一定比例的购车储蓄，就可以更快、更优惠地获得购车贷款。除了购车贷款外，还能获得汽车消费过程中的金融服务。下面重点介绍汽车融资租赁和购车理财式业务两种增值性汽车金融服务。

5. 融资汽车租赁式盈利模式

消费者可以向汽车金融机构申请汽车融资租赁，租赁到期后，可以选择继续使用或换新车，平时的汽车维护修理也由提供租赁方负责；消费者可以获得汽车金融公司发放的专门信用卡，累计消费到一定额度后，可以优惠买车，或者获得与汽车有关的旅游小额信贷支持。此外，汽车金融公司还会提出全套的汽车维修方案，以帮助客户得到价格合理的及时维修服务，维修费用可以计入分期付款中，充分体现了其人性化的关怀。例如在美国，如果是福特信贷公司的客户，不仅能获得汽车贷款服务，还能获得多种形式的汽车租赁服务。这种综合服务既增强了对客户的吸引力，又有利于防范客户风险。在德国，如果持有一张大众汽车银行发行的信用卡，在车辆保险、购买燃油、维修、驾车旅行过程中，不仅能获得消费便利，还能低利率透支。

融资汽车租赁是一种买卖与租赁相结合的汽车融资方式，其实质是转移了与租赁汽车所有权有关的全部风险和报酬的租赁，所有权最终可能转移，也可能不转移。一般而言，融资汽车租赁涉及较多的金融内容，融资汽车租赁需具备一定的条件，否则不属于融资汽车租赁的范畴，而只是一般经营性汽车租赁，这些条件包括：

1）消费者需向销售商支付相应的租金（汽车使用补偿费）。

2）如果消费者支付的费用（包括租金及相应赋税）已经相当于或者超过汽车本身的价值，依照汽车租赁合同，消费者有权获得该汽车的所有权。

3）如果消费者（承租人）在承租期届满时，所付租金总额尚未超过汽车价值，消费者（承租人）此时享有选择权，对租期届满后的汽车，可用下列任何一种方式处理：

① 在补足租赁合同中事先约定的相应余额后，成为汽车的所有权人。

② 如果汽车现价值高于1）项约定的余额，消费者可以出卖所租汽车，向零售商偿还该余额，保留差价，从中获利。

③ 将汽车返还给出租人。

④ 在租赁届满时，消费者欲购买所租汽车，不必以一次性付款的方式付清尾款。

融资汽车租赁式盈利模式的主要好处有：对于承租人而言，有节省首期资金投入、提高资金利用率的作用。对于出租人而言，保留出租车辆的所有权是投资的有效保障。对汽车生产厂商而言，该模式有利于促进产品销售。

6. 购车理财式盈利模式

购车理财模式是以汽车消费为目的进行的专业性投资理财服务模式。

7. 汽车文化营销盈利模式

汽车文化会影响人们的生活方式，从而使得生活形态多元化，最终影响我们的消费行为。汽车文化营销通过文化理念的设计和创造来提升产品及服务的附加值，契合了消费者消费的个体性、情感性、感觉个性等精神层面，成为汽车金融服务的一项重要内容。

5.3.2 其他盈利模式

1. 汽车租赁

汽车租赁是指在约定时间内，租赁经营人将租赁汽车交付给承租人使用，收取租赁费用，但不提供驾驶劳务的经营方式。汽车租赁的实质是将汽车的产权与使用权分开，通过出租汽车的使用权而获取收益的一种经营行为。该服务除了出租实物汽车以外，还负责保证该车辆正常、合法上路行驶的所有手续与相关服务齐全。但与一般汽车出租业务不同的是，在租赁期间，承租人自行承担驾驶职责。

1）按经营目的分类。汽车租赁可以分为融资租赁（Finance Lease）和经营性租赁（Operating Lease）。

2）按租赁期的长短分类。汽车的经营性租赁按租赁时间可分为长期租赁和短期租赁。长期租赁是指租赁企业与用户签订长期（一般以年计算）租赁合同，按长期租赁期间产生的费用（通常包括车辆价格、维修费、各种税收开支、保险费及利息等）扣除预计剩存价值后，按合同月数平均收取租赁费用，并提供汽车功能、税费、保险、维修及配件等综合服务的租赁形式。短期租赁是指租赁企业根据用户要求签订租赁合同，为用户提供短期内（一般以小时、日、月计算）的用车服务，收取短期租赁费，满足用户在租赁期间的各项服务要求的租赁形式。在实际经营中，一般认为15天以下为短期租赁，15~90天为中期租赁，90天以上为长期租赁。

2. 汽车置换

汽车置换，从狭义上说就是以旧换新业务，经销商通过二手商品的收购与新商品的对等销售获取利益。狭义的置换业务在世界各国都已成为流行的销售方式。广义的汽车置换指在以旧换新业务基础上，同时兼容二手商品整新、跟踪服务、二手商品在销售，乃至折抵分期付款等项目的一系列业务组合，使之成为一种有机而独立的营销方式。

应注意，可以用来置换的旧车必须是证件齐全有效，非盗抢、走私车辆，距报废年限一年以上，尾气排放符合要求，无机动车产权纠纷，允许转籍的在用汽车。通过以旧换新来开展旧机动车贸易，车辆更新程序简单，并使旧车市场和新车市场互相带动、共同发展。客户既可通过支付新旧车之间的差价来一次性完成车辆的更新，又可选择通过其原有机动车的再销售来抵扣新车车款的分期付款。品牌专卖店也可用以旧换新的方式来促进新车的销售。

5.4 汽车金融产品

5.4.1 汽车金融产品设计与开发

1. 汽车金融产品的定义

汽车金融产品类似于金融产品，泛指以汽车交易及消费使用为目的来融通资金所进行的金融结构（数量、期限、成本等）、金融策略设计及相应的法律契约安排，是现实中汽车金融服务所面临的各种问题的解决途径。汽车金融产品是立足市场的供需状况，以商品标的物汽车的价值为基础，以服务为手段，以金融运作为主体，以不同群体的消费需求为对象，所设计和开发出的系列化的可交易金融工具、金融服务以及各种金融策略的设计方案。具体的金融产品包括以下三类：

1）围绕价格最优化方面的汽车金融产品。它是指以减少汽车消费者购车成本、成功进行汽车销售为目的，以汽车销售价格为重点的汽车金融产品，实际上是通过合理的金融设计、金融策划，使汽车营销的价格在销售各方面能够承受的范围内最优化，如“价格浮动式汽车金融产品”“规模团购式汽车金融产品”等。

2）围绕规避销售政策和制度开发的汽车金融产品。这类汽车金融产品的目的是为了消除政策、制度等社会管理因素对消费者消费能力和消费方式的限制而设计、开发的产品，特别以释放消费者的未来购买力、培养消费者新的消费方式为重点，如“投资理财式汽车金融产品”等。

3）围绕汽车消费过程中所必需的服务环节的便利性、经济性和保障性开发的汽车金融产品，如融资租赁、汽车保险、购车储蓄、汽车消费信用卡等。

2. 汽车金融产品的特点

汽车金融产品的特点由作为一般使用商品的汽车和作为汽车金融服务的契约关系两大因素来决定。

1）汽车金融产品的复合性。汽车金融产品的复合性是指汽车金融产品是以作为交易标的物的汽车为存在及作价基础，结合了金融体系的资金融通和资本运作功能而形成的交易契约，兼有实物和虚拟产品的成分。汽车金融产品是有形产品和无形产品的复合。因此，汽车金融产品的特性和优点既有消费者可观摩的一面（汽车产品），又有无法向消费者展示的一面（金融服务），顾客的购买行为是以汽车产品的使用价值和汽车金融公司的社会信誉和金融服务的质量特点为基础来实施的。

2）汽车金融产品的精密性。汽车金融产品要求在产品的设计以及价格、交易结构、盈利模式、现金风险管理等方面都要考虑得很周全。要应用金融工程和数理统计的有关原理进行分析与计算。与股票、债券、银行存款等大众化的金融产品相比，汽车金融产品是一种较为复杂的金融商品。对于投资者来说，只要知道存款本金和利息率、股票的买入价和卖出价、债券的票面价格和利息率，就很容易计算出其收益率。在这里，交易的主动权是在投资者手中，而不是在银行、债券公司手中。而汽车金融产品涉及信贷金额的额度、缴纳方式、责任、利率等一系列复杂的问题。由于涉及未来收益向现阶段消费的转移问题，其中的不确定性使得汽车金融产品的价值很难明确计算出来。

3）汽车金融产品的风险性。它主要是指汽车金融产品的价格受到来自于汽车生产企业和金融市场的双重影响比较大，变数也较大。另外，消费者的个性化要求使得汽车金融产品越来越具有可变性。汽车金融服务产品的样本差很小，购买者在大范围的统计和调查中具有很大的相似性。样本差的参数可以选择平均收入、年龄、教育层次等，在社会地位、家庭收入、消费习性、职业定位上也具有同构性。这样一来，一方面是汽车金融服务产品的开发和销售指向具有同一性，能够节约开发和销售成本；另一方面，这在汽车金融服务产品的风险控制上增加了难度，使其风险方差增大。

4）服务的延续性。这是汽车金融产品所独有的特点，因为消费者在购买汽车金融产品后，除汽车产品在使用中外，其他服务都要在以后才能得以延续和完成。

5）汽车金融产品合同条款的相对稳定性与复杂性。由于汽车金融产品的条款具有法律政策的背景，利率、期限和现金数量等也依据一定的通用公式和平均大数原理得出，因此具有相对稳定性，其专业性特点也决定了其具有复杂性的特点。

6）费率的固定性与微差异性。汽车金融产品一方面有一些费率相对稳定，如利息、时间、首付款额等，各公司之间变化不大，具有一定的固定性；而另一部分附加费部分，如汽车金融公司由于营业开支的各种费用，受各公司规模、经营管理水平、资金运作水平等多方面的影响，仍存在差异性。

7）汽车金融产品的时效性。汽车金融产品一旦成功销售，一般都有数年时间，根据国家、地区的不同而不同。

8）汽车金融产品的选择性。汽车金融公司并不是将汽车金融产品销售给任何一名愿意购买者，而是要对购买者进行风险选择，以避免风险。因此，其销售具有选择性。

3. 汽车金融产品设计开发准备工作

开发准备工作包括，汽车金融服务市场细分与目标市场的选择。

汽车金融产品的市场细分。对汽车金融服务市场进行细分，是汽车金融公司开发新产品不可缺少的步骤。市场细分就是公司根据顾客需求方面明显的差异，把各个不同的买主群的市场进行区分的过程，即公司把某一产品的整体市场按一种或几种因素加以区分，形成不同的顾客群，每一个顾客群就是个细分市场，即“子市场”。每个细分市场都是由具有类似需求倾向的顾客组成，分属不同细分市场的顾客对同一产品的需求与购买行为、习惯存在着明显的差异。市场细分的目的是为了选择适合金融产品和资源条件的目标市场，因此，细分市场应遵循以下基本规则：

（1）可衡量性原则　它是指细分的市场必须是可以识别和可以衡量的，也就是细分出来的市场，不仅范围比较清晰，还要能大致判断市场的大小。为此，据以细分市场的各种特征应是可以识别和衡量的，如高收入阶层和低收入阶层。凡是无法识别且难以测量的因素或特征，就不宜作为市场细分的依据。

（2）可接受性原则　它是指经过细分的市场，可利用人力、财力、物力去占领。可接受性有两层含义：一是细分后的市场有能力去占领，可达到被选定的细分市场；二是被确定的细分市场的需求者能有效地了解产品，并能够通过各种渠道购买所需产品。

（3）效益性原则　它是指细分出来的市场，必须有足够的需求量，这不仅能保证短期内盈利，还能保证较长时期的经济效益和发展潜力，使得其在细分的市场上不断扩大规模，提高其竞争能力。

4. 汽车金融产品的市场分类

（1）地理细分　即按汽车金融产品购买者所处地理位置和自然环境来细分市场。地理细分的理论依据是，处在不同地理位置的购买者对于同一类汽车金融产品有着不同的需求和偏好，他们对价格、销售渠道、广告宣传等市场营销措施的反应往往也有所不同。

（2）人口细分　它包括汽车金融产品购买者的年龄、职业、收入、受教育水平、家

庭规模、家庭生命周期等因素。人口因素构成较为复杂，但不难衡量，而且这些因素与汽车金融产品需求存在着密切的关系。

（3）社会阶层细分 其重点在于社会的不同富有层次的划分、受教育水平的划分和社会地位的划分。一般采取统计测定的方法来确定各阶层的人数，然后研究他们使用各种汽车金融产品的频率，从而描述出不同阶层的特点和模式，研究为不同阶层提供汽车金融产品的可行方案和服务标准；再针对各收入阶层不同的服务需要，开发有针对性的汽车金融产品。

（4）产品细分 它是指其他汽车金融公司的汽车金融产品、业务市场细分，包括汽车金融产品的营销数量、结构和市场占有情况。通过这种细分，可以将汽车金融产品分为大量使用、中度使用和较少使用三个类别，再在此基础上计算市场占有率，以便制定出重点开发和重点巩固的产品方向。选定汽车金融产品的目标市场必须依据以下的基本原则：

1）存在市场需求原则。公司所要提供的产品或服务具有潜在的市场需求，明确其他公司不提供这种产品或服务；或者虽有提供但需求未得到充分满足，尚处于供不应求的状况。

2）能够提供充分的经济回报原则。公司的性质决定了追求利润最大化是其主要目标之一。

3）实行专业化经营原则。这种战略追求的并不是在较大的市场上占较小的份额，而是在较小的细分市场上或几个市场上占有较大的份额。汽车金融产品开发的具体策略主要有以下四个方面：

① 全新产品开发策略。这一策略是指汽车金融公司依靠自身的技术开发能力，依据社会经济情况及人们的生活水平等因素，独立进行的开发与设计。

② 引进开发策略。引进国内尚没有的而国外已有成功经验的产品，这对于国内市场而言，仍然是全新的产品。汽车投资理财业务是以汽车消费为目的专业性的投资理财服务。目前，各个国家在汽车金融服务机构能否吸收短期储蓄上有不同规定，但代客投资理财通常是可行的。即使在金融管制比较严格的市场环境中，通过金融工程，也可以设计出对政策和制度具有规避性的方法，比如以私募基金的方式来吸收一部分资金，其收益部分主要用于支付汽车消费的相关款项，小部分作为汽车金融服务公司的投资回报。该业务模式的实行始于20世纪60~70年代，当时受通货膨胀的影响，欧美国家开始开展金融创新，汽车金融服务公司开始涉足资本投资市场，相继开发了汽车投资理财产品。投资理财式的汽车金融服务成为各国汽车金融业同其他金融行业竞争的有力工具。

③ 流行开发策略。消费者易受流行心理影响，追求时髦行为，这时若能及时推出新产品，也是一种有效的开发策略。

④ 政策变更开发策略。我国的经济正处于转轨时期，时常会有重大的经济政策出台，应审时度势，准确预测经济政策对人民生活的影响，推出适应需求的产品。

⑤ 旧产品改造策略。复杂多变的宏观经济环境的变化，市场竞争环境的变化，新公司和新产品的加入，都会导致汽车金融产品在市场上的影响力逐渐降低。这时，若完全放弃原有产品进行全新产品开发，一方面成本太高，操作不方便，难以达到最佳效果；

另一方面，产品的连续性经营效果也差。因此，这时对原有产品加以调整和改进，再推出换代型产品，是较为适宜的产品开发策略。

5. 汽车金融产品优化过程

新型金融产品可以是通过设计和开发所获得的结果；也可以是为了满足客户的特殊要求所设计的方案产品化后的结果。这里我们把金融产品开发划分为以下四种类型：

（1）产品发明 这是金融产业根据金融市场需求，利用新原理与新技术开发金融产品。产品开发难度越大，就需要越多的资金投入以及采用更多的先进技术，并且开发周期也越长。因此，产品的开发可以充分反映金融企业的实力与市场竞争能力。

（2）产品改进 这是指金融企业对现有金融产品进行改进，使其在功能、形式等各个方面具有新的特点，以满足客户需求，增加产品销量。当前，金融产品种类繁多，为了避免发明新产品所需的大量资金、人力、时间等，金融企业可以对现有产品进行改造或重新包装，以增强产品的服务功能，更好地满足客户需求。

（3）产品组合 这是指金融企业将两个或两个以上的现有产品或服务重新加以组合，从而推出新的产品。金融企业拥有的产品越多，就越难从整体上开展有效的金融营销活动，因为可能难以充分了解全部产品。为了更好地让客户接受本企业的产品，金融企业可以对原有的业务进行交叉组合，并在某个特定的细分市场上加以推广，让客户获得一揽子服务，这样就易于占领该市场并不断吸引新的客户。

（4）产品模范 这是指金融企业以金融市场上现有的其他产品为样板，结合本企业以及目标市场的实际情况和特点，加以改进和完善后推出的新产品。由于金融新产品是在学习别人的经验、结合自身特点的基础上加以效仿的结果，因此，金融企业在开发时所花费的人力、物力、资金等成本都较低，简便易行且周期较短，所以被金融企业广泛使用。

（5）开发流程 为了使新产品更加适应市场的需求，并提高新产品开发的成功率，减少供需差异造成的产品开发风险，加强对新产品开发管理程序的设计显得特别重要。该程序大致分为构思、筛选、产品概念形成、商业分析、新产品研制、试销和商品性投放七个阶段。

新产品试销成功后，就可以正式进入批量生产了，再推向全国市场，金融企业在此阶段应注意以下几个问题：

1）投放时机。如果新产品是代替原有老产品的，应在原产品使用趋少的时机投放市场；如果新产品的需求是有较强季节性的，则应在最恰当的季节投入。

2）投放地区。如必须确定投资市场是在城市还是在乡村，是国内市场还是国际市场。一般情况下，每一个金融新产品的设计都是针对不同的使用阶层的，如汽车贷款、消费贷款、个人住房信贷，等等。科学地选择投入区域的主要评价标准是：市场潜力、金融企业的市场信誉、营销费用、市场竞争，投放区的扩散影响等。

5.4.2 汽车科技金融产品的营销与管理

1. 汽车金融产品营销的定义

汽车金融产品营销是指汽车金融公司通过各种营销渠道和沟通手段，将汽车金融产品从公司转移给消费者的一系列商业活动，是市场营销在汽车金融服务行业的应用，其内涵包括：

1）汽车金融产品营销的出发点是汽车消费者的需求。按照马斯洛的需求层次理论，人一生的不同阶段会有不同的需求。而汽车消费的需求是一种高级物质需求。汽车金融产品的营销就是要发掘人们的这类需求，要努力去提供合适的金融方式来帮助实现这种需求。

2）汽车金融产品营销的核心是社会交换过程。这种营销能够顺利进行的关键在于，汽车金融产品在公平合理的原则下进行交换与交易，并通过向顾客提供持久优质的服务来使这种活动得以循环进行下去，最终实现汽车金融公司与需求者“双赢”的目标。

3）汽车金融产品营销的手段是整体营销活动。该营销活动是一项长期的、细致的、整体的工作，其营销手段包括市场调研、市场预测、市场分析、产品设计和开发，产品定价、营销渠道的选择、促销组合的运用等。

4）汽车金融产品的营销宗旨是顾客满意。顾客满意原则是现代企业得以生存和发展的基本原则，汽车金融产品是非渴求性商品，因此只有依靠公司售前、售中、售后的优质服务使顾客满意，才能打消客户疑虑，促使客户实施购买行为。

2. 汽车金融产品营销的三要素

汽车金融公司的营销人员、汽车金融产品和营销对象构成汽车金融产品的三要素。

（1）汽车金融产品的营销主体 汽车金融产品营销的主体泛指公司营销部门的所有人员，包括自身的工作人员和中介人员，他们是营销工作的具体实施者。专业代理人（即中介人员）是指专门从事汽车金融产品代理业务的公司，其组织形式为有限责任公司，代理公司根据业务的数量向汽车金融公司收取代理手续费。

（2）汽车金融产品营销的客体 汽车金融产品营销的客体就是汽车金融产品，它是一种集实物产品和服务形态为一体的商品，而汽车金融产品营销人员的服务性劳动的使用价值并不表现为某种物质形态的东西，而是用于满足人们获得汽车金融产品所提供服务的实现需求。

（3）汽车金融产品营销的对象 汽车金融产品营销的对象就是汽车金融产品营销主体的指向者，即汽车金融产品营销人员实施营销的具体对象。这个具体对象可以是某个人也可以是某个单位。

3. 汽车金融产品营销的特点

（1）主动性营销 由于汽车金融产品具有许多不同于其他实物性商品的特点，特别是消费者不可能对所有的汽车金融产品都了解，这就要求营销者采取主动出击的方式，变潜在需求为现实需求，变对其他公司的或者其他类型的汽车金融产品的需求，为自身汽车金融产品的需求。

（2）以人为本的营销 汽车金融产品营销始终面对的是人，这就需要营销始终秉承“服务至上，顾客满意”的原则，以顾客需求为中心，进行人性化营销，这样才能使汽车金融产品营销具有活力和吸引力。

（3）关注关系的营销 既然汽车金融产品营销始终需要与人打交道，那么人际关系就显得尤为重要，汽车金融产品营销强调与汽车金融产品需要者建立并维持长久且良好

的关系，与竞争者建立公平竞争和相互协作的关系，与各类相关的中介机构建立合作和共同发展关系，与各级政府职能部门建立沟通和相互理解的关系。

4. 汽车金融产品的营销渠道

汽车金融产品的营销渠道是指汽车金融公司将汽车金融产品送达汽车金融产品需求者所采取的各种途径和方式，它是汽车金融公司与汽车金融产品需求者建立具体联系的必经之路。纵览国内外汽车金融产品市场的发展，其营销渠道主要有以下几种：

（1）直接营销渠道　直接营销渠道是一种汽车金融公司利用支付薪金的专属员工向营销对象直接提供各种汽车金融产品和服务的方式，也是我们通常所说的直销制。直接营销渠道的优点在于，通过汽车金融公司自身的员工直接发展业务，能够增强可信度，消除营销对象的顾虑，使其尽快做出购买决定。另外，汽车金融公司的专业人员一般都具有较高的专业水平和较好的职业道德，因此，通常能为顾客提供比较稳定的售前、售中和售后服务。

（2）直复式营销　汽车金融产品的直复式营销，也称为直接回应式营销，是一种无须通过销售人员而直接与潜在客户接触的营销方式，区别于传统的直销式营销。在此种营销方式中，汽车金融公司不通过销售中间人，而是直接采用信函、电话、广播媒体，报纸杂志等渠道向客户直接推销汽车金融产品，诱发客户的购买欲望，促使其使用电话预购、主动上门的方式直接向汽车金融公司购买产品。直复式营销作为一种新型的营销渠道，其产生是与近年来汽车金融产品市场日益激烈的竞争以及电信、网络技术、媒体广告业的飞速发展分不开的。以美国汽车金融服务市场为例，其直复式营销正在迅速成长，汽车金融产品的30%来自直复式营销。

（3）汽车金融产品的网上营销　所谓网上营销，是指汽车金融公司利用互联网和电子商务技术为客户提供有关汽车金融产品和服务的信息，实现网上购销，并由银行将购销费用划入汽车金融公司的经营销售过程，因此也被称为汽车金融电子商务。网上汽车金融产品归属于新型销售渠道。近年来，利用互联网提供的汽车金融产品、服务及相关咨询和销售的网站在欧美和日本等国家大量涌现，网上营销迅速增加。以美国为例，作为发展网上汽车营销和汽车金融服务的先驱，美国汽车金融公司和汽车专业性经销商通过建立自己的网站，向网民提供有关汽车金融市场、汽车金融产品和相关商务方面的信息，并帮助客户设计汽车金融产品方案。

5.4.3　“聊车城”汽车金融产品

“聊车城”以“以租代购”的汽车消费方式为基石，入局汽车流通领域，开启中国汽车定制新时代。凭借资深的汽车管理与金融运营团队，整合行业资源，率先推出“线上自营平台+线下授权商家”的运营模式，为消费者、汽车厂商、金融机构、保险公司、售后服务商等提供核心服务。

“聊车城”秉持“用科技启智新未来”的经营理念，致力于打造为“互联网+汽车全产业链+融资租赁+消费金融”的共享平台。

1. 汽车科技金融产品概述（以“聊车城”为例）

置换租购产品是将卖车与买车一站式地结合在了一起，尽可能地简化客户的卖车与买车流程。通过卖掉旧车获得的车款，直接冲抵新车的车价，再配合以租代购的产品包，还能进一步减轻客户的支付压力。这是一种符合当下消费者一站式、快速、便捷消费习惯的产品模型，再配合强大的品牌影响力，有助于持续培养客户与“聊车城”的感情链接。

目前的“以租代购”“先租后买”“置换租购”三大产品体系，在未来会更加细分，垂直到汽车后市场的各个领域。“汽车美装”“汽车保养”“车务代办”“汽车维修”“汽车金融咨询”等产品包会陆续推出，更加完善汽车全产业链这一概念，从产品层面上给予租购的支持。

（1）以租代购 见表5-3。

表5-3 以租代购产品简况表

产品名称	期　限	简　介	特　点
以租代购	24/36期	长租+购车模式 1. 综合评审客户资质，享受零首付或低首付用车政策 2. 客户以分期付款的方式缴纳租金，而合同到期、租金结清后，购车者即可获得车辆的所有权	零首付，不占用贷款的额度，并且还款周期和还款方式还可自由组合，以尽可能地减少购车者资金压力

这种方式实际上是租车和贷款购车的有机结合，以长租的方式，逐月支付租金，待租期年限到期后，将车辆所有权过户给客户。在欧美发达国家，租赁购车模式不仅是汽车金融业务的重要组成部分，也是一种非常普及的汽车营销手段，对广大客户来说是一种非常便捷的服务。当然，要通过租赁方式真正提到车，还需要通过信用机构对个人信用情况进行的审核（见图5-6）。

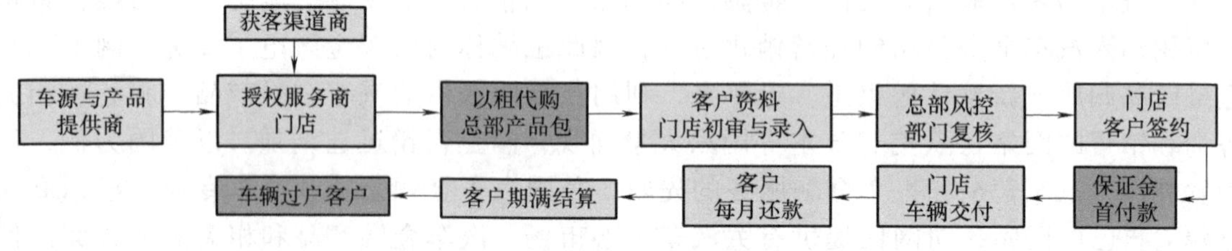

图5-6 以租代购业务流程

（2）先租后买 见表5-4。

表5-4 先租后买产品简况

产品名称	期　限	简　介	特　点
先租后买	12期+24/36期	体验+租车/购车模式 1. 客户先将心仪的汽车租赁下来，每月支付极低的租金，持续体验12个月；一年后若感到满意，再决定购车或还车 2. 租赁合同期满，如购车，将提供24/36期零首付的购车方案 3. 租赁合同期满，如还车，将车辆归还即可	先租后买的方式十分灵活，当租赁期满后，客户享有选择权

基于以租代购的基础之上，选择“先租后买”的消费者每个月的支出要少得多，而且在租赁期结束时，只需缴纳合同上确定的折旧价（或称尾款），就能成为车辆的所有者。如果车辆保养精心，租赁期满时车况较好，车主还有权把车卖了，用卖车钱将尾款交清，多余部分就是自己的了。如果你不想买这辆汽车，旧车可退还车行，再选辆新车（见图5-7）。

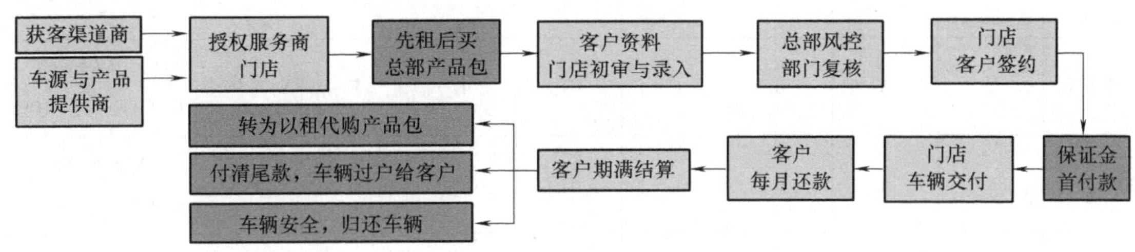

图5-7　先租后买业务流程

（3）置换租购　见表5-5。

将现有的座驾置换成其他新车，现有座驾的最低保证金能用来付新车的保证金。如果选择置换更高级别的新车，就需要补足剩余的差价。这是一种将二手车销售与新车“以租代购”模式相结合的产品形式，符合现代购车用户一站式消费的理念。同时，所回收的二手车可以进入“二手车-以租代购”及“经营性租赁-先租后买”产品包，进行二次利用，大大节省了资源（见图5-8）。

表5-5　置换租购产品简况

产品名称	期　限	简　介	特　点
置换租购	12期+24/36期	置换+体验+租车/购车模式 1. 客户的二手车价格评估，置换车辆最高可冲抵新车的12个月租金；一年后感到满意，再决定购车还是换车 2. 租赁合同满期，如购车，将提供24/36期零首付的购车方案 3. 租赁合同期满，如换车，将提供24/36期零首付的换车方案	整合卖车、租车、购车业务，提供一站式服务

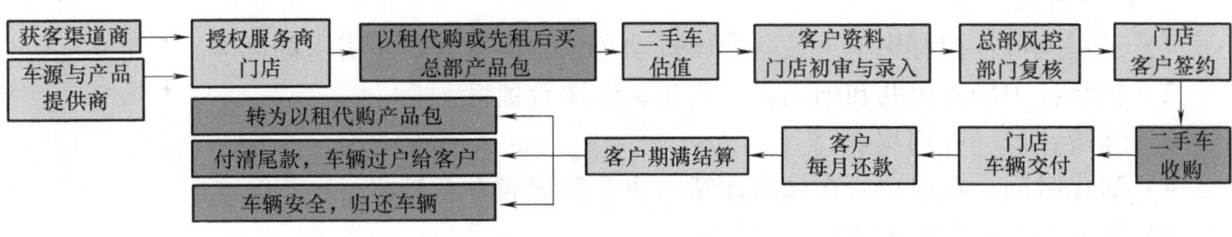

图5-8　置换租购业务流程

（4）融资租赁产品包七项信息 见表5-6。

表5-6 融资租赁产品包信息

首付	新车指导价	汽车售价	购置税	保险	GPS安装	车务办理费	保证金	首付款	融资额
0首付	Y	A	B	C	D	E	F	0	$X_1=A+B+C+D+E$
10%首付	Y	A	B	C	D	E	F	$X_1*10\%$	$X_2=A+B+C+D+E-X_1*10\%$
30%首付	Y	A	B	C	D	E	F	$X_1*30\%$	$X_3=A+B+C+D+E-X_1*30\%$
50%首付	Y	A	B	C	D	E	F	$X_1*50\%$	$X_4=A+B+C+D+E-X_1*50\%$

F：若销售价低于11万，则为5000元保证金；若超过11万，则为$X_1\times10\%$。

（5）全款购车 客户一次性支付所有购车款项，无后顾之忧，该款项中包含购车款、新车购置税、车船税，交强险+商业险、上牌费、限牌城市牌照费用等。

2. 操作标准——供应商

银行（拥有汽车金融服务产品）、担保公司、厂商（拥有汽车金融服务产品）、P2P平台、融资租赁公司。

（1）开发流程

目标选定→初步沟通→确定合作意向→尽调材料准备→授信方审核通过→签署协议。

（2）对接流程

车辆抵押至A公司→A公司评估审核→提供融资额度→“聊车城”支付融资成本→第三方担保→车辆解押。

（3）禁止进件客户

1）有刑事犯罪记录的。

2）同行业从业人员（从事汽车经销、汽车租赁、汽车抵押等相关汽车行业）。

3）从事非法职业。

4）公司其他管理规定中规定的人员。

（4）申请人资格

1）适用人群：拥有中华人民共和国机动车驾驶证且有购车需求的群体。

2）国籍：中华人民共和国国籍，不包括港澳台地区。

3）年龄：21~60周岁。

4）居住时间：在申请所在城市连续居住并登记满6个月。

5）收入要求：月收入3000元以上。

（5）申请资料 消费者若申请购买“聊车城”相关汽车金融产品，需提交以下资料：

1）基本资料（必备）：申请表、二代身份证、驾驶证（本人或公司法人名下驾驶

证)、征信报告。

2)征信资料(可选):银行流水单、存款证明、房产证明、户籍证明、居住证明、营业执照等。

3. 操作标准—部门

(1) 客户进件

1) 客户经理受理客户申请。

2) 客户经理复核资料真实性。

3) 签单调查专员负责客户资料录入系统。

4) 金融风控经理对以租代购业务申请要素进行复核。

(2) 风控审核

1) 初审专员进行项目初审。

2) 终审专员复核给出最终的审批结果,会在系统中显示。

(3) 合同签约

1) 签单调查专员将客户个人征信报告以邮件形式发至总部风险管理中心。

2) 金融风控经理负责与客户进行面谈。

3) 总部风险管理中心对合同进行审核。

4) 财务部确认保证金及客户需支付金额的到账情况。

(4) 提车

1) 车务将车辆购买好后提至门店。

2) 车务完成 GPS 安装等相关服务。

3) 签单调查专员报送相关提取车辆信息至总部风险管理中心。

4) 总部客服中心于次日拨打售后回访电话。

(5) 售后管理

1) 金融风控经理定期向总部风险管理中心发送车辆保养凭证。

2) 资产管理组负责客户还款前提醒,客户逾期催收,客户违约处理等。

(6) 车辆过户 车务部门工作人员陪同客户进行车辆过户。

思考练习题

1. 什么是汽车金融?
2. 汽车金融市场的构成要素有哪些?
3. 汽车金融公司有哪些主要特征?
4. 汽车金融公司的盈利模式主要有哪些?
5. 汽车租赁经营模式有哪些?

第6章

汽车科技金融风控

本章重点：

1. 汽车科技金融风控的概念以及特点。
2. 国内重点汽车金融公司的业务模式。
3. 汽车金融公司与传统银行贷款的区别。
4. 汽车金融风控的方法。

6.1 汽车科技金融风控概述

近年来，中国汽车销售规模不断扩张和壮大，“交易+汽车金融”也成了行业的“标配”。据国家信息中心统计，截至2019年6月，我国机动车车保有量达到3.4亿辆，汽车保有量达2.5亿辆；2018年年底，汽车金融市场规模增至1.5万亿元，预计在2021年汽车金融市场规模将突破2.3万亿元。

随着汽车金融在中国市场的渗透率逐步提升，加上新兴的互联网金融浪潮、金融和科技的全面融合等因素，汽车金融呈现出了前所未有的大裂变。前景虽好，但面临的问题同样不容忽视，尤其是汽车科技金融风险控制的重要性日益突出。

在汽车供应链中，系统风险、产品风险、操作风险、行业风险、流动风险、自然风险、信用风险、商誉风险等问题层出不穷。风控的关键在于“控钱”和“控物”，然而面对复杂的行业环境，如何有效监管资金流和物流，传统风控模型往往束手无策，这必须从整个供应链中寻找答案。

当前，大数据、人工智能技术逐渐成熟，新一代智能金融风控体系正在构建，大数据在其中功不可没，内外部大数据的应用、实时风控技术的落地、智能化风控体系的搭建和云化风控系统的探索，正成为汽车金融今后的探索新方向。

比如，从银行的角度出发，大数据在客户准入、授信审批、定价和额度管理环节中应用得十分广泛，开发出相关新应用，不仅可以打造汽车金融的评级模型，还能对客户信用风险等级进行自动化、定量化的评定，实现与人工自动化决策相结合的授信审批方式。

虽然角度各异，但金融科技对汽车行业产生的影响正逐渐清晰。尤其是互联网汽车金融服务公司的兴起，展现了垂直行业与金融科技的相互渗透，引发出了业务模式以及风控模式的创新。相对于传统的金融发展模式而言，新兴的金融科技作为一个全新的领域，也面临着一系列的风险因素。

6.1.1　汽车科技金融服务的概念

1. 美联储的定义

美联储将汽车科技金融服务公司划入金融服务体系的范畴，它是从金融服务公司业务及资产组成的角度对汽车科技金融服务公司进行间接定义：任何一个公司（不包括银行、信用联合体、储蓄和贷款协会、合作银行及储蓄银行），如果其资产的大部分由以下一种或多种类型的应收款组成，如销售服务应收款、家庭或个人的私人现金贷款、中短期商业信用（包括租赁）、房地产二次抵押贷款等，则该公司就称为金融服务（财务）公司。

2. 美国消费者银行家协会（简称CBA）的定义

汽车科技金融服务公司以个人、公司、政府和其他消费群体为对象，以其获取未来收益的能力和历史信用为依据，通过提供利率市场化的各类金融融资和金融产品，实现对交通工具的购买与使用。

3. 中国人民银行的定义

汽车科技金融服务机构（公司），是指依据《中华人民共和国公司法》等相关法律和《汽车科技金融机构管理办法》规定设立的，为中国境内的汽车购买者提供贷款并从事相关金融业务的非银行机构，包括中资、中外合资和外资独资的汽车科技金融机构。

4. 归纳对汽车科技金融的定义

汽车科技金融服务是主要在汽车的生产、流通、购买与消费环节中融通资金的金融活动，包括资金筹集、信贷运用、抵押贴现、证券发行和交易，以及相关的保险和投资活动，具有资金量大、周转期长、资金运动相对稳定和价值具有增值性等特点。

它是汽车制造业、流通业、服务维修与金融业相互结合渗透的必然结果，涉及政府法律、法规、政策行为，以及金融保险等市场的相互配合，是一个复杂的交叉子系统。

6.1.2　汽车科技金融风控的定义

汽车金融风控包含风险管理和风险控制两个层面。风险管理是指在企业如何在一定的风险环境里，把风险减至最低的管理过程；其基本程序包括风险识别、风险估测、风险评价、风险控制和风险管理效果评价等环节。风险控制是指风险管理者采取各种措施和方法，消灭或减少风险事件发生的各种可能性，或者减少风险事件发生时造成的损失，其实质是风险管理中的一个环节。

当前，汽车金融风控存在身份伪造、中介欺诈、身份置用、虚假购车、团伙欺诈、骗车二抵以及非本人用车等风险敞口，汽车金融领域的风险、欺诈事件频发。然而，大数据、人工智能技术在互联网汽车金融风险控制中的广泛应用，在一定程度上有助于精准进行风险管理。蚂蚁金服的风控产品——蚁盾，其风控体系包含了反欺诈识别、信用评估、风险网络与人车监控四个部分，贯穿于从车辆贷款申请到车辆交易的各个环节，大大降低了金融交易的风险。

6.1.3　汽车科技金融风控的基本特征

现有的汽车金融仅仅经历数十年的发展，无论是实际的管理模式还是风险规避等方

面，都有待进一步的加强与优化。现有汽车金融风险的基本特征归纳起来有：

（1）客观性 在21世纪的今天，任何一个金融领域的发展都离不开合理的管理模式的介入，但其本身所面临的风险是客观存在的，是在客观地环境下无法避免的。

（2）不确定性 在现有的经济发展模式下，任何一种金融模式的发展都会受到政治因素以及外部条件的影响。对于现有的汽车金融而言，其在发展过程中也会受到全球经济发展以及汽车企业产能调整，或是现有的全球石油产量等一系列因素的影响。

（3）可控性 尽管汽车金融风险形成的原因十分复杂，但是借助于合理的管理模式，通过有效的管理策略和管理手段的应用或介入，能够在一定程度上提升现有的汽车金融整体的管理效能，切实有效地确保其在一个相对合理的管理模式下运行和发展。

6.1.4 汽车科技金融风控的风险种类

影响汽车金融公司经营的重要风险是信贷风险，另外还有流动性风险、利率风险等，这些风险相互作用，给汽车金融公司带来了更多的挑战和机遇。

1. 信贷风险

信贷风险是涵盖汽车金融公司整个经营期间的长期性的风险，主要包括违约风险、道德风险、抵押担保风险、差额风险和操作风险。造成以上几种风险的主要原因有：

（1）我国个人信用制度的不健全 我国个人信用信息基础数据库始建于2004年，于2006年1月正式运行。截止到2018年8月末，个人信用信息基础数据库共为9.7亿自然人建立了统一的信用档案，收录信贷信息33亿多条，已成为世界上收录人数最多、数据规模最大、覆盖范围最广的数据库。但该数据库目前仍未完全覆盖企业和个人，设置仍需进一步完善。

（2）抵押物特性加大了信用风险 汽车本身具有较强的商品折旧率，且随着科学技术的发展，汽车价格下降较快，性价比更高的新车不断推出，致使贷款购买的汽车显示市价低于贷款余额。对于通过贷款购车的消费者而言，一旦自己所购买的汽车价格有所下降，甚至出现本息金额超过新车价格的情况时，往往就会出现拒绝还款、理性违约等现象。

（3）二手车市场的不规范妨碍信用风险的分散 现阶段，我国二手车市场尚不健全，经营管理不够规范，加之相关行业法律法规的限制，使得汽车金融公司的优势得不到充分的发挥，不但无法有效规避信用风险，反而成为阻碍其经营发展的绊脚石。

（4）客户信用登记下降增大差额风险 汽车金融公司在给客户提供贷款前需对客户进行个人信用评估，包括自然情况、职业状况、社会情况，继而制定出客户的信用等级。但是受不确定性因素的影响，客户的信用等级下降，影响其还款能力，从而增大了信用风险中的差额风险。

1）业务员整体素质偏低，不能有效识别风险。虽然《汽车金融公司管理办法细则》对汽车金融公司高级管理人员有相当严格的规定，但是汽车金融公司在我国的发展尚处于初级阶段，从业人员的整体素质还不能适应汽车金融风险管理的要求，这给金融风险控制带来了一定的困难。

2）风险管理信息系统不完善。由于我国汽车金融尚处于初级阶段，缺少建立风险管

理信息系统所需要的历史信息，且风险管理中的信息收集及信息处理水平偏低，导致系统不能有效地对不同风险因素导致的风险结果进行风险统计分析和模拟测试，从而难以生成有效的分享报告供决策者参考。

2. 流动性风险

流动性风险是指汽车金融公司没有足够的现款向客户发放贷款或清偿债务，使汽车金融公司信誉遭受损失而形成的风险。

汽车金融公司产生流动性风险的原因是：汽车金融公司主要从事汽车信贷业务，而信贷购车的目的是为了加速汽车的销售，对于以信用关系售出汽车的资金的回笼是以月为单位，因此按月还贷的形式与车的成本之间就产生了资金缺口。虽然通过信贷售车加速了车辆的销售，但也同时增加了资金的需求量，还贷资金与车的成本之间产生的缺口也越来越大，即流动性风险越来越大。

3. 利率风险

利率风险主要是指因利率不利的变动而使汽车金融公司财务状况承受的风险，或者由于利率的变动和汽车金融公司资产负债结构的不合理而蒙受的损失，表现为负债成本增加或资产收益减少。

汽车金融公司主要从事贷款业务，其利润主要来自于贷款收益与向商业银行借款利息的利差。贷款利息不可能同借款利息同时变动，一般汽车金融公司的利息是随着银行的借款利息的变动而变动，且此变动会有一定的滞后性，因此便产生了利率风险。当向银行借款的利息上升时，贷款利息没能与借款利息同步上升，汽车金融公司的净利润就会减少。按照《汽车金融公司管理办法》的要求，汽车金融公司贷款利率只能在人民银行公布的法定利率基础上浮动，最高下浮10%，上浮30%，这使得我国汽车金融公司难以具备消化风险的能力。利率浮动本来是汽车金融公司最大的市场竞争优势，但是这一因素使得汽车金融公司竞争优势大减，这就在一定程度上增大了汽车金融公司的经营风险。

6.2 汽车金融风控管理方案

中国车市曾被描述为“全球最大的，也是最后一块未被开垦的汽车市场”，火爆的汽车市场曾带来汽车消费信贷业务的迅猛发展。据国家信息中心统计，自2009年我国成为世界汽车第一产销大国后，已连续十年蝉联世界第一，2018年，我国汽车产销量全年已分别达到2789.09万辆和2808.1万辆。银行的汽车消费信贷在个别城市曾达到消费贷款总额的30%。但令人遗憾的是，21世纪初，受车价大幅下跌以及国内信用体系建设不健全的影响，汽车信贷市场出现危机，汽车信贷市场发展遇阻。

汽车金融公司也面临同样的困境。我国汽车金融行业相比发达国家尚处于起步阶段，汽车金融渗透率远低于汽车金融成熟的国家。业务的快速发展致使汽车金融公司风险加权，资产规模不断攀升，资本消耗加快，资本充足率整体呈波动下降的趋势，资本补充压力也更大。由于我国个人征信系统不够完善，融资渠道主要依靠银行授信获得资金，资金成本较高，缺乏长期稳定的低成本融资渠道，且采取“短借长贷”的方式降低资金成本，从而导致资产负债期限结构存在一定程度的错配，流动性风险管理难度较大。此

外，在宏观经济增幅放缓、经济结构调整以及利率市场化不断推进的情况下，汽车金融行业的流动性、资产质量和盈利等方面均面临挑战。截至2016年年末，我国汽车金融公司负债总额为4949.62亿元，同比增长40.99%，增幅明显。

通过管控整体方向，防范汽车金融风险。加强汽车金融业监管，实行汽车金融业信用风险资产分类制度，并逐步完善相应政策；鼓励汽车金融公司发行金融债券，简化债券发行核准程序，并鼓励符合条件的汽车金融公司通过同业拆借市场补充流动性，利用汽车金融公司来拓宽融资渠道，有效降低资金成本，在一定程度上缓解了流动性压力；建立个人信用评价系统，对于信用评级要审慎使用外部信用评级，通过内外评级相结合的方式，控制金融风险，防范金融机构的危机和潜在漏洞。

6.2.1 汽车金融公司营销模式分析

目前，汽车金融公司大多依附于某品牌汽车的制造厂商，通过与遍布于全国各地的4S店合作，为消费者提供买车贷款的服务。汽车金融公司是汽车企业实现销售最主要的渠道之一，通过汽车金融公司，汽车企业可培养用户的消费忠诚度，用户第二次购车时可通过汽车金融公司直接置换该汽车品牌的新车。这一销售模式可以推动用户持续购买同一品牌车型。与银行相比，汽车金融公司优势十分明显：

1）入门门槛低。

2）低首付。

3）长贷款期。

4）透明的价格。

5）接受客户类型广泛。

6）灵活的贷款期限和方便的提前还款方式。

7）人性化的审批流程。

8）弹性尾款的多种选择方式。

但是，资金来源困难、利息较高、坏账和呆账过高以及宣传推广方式比较单一也是众多金融公司共同面临的难题。

6.2.2 汽车金融与GPS风险控制

汽车金融公司促进汽车销售的优势已经越来越明显，通过金融公司贷款买车的比例已从最初的不足10%上升到了20%，现在通过金融公司贷款买车的比例已经接近40%，而在国外更是高达70%。但过高的呆账和坏账仍是汽车金融发展的最大阻碍，GPS风险控制则可以帮助汽车金融公司降低一定的风险。

在货运和一些商用车辆方面，汽车消费信贷最大的风险是车主骗贷，骗贷的主要方式是将车改头换面，然后偷偷卖到外地，让银行和汽车金融公司无处查找。加装车载GPS全球定位系统后，借助我国目前最大的GPS全程监控服务网络，银行和汽车金融公司能时刻掌握车辆行踪，防止骗贷行为发生。车载GPS系统具有定时回传GPS定位信息、远程断电熄火、对非法破坏GPS预警等功能，即便断电，也仍能连续监控车辆8个小时。

GPS 风险控制系统在汽车金融中的推广和应用，将会使汽车金融车贷后市场的增值服务更加尽善尽美。

总体而言，GPS 风险防范管理技术与汽车金融联姻必会达到双赢的效果。但目前 GPS 行业还没有在私乘车领域与汽车金融公司合作过，共同发展之路还需要进一步地探讨。

6.2.3 汽车金融风控具体措施

1. 改善汽车消费环境

（1）制定与之配套的法律法规 除公司内部风险、外部信用体系之外，公司外部还要加强对各方面的监管，而市场监管则是用法律来约束。法律能够反映一个时代的经济环境，具有强制性、权威性及惩戒性的特点，能够针对维护市场上的交易秩序、监督和规范市场交易主体的行为发挥非常重要的作用。如果汽车金融市场中没有法律保障，交易主体的行为也就失去了硬性约束，汽车金融市场的风险就会随之扩大。由于我国汽车金融发展时间较短，有关法律法规还处于发展阶段，尽管《汽车金融公司管理办法》和《汽车金融公司管理办法实施细则》已经搭建起了汽车金融市场发展的法律法规框架，但仍然需要继续完善其他配套的法律规范，以便明确交易双方的权利、义务以及违约时的处罚措施。

首先，我国应尽快建立并完善征信法律制度，以保障和支持汽车金融公司的发展，确保征信制度在全社会建立的强制性和实施的有效性。其次，加快修订《破产法》的速度，确立个人破产制度。最后，不断完善我国与个人汽车信贷有关现行法律，包括《担保法》《经济合同法》《民法通则》《抵押登记管理办法》《商业银行法》《个人信用征信法》等。

（2）建立完善的个人信用制度 个人信用制度的建设包括树立个人信用观念，完善个人征信系统以及存款实名制、家庭财产等级制、个人财产破产制等配套制度建设。个人信用制度的核心是个人征信体系的完善，即完善对个人信用信息的收集、储存、加工和合理使用，使银行和汽车金融公司可以快捷、准确、比较全面地掌握借款人的信用信息，进行科学的贷款政策，从而有效防范汽车金融业务的风险。目前，上海和深圳分别试点建立了征信公司，建立了两个城市众多消费者的个人信息数据库，这为上海、深圳两地的汽车金融服务提供了很大的帮助。深圳和上海的经验也表明，信用消费的环境需要有较高的居民收入作为支撑，另外，相配套的信用制度建设也必不可少。

政府应当把社会的信用管理作为一项向社会提供的公共产品，在全国范围依据有关法律法规建立规范且具有权威性的社会信用管理机构，负责向各部门收集和建立个人信用档案。研究和制定个人信用评估办法，统一评估标准，并利用现代电子信息手段建立统一开放、资源共享的全社会的信用体系和网络，使信用档案成为各经济主体进行经济活动的重要依据，并形成对个人信用行为的有效监督与约束。在建立个人信用制度时，应该立法明确个人信用信息的征集范围和使用范围、规范征信机构的运作以及强化失信的惩罚机制等内容。

（3）提供必要的政策支持 “汽车产业调整和振兴计划”要求“加快发展汽车研发、

生产、物流、汽车零售和服务、汽车租赁、二手车交易、汽车保险、消费信贷、停车、废料回收服务，完善相关规定、法规和管理系统。支持骨干汽车生产企业加快建立汽车金融公司，开展汽车消费信贷业务等业务”。依照“计划”，各地区要充分发挥区域优势，制定优惠政策，完善服务配套设施，鼓励和吸引金融机构入驻，支持建立银行分支机构和金融机构，全面促进当地汽车产业的发展；允许汽车金融公司尝试扩大业务范围，并给予其更多的经营自主权，鼓励和支持各商业银行与汽车金融公司开展多方面的业务合作，将保险资金引入汽车金融信贷市场，合理引导国外资金进入汽车金融信贷市场；允许汽车金融公司发行金融债券，扩大吸收存款范围，通过发行债券、票据、抵押融资等渠道筹集资金，探索和创新融资渠道，扩大汽车抵押贷款资产证券化规模，扩大汽车消费信贷利率的浮动范围，多方面增加资金来源。

2. 加强对消费者的宣传

（1）对消费者灌输汽车消费信贷观念 应加快经济开发的力度，增加居民可支配收入，提高居民收入预期，增强居民汽车消费信贷的信心。在社会保障方面，应立足实际，制定出具有本地区特色的制度和办法，完善与医疗、养老、就业、教育、住房等方面息息相关的制度，采取切实可行的措施，创造优良环境，消除居民购买汽车的后顾之忧。汽车企业和金融服务机构还要做好汽车消费信贷的宣传，引导居民树立现代的信用消费意识，激发居民进行汽车消费的积极性。

（2）增强消费者信用意识 良好的信用文化对诚信、理性、规范的行为有激励作用。加强信用文化的建设，构建良好的信用环境，培养全民良好的信用意识，是我国发展个人消费信贷、加强风险管理的环境基础。

充分发挥舆论，尤其是新闻媒体的宣传媒介作用，大力宣扬信用的重要性，普及“不讲信用，寸步难行”的意识。同时，广泛开展诚信教育活动，大力倡导诚实守信的道德品质，努力营造“守信光荣，失信可耻”的良好氛围，培养全民“信用至上”的信用意识，使诚信成为人们的习惯。此外，要加强社会信用监督，建立公示制度，如果有失约、失信或恶意脱逃债务行为出现，经鉴定后，受损方可经新闻媒体曝光这种行为，督促其自觉守信履约。银行还应该大力宣传信用记录良好的重要性，使失信者的违约成本大大高于收益，使居民有意识地重视自己的信用记录，形成良好的信用意识。

3. 加强汽车金融公司的管理

（1）实现信贷主体及产品多样化 通过与保险公司合作，建立并规范与商业保险相结合的财产抵押贷款。财产抵押贷款虽然有抵押物又有担保人担保，但我国目前财产的抵押权缺乏流动性，汽车金融公司若拥有大量这样的资产，无疑会恶化其资产结构，即使能将抵押物拍卖掉，银行也会花费大量的人力、物力和财力，得不偿失。为了避免这种情况的发生，需要建立一套国际银行通用的财产抵押贷款保险体系，包括财产保险、信用保险、责任保险、人寿保险（如借款人发生意外，无力还款，就可以由其投保的人寿保险公司来偿还银行贷款）等一系列险种。这套抵押贷款保险体系可以有效地分散银行发放抵押贷款时所承受的风险，提高贷款的安全性，有利于银行扩大贷款的范围，为清偿能力相对较弱的中低收入居民提供更多的购车贷款机会。

同时，与信誉好、有实力的汽车厂商、汽车经销商、汽车金融公司合作，推出形式多样的汽车金融产品，满足消费者的个性化消费需求。通过与汽车金融公司合作，结合商业银行本身的资金优势和汽车金融公司的专业优势，在商业银行和专业的汽车金融公司之间进行合理分工，将是今后我国汽车金融业发展的趋势。比如，银行将资金批发给专业的汽车金融公司，汽车金融公司负责金融产品的开发、销售和风险管理，实现利益共享、风险共担，这将是今后我国汽车金融业发展的趋势。

（2）提高工作人员的素质　实地调查人员、信贷审批人员及相关业务流程带有一定的主观性因素，同时工作人员的风险识别能力是汽车金融公司自身风险识别能力的构成基础，他们分析、判断能力的高低直接影响着汽车金融公司风险管理的最终效果。有专家认为，汽车金融公司本身就承担着比较大的经营风险，所以企业规避风险的核心措施就是加强人才的选拔和管理。因此，严格选拔汽车金融公司从业人员，重视实地调查人员和信贷审批人员的业务培训，认真落实公司业务流程的管理，是增强汽车金融公司业务操作层面风险识别能力的主要途径。

首先，加强汽车金融公司员工入职前的多层次综合培训，着重培养员工的职业化素养，提高其职业素质，降低员工因自身因素导致的道德风险；其次，对员工开展定期的专业培训，随着汽车金融公司业务的深入开展，对员工的专业能力将会有新的要求，相关从业人员必须不断提高业务水平；再次，应该经常对员工进行违约和成功两个方面案例的分析和教育，增强员工的风险意识和风险识别能力，提升其职场信心。

（3）完善风险管理体系和操作模式　完善的风险管理体系和高效的风险管理操作模式是一家企业成功的关键之一。汽车消费信贷风险管理是一个复杂而庞大的系统工程，风险管理功能能否有效发挥，取决于一个有效的操作风险管理体系，包括完善的风险管理组织结构、合理的风险管理流程、严格的风险管理体系和完善的信息管理系统，等等。实施风险管理和有效地实现风险控制，依赖于一个高效的风险管理操作模式。高效的风险管理操作模式和完善的风险管理体系是一个企业成功的关键。

汽车消费信贷风险管理的基本操作模式是内部自律与外部监督相结合。内部自律包括风险预防、金融会计、预算管理、企业整体风险管理和审计等，外部监督则强调政府监督、审计、平行、行业和社会监督，外部监督对企业风险管理发挥了积极的推动作用。但实施风险管理真正的动力应该来自企业内部的发展需求，成功企业的风险管理始终是走在前面的，会注重完善企业内部管理体系，保持忧患意识。

风险管理过程包括六个步骤：目标风险识别、风险评估、风险管理、风险管理决策的实现、检查以及评估风险管理计划。在不断变化的业务环境中，这六个步骤是一个循环的过程，及时分析和评估风险用以确定是否存在新的风险，是否需要制订新的风险管理计划等，最终目标是形成一个动态的风险管理系统。

风险管理过程是一个自顶向下和自底向上相结合的过程。汽车消费信贷风险管理是以汽车消费信贷风险管理的目标作为一个起点，然后进行风险识别、风险评估、风险管理、风险管理计划检查和评价，最后根据检查的结果和评价反馈来确定目标，考虑是否需要调整原有的风险管理目标，形成一个动态的风险管理过程。

6.3　金融购车常见欺诈风险及防范策略

6.3.1　汽车金融欺诈风险

1. “不良中介”欺诈

客户需大笔资金，但又无法申办大额信用卡，这便给了不良中介可乘之机。中介就会建议客户通过贷款方式购车以取得信用记录，继而申办信用卡以获得高额度。

由于购车首付由中介代付，客户容易被迷惑而同意提交贷款资料。获得批复后，不良中介以用车办理贷款为由控制车辆，并向客户索要大额手续费，客户无法支付才意识到上当受骗，导致逾期还款。

通常来说，汽车金融不良中介欺诈大多靠“0 首付购车”“代办大额信用卡”等噱头骗取客户信任，在申请车辆贷款时往往选择高价车型，且要求低首付，并事先与客户签署购车、代理提车协议，还提供贷款购车全套服务。待客户有信用记录后，使用客户资料办理多张信用卡，最后向客户索取首付款及高价手续费，否则就将车辆抵押变卖。

2. 车辆套现欺诈

车辆套现欺诈实际上是客户通过车辆非法抵押、变卖的方式套现获利，客户并非真正想要购车，而是为了获取现金。

前期，客户会向 4S 店递交资料申请贷款，待金融机构审批通过后提车，但当金融机构要求其办理车辆抵押登记时，客户以各种理由推脱不予办理，并将车辆过户给他人来套取现金。

3. 车辆抵押贷款欺诈

与贷款买车不同，车辆抵押贷款是以车为抵（质）押物向金融机构申请贷款以缓解近期的资金周转难题。

部分恶意借款人往往利用虚假信息进行骗贷；或者等贷款下来之后，拆除 GPS 设备，驾车逃逸；更有甚者，刚从某金融公司办理抵押贷款，转手拆掉监控设备后又将该车辆二次抵押给别的机构，或者将车辆卖到二手车市场，给汽车金融公司带来极大的损失。

4. 汽车租赁欺诈

客户以租车的名义将汽车租赁公司的汽车租借出来，然后想方设法地将租来的车辆变卖出去，从而获得非法现金收益。

6.3.2　反欺诈防范策略

1. 全方位身份识别

目前，基于身份识别的反欺诈效果最好、最准确的当属人脸识别技术，是防范身份欺诈的利器。在进行客户身份识别时遵循人证一致的原则，同时对面签照片、签拍照片和签拍视频进行细致的比对，杜绝违规行为。对于存在明显的人证照片差别较大，无法确认一致，以及相关影像资料存在造假嫌疑的情形，应拒绝受理。

2. 谨慎核对信息资料

从众多汽车贷款欺诈案例来看，资料造假是绝大多数案例的共同点。资料造假主要包括：冒用他人身份证资料、提供虚假或伪造的资料及证明文件、提供虚假的联系人、留下虚假的住宅地址或单位地址等。

现阶段主要通过资料和电话审核来识别欺诈客户。严格来说，每一份虚假或伪造的资料基本上都有迹可循，假银行流水、假结婚证或假离婚证里面的常识性错误很容易被发现。电话审核时，通过对资料信息疑点反复巧妙地提问，也能发现破绽。此外，第三方数据公司提供的身份证手机号实名认证查询、银行流水三要素或四要素查询等功能，也能够有效提高汽车金融风控能力。

3. 严格审查进件渠道

汽车金融机构的进件渠道一般有代理商、汽车经销商（4S店或汽贸店）、合作中介、飞单㊀等类别，不同的进件渠道一般会采取不同方式、不同程度的反欺诈识别。

结合市场整体的情况分析，飞单因其业务类型的特殊性，是需要重点关注欺诈风险的类别；中介机构或个人一般资质良莠不齐，而且很多骗贷个体都是找中介包装后实施欺诈，因此，对中介渠道递交的订单也需要谨慎识别欺诈风险；对比汽贸店和汽车4S店的总体情况会发现，汽贸店进件的订单的欺诈风险高于4S店；汽车金融服务代理商和汽车金融机构的关系较为紧密，是所有渠道里欺诈风险最小的。在进件渠道的筛选上，要排除一些口碑不好、经营状况差的渠道；在开拓市场时，如果有新的意向合作渠道，也要考察其是否有涉及零首付购车、私借、押车等业务，若有，就要对这个渠道的订单提高警惕。

4. 合理设计业务流程

汽车金融中的业务流程一旦存在漏洞，就会让骗贷者有机可乘。

首先是抵押流程。先放款还是先抵押？从风控角度来说，更倾向于先抵押再放款。结合众多的骗贷案例，新车贷款中的放款后到抵押办理两个环节中间一般存在7~15天不等的时间差，很多骗贷客户就是利用了这个时间差将车辆转卖、典当或转移。

其次是权证流程。权证管理是很重要的环节，尤其对助贷类机构㊁特别重要。新车贷款中，贷款客户支付首付款给4S店，助贷机构审核贷款客户资质后放款给4S店，4S店收到款项后放车给贷款客户，客户再去买保险、上牌、抵押。这个流程中，车辆发票、合格证、保单等权证都是在放款后才会收回的，助贷机构也需要拿到真实有效的权证才能从资金方回款，一旦权证管理流程不合理，便会造成回款效率降低；若汽车金融机构权证管理存在漏洞，则会造成收回假权证，甚至无法回款的后果。

5. 源头控制操作风险

据统计，很多车辆骗贷行为都是内外勾结造成的。车贷行业业务员协助骗贷者，从中获取报酬，或者为拿业绩而只求数量，不求质量。

㊀ 销售业务员拿到订单后，不将订单交由自己公司做，却将订单放在别的公司做。

㊁ 即该类机构并不直接发放贷款，而是为借款人撮合匹配的资金方，以实现资金的融通。

由于内部人员串通车行或者骗贷客户进行违规操作很难被发现，所以在选拔业务人员时要选择职业操守较高的人员，平时还需做好风险培训，建立业务员风险共担制度，并对业务员的整体业务量所产生的风险阀值进行动态的监控，以及时预警。

6. 欺诈联防平台共享

由于汽车金融机构欺诈信息的孤立，造成不法分子在不同金融机构间屡屡得逞。而金融机构合力反欺诈、反二次抵押，抱团共享逾期客户名单、二次抵押车辆数据、从业人员黑名单、抵质押车辆失踪数据等资源，将会是防范金融欺诈的又一大利器。

专栏 6-1　汽车金融机构“三见四真”风险控制原则

见人：销售员必须陪同客户办理；二级网络订单必须在展厅拍照或拍摄视频以作为见证；销售员严格要求只能受理车商的订单，若中介介绍订单，需由总部接洽；渠道营销时，二人一组进店营销，以防销售员假装客户接单。

见车：新车需核对合格证来确认车型以及市场销售价；二手车核实登记证以确认车型；垫款车辆需客户交首付款给汽车金融服务商后自行提车，规避 0 首付情况的发生；交车环节，客户和车辆在车商门头拍照合影。

见需求：必须由销售员全程跟随办理，销售员需访谈客户对需求进行甄别，后台需电话核实客户。

真实的面签：所有面签必须陪同见证或与合作经销商授权人员共同见证；仔细甄别客户的签名。

真实的首付：业务员见证支付过程，提供视频给汽车金融服务商后台请款人员；提供刷卡小票等支付凭证和视频，提供视频给汽车金融服务商后台请款人员；首付款可在汽车金融服务商的 POS 机上刷卡交纳，汽车金融服务商再交给车商全款。

真实的发票：垫款车辆由经销商开票给汽车金融服务商，再由汽车金融服务商开票给客户；非垫款车辆需上户后查验发票和购置税方能放款；垫款时需让销售员在车行拍摄交付首付和开具发票的视频，以确认客户和车行。

真实的抵押：车行抵押完成并交回绿本后放款；垫款车辆自行提车、自行办理抵押，以防渠道作假。

思考练习题

1. 汽车科技金融的基本模式有哪些？
2. 汽车金融风控的具体措施有哪些？
3. 汽车科技金融与传统银行贷款有哪些优缺点？

第7章

汽车品牌运营管理

本章重点：

1. 了解汽车品牌的内涵及重要性。
2. 掌握汽车品牌运营的步骤、品牌定位的重要性及品牌传播方式。
3. 掌握汽车品牌的管理内容及管理策略。
4. 了解汽车品牌危机的表现形式及处理方法。
5. 熟悉汽车电商类型及品牌运营管理方法。
6. 能够根据个人实际情况创建个人品牌。

7.1 汽车品牌

7.1.1 汽车品牌的内涵

市场营销专家菲利普·科特勒将品牌定义为：品牌是一个名称、名词、符号或设计，或者是它们的组合，其目的是识别某个销售者或某群销售者的产品或劳务，并使之同竞争对手的产品和劳务区别开来。如今，品牌同时也是消费者对其所使用产品的印象，以其自身的经验而有所界定。品牌并不等同于产品，产品是工厂生产的东西，而品牌是消费者所购买的东西。产品可以被竞争者模仿，由于市场需求，产品极易迅速过时或落伍，但成功的品牌却能持久不坠，品牌的价值将长期影响企业的运营。汽车品牌的概念是指用来标志并识别某一或某些车型的符号系统。汽车产品不断更新换代，但经典的汽车品牌却会在汽车市场上屹立不倒。

7.1.2 汽车品牌的意义

1. 品牌的重要性

对于大多数企业来说，品牌的内涵代表着企业文化，成功的品牌建设不仅是对外（分销商、消费者）销售的利器，也是对内（员工、供应商）管理的道德力量。优秀的汽车品牌拥有大量的忠诚客户，在营销中，品牌促使消费者进行重复消费，是消费市场上的灵魂。有一位企业家说过："没有品牌，企业就没有灵魂；没有品牌，企业就失去了生命力。"

在现今的市场环境下，越来越多的企业注重"品牌管理"，促使企业关注品牌管理的

主要因素有以下几点：

（1）新媒体的出现和消费者的变化 随着科技发展，新媒体形式不断涌现，如移动电视、数字电视、数字杂志、触摸媒体、智能手机等都呈现井喷形式，并逐渐代替以报刊、广播、电视等为主的传统媒体。消费者可随时随地以各种形式接触各种各样的汽车产品，其消费态度及消费行为进而会发生极大的变化。

消费者的变化主要有：首先，消费者不再局限于被动接收汽车产品宣传，更倾向于主动关注倾心的汽车品牌的产品进展；其次，消费者购物从实体店购物转变为在网络综合收集信息进行对比后，再进行实体店购买或直接在网上进行购买；而且，相关研究表明消费者购物周期缩短，冲动购物次数增多；同时，消费者购物由于新媒体的出现，不再受地域限制。

（2）市场环境的变化 如今，我国开始注重中国“智”造，新的汽车产品层出不穷，市场竞争愈加激烈，同等价格及质量的汽车产品的可选择性越来越多，品牌间的独特性显得更加重要，想要区别于同类产品就需赋予产品更多特色。中国市场的开放性使得大量国际品牌进入，对本土品牌造成巨大冲击，若要生存，就需提高产品的不可替代性及竞争优势。由于我国经济正处于“弯道超车”阶段，政府对汽车市场的介入程度加深，直接影响着传统汽车和新能源汽车的发展方向及发展速度。

（3）企业本身的变化 汽车产品的生命周期正不断缩短，尤其是我国汽车市场的多元化，促使企业需要不断进行产品的创新设计，而产品创新的难度较大且周期较长。由于同类企业较多，待遇相似，不同的管理理念致使企业人才的流动性加大。我国汽车市场局面打开较晚，相对于老牌国际汽车品牌来说，我国的各个汽车公司仍处于新兴阶段，但时代不同，企业发展形式也会不同，因此在产品创新的同时，企业管理及组织结构也需要创新，以便适应企业发展，对于大多数企业来说都将面临挑战。优良的企业文化可有效约束企业工作人员及促进企业与消费者之间的联系，但企业文化的建立不仅需要适应市场、兼顾企业及消费者的需求，还需要底蕴、有效的管理及传播和践行，对于大多数企业来说都有一定的难度。汽车市场千变万化、自由性强，如何在风云多变的市场上确保企业的稳定发展，成为企业不得不时刻关注的问题。

由于上面三种明显的变化，在未来，没有品牌的产品或服务是很难有长久生存的空间的。只有成功的品牌管理才能造就持续成长的企业和未来的辉煌。

2. 汽车品牌的意义

（1）有利于产品的推广 产品投入市场前都会进行一系列的推广活动，大部分消费者对汽车产品的了解有限，但都会知道一些深入人心的汽车品牌，如奔驰、宝马、比亚迪等，产品推广依附于品牌进行宣传就起到了事半功倍的效果，如丰田的那句大家耳熟能详的经典广告语：车到山前必有路，有路必有丰田车。无论推出何种车型，只要听到这句广告语，就知道是丰田的新产品。品牌是产品的代表，当消费者受时间和空间的限制，难以身临其境，无法耳闻目睹某种车型的时候，往往都会先锁定自己更为喜欢的品牌来进行具体车型的选择。这种以品牌形式推广新产品的方式是各企业目前最常用的方式，也是消费者较容易接受的方式。

（2）有利于消费者识别及购买产品 汽车品牌最基本的作用就是识别产品的出处，

有助于消费者选购所需要的车辆，同时在汽车使用、维修、保养、更换配件时也要根据品牌区别对待。特别是当消费者对于某种汽车品牌较为倾心，相对于其他品牌，在接触到喜爱品牌的新产品时更容易激起其购买欲望，接受程度也更高。

（3）体现企业经营理念　汽车品牌是企业文化的象征，每个汽车品牌背后都有一个品牌故事，很多汽车公司都会将企业的经营理念及企业文化融入品牌形象中，品牌的设计会直接体现企业的经营理念。如奔驰是德国奔驰汽车公司追求质量、服务的象征，丰田则代表日本丰田汽车公司“顾客第一、销售第二”的经营理念。

（4）体现汽车产品价值　汽车品牌的价值分为内在价值及附加价值，其内在价值的根本即品牌资本。在英国品牌价值及战略咨询公司 Brang Finance 发布的 2017 年全球汽车品牌价值 100 强的名单中，丰田汽车以 462.55 亿美元的品牌价值蝉联榜首，由此可以看出该品牌具有价值，而且品牌价值极高，可以为企业创造更大的市场。好的品牌可以创造牢固的客户关系，形成稳定的市场，这就是品牌的价值所在。品牌还是价值连城的财富，从市场营销的角度看，品牌因形象设计而获得价值，因商标注册而得到保值，因广告宣传而不断增值，因汽车消费等而持续增值，随着品牌知名度和美誉度的不断提高，文化品牌甚至可以超过物质而成为企业巨大的无形资产。品牌的附加价值则是指汽车功能、质量、信誉、形象综合反映出的品牌象征，如奔驰是高质量的代名词，而沃尔沃则是安全的保证。

（5）体现消费者身份、地位及消费理念　不同的汽车品牌其主流产品也不同，主流产品可直接代表品牌所带来的附加意义。消费者在购买汽车产品时，同时也是在购买能够体现自己身份、地位、个性的象征途径。奔驰象征着上流社会的成功人士，劳斯莱斯是身份显赫的贵族，福特则是踏实的中产阶级白领，法拉利代表张扬的个性及一定的经济实力……这种人格化的品牌特征成为社会地位、财富、身份，甚至职业的象征，也成为车主的第二身价特征。因此，汽车生产厂商已经从制造汽车过渡到了制造品牌、创造价值，汽车经销商也由销售汽车向销售品牌、传递价值转变。

（6）是企业与消费者互动的桥梁　品牌为了便于企业产品的信息反馈，通过消费者对品牌的评价及服务的反馈态度对产品管理、产品策略进行及时调整，消费者同时可通过品牌宣传、售后服务、调研等活动表达对品牌的看法、建议及意见，从而加强企业与消费者之间的有效互动及沟通。消费者购买的汽车产品可能单一，但在接受品牌服务时，对企业的评价会直接上升为品牌高度，因此无论购买何种产品的消费者，最终的反馈都将是对品牌的反馈。

7.1.3　汽车品牌的组成

品牌是由名称、名词、符号和设计所构成的组合。名称（文字）和图形是品牌的核心要素。文字与图形是用以标志并识别产品的符号系统，可以是文字标志的形式，可以是图形标志的形式，也可以是文字与图形的组合。

1. 汽车品牌名称

汽车品牌一般包括文字名称和图形标志，即品牌名称和品牌标志，如已通过国家工商行政管理总局商标局审核，被评为“中国驰名商标”的“比亚迪”，其文字标志为“比亚迪”，其图形标志则是一个椭圆中间包围着“BYD”三个字母。

2. 汽车商标

汽车品牌和商标直接反映企业文化及经营理念，每个品牌名称及商标都有其独特的寓意。如奥迪创始人霍希将他的名字翻译成拉丁文“audi”，即奥迪，并将其命名为品牌名称。奥迪的四个圆环，代表着合并前的4家公司，这些公司曾经是自行车、摩托车及小客车的生产厂家。宝马是制造商巴伐利亚机械制造厂股份公司的简称（德文：Bayerische Motoren Werke AG，即BMW）。宝马标志中间的蓝白相间图案，代表蓝天、白云和旋转不停的螺旋桨，喻示宝马公司渊源悠久的历史，象征该公司过去在航空发动机技术方面的领先地位，又象征在广阔的时空中以先进的精湛技术和最新的观念满足顾客的最大愿望。法拉利的标志是一匹跃起的马，在第一次世界大战中，意大利有一位表现非常出色的飞行员，他的飞机上就有这样一匹会给他带来好运气的跃马。当法拉利在最初的赛车比赛中获胜后，该飞行员的父母建议：法拉利也应在车上印上这匹带来好运气的跃马。后来这位飞行员战死了，马就变成了黑颜色，而标志汽车的车标底色为公司所在地摩德纳的金丝雀的颜色。德国大众汽车车标是由在圆环内的V和W叠加而成，取自德文单词Volks Wagen（大众化的车）的首字母。汽车品牌名称及车标如图7-1所示。

a) 奥迪车标

b) 宝马车标

c) 法拉利车标

d) 大众车标

图7-1 汽车品牌名称及车标

7.2 汽车品牌运营

7.2.1 品牌运营由来

品牌运营的英文单词Brand，源出古挪威文Brandr，意思是“烧灼”。人们用这种方式来标记家畜等需要与其他人相区别的私有财产。到了中世纪的欧洲，手工艺匠人用这种打烙印的方法在自己的手工艺品上烙下标记，以便顾客识别产品的产地和生产者。这就产生了最初的商标，并以此为消费者提供担保，同时向生产者提供法律保护。在《牛津大辞典》里，品牌运营被解释为“用来证明所有权，作为质量的标志或其他用途”，即用以区别和证明品质。随着时间的推移，商业竞争格局以及零售业形态不断变迁，品牌承载的含义也越来越丰富，甚至形成了专门的研究领域——品牌学。

7.2.2 品牌运营基础要素

1. 细致的市场调研和精确的产品定位

企业创立品牌，最终是要服务市场的，至于市场要求产品具有哪些特征，具体到对产品的设计、造型有什么要求，都要有详细的市场调查。所以创品牌首先要对市场、消费者和竞争者进行深入、全面、具体、细致的调研，了解市场趋势、消费者消费趋势、竞

争者品牌现状，以便企业做出正确决策。同时，企业要依据自身的优势和特点准确地把握好市场定位，根据消费者对某种产品属性的重视程度，为本企业产品创造培养一定的特色，树立企业形象，争取有利的市场地位。

2. 高标准的产品质量

质量是品牌创立和发展的根本，品牌产品对质量有着特殊的深层理解：产品质量标准中的两个转变，以采用国内标准为主转向以国际标准为主，以符合商品内在的物化指标标准转变为以满足用户要求、使用户满意为准则。只有高标准的产品质量才能最终得到消费者的信任，获得消费者对于品牌的忠诚。

3. 令人印象深刻的产品命名

品牌命名是一门学问，它是建立品牌的基础。好的商品命名胜似千言万语。最初的汽车品牌多以创办者的名字作为品牌名称，如戴姆勒、福特、奥迪等；如今的汽车品牌名称多以直接体现品牌意义、与消费者利益挂钩的名词作为品牌名称，如吉利、长安等。一个响当当的品牌只有让消费者记得住，叫得响，传得快，才能满足消费者的心理需求，才能赢得所爱。

7.2.3　汽车品牌运营步骤

1. 制订汽车市场调研计划

汽车市场随着科技的日新月异和经济的全球化，呈现瞬息万变之势，尤其是我国的汽车市场在国家政策和国际品牌的冲击下，竞争尤为激烈。汽车企业要更好地生存和发展，必须要培育自己的竞争优势。企业首先就要了解汽车市场的真实现状、消费者消费行为的改变以及竞争对手的品牌现状，才能有针对性地为顾客提供他们所需要的产品和服务，采取有效的营销策略，从而在残酷的市场竞争中稳操胜券。"没有调查就没有发言权"，市场调研正是从企业市场营销的问题与需求出发，通过系统、客观的信息收集和分析工作，得出所调研问题的结论，进而为提高企业的市场营销水平提供帮助的全过程。科学的市场调研工作有助于企业正确识别和把握真正的机会，有助于企业出台和优化自己的营销策略。市场调研的首要工作就是制订市场调研计划，其内容主要包括调查目的、调查内容、调查对象、抽样、调查方法、调查程序及安排、调查费用预算等内容。

2. 汽车市场环境分析

（1）汽车市场现状分析　随着我国经济的持续发展，人们的可支配财富增加，生活方式及消费观念的变化，汽车也不再是难以购买的昂贵物品，在自主品牌的大力发展及国际汽车品牌进入的双重刺激下，我国汽车市场发展迅猛，市场环境急剧变化，对市场现状需要进行系统、全面、谨慎的分析，才能明确企业进入市场的切入点及进入方式。

（2）汽车市场发展趋势分析　虽然近年来我国经济发展的速度放缓，但在汽车市场竞争激烈的环境下，汽车车型不断更新，汽车价位逐步降低，我国汽车市场仍然处于高速发展的阶段，汽车已然成为大众消费品，所以汽车市场并未出现饱和，发展前景依然可观。对于汽车市场的总体发展趋势有所了解并给出合理预测，可帮助企业提前进行改革和创新，适应市场需求。

（3）了解影响汽车市场波动的因素　如今我国汽车市场风云变幻，且不稳定性高，其影响因素也较多，如国际经济形势、政府的扶持、消费者购买意愿、国际品牌的加入与退出、消费者收入状况等。将影响因素的影响力度及影响方式进行细分研究，可帮助企业进行产品定位及规避风险。

3. 汽车产品目标市场分析

（1）汽车产品目标市场大小及潜力评估　不同的汽车产品类型，其市场大小差异也较大，根据不同价位、功能、性价比将消费者群体进行相应的划分，消费群体较大的，市场自然也较大，如目前我国汽车的需求主体主要有三个：私人用车、集团用车和出租用车，近年来乘用车的销售量在汽车行业中的比重逐年上升。私人用车需求成为乘用车需求的主体，这同我国经济稳定增长和新的汽车政策有很大的关系。

近几年，我国的汽车市场将是以中级车为消费主力、高级轿车之间竞争更加激烈、经济型轿车保持温和态势的局面，随着自主品牌的实力逐渐壮大，市场竞争将更趋激烈，特别是在国内厂商蜂拥的经济型轿车领域。由此，市场的洗牌在所难免。

（2）汽车产品目标市场主要销售渠道　目前的汽车销售渠道主要有六种（见表 7-1）。

表 7-1　汽车销售渠道

销售渠道	渠道模式
品牌专卖制	厂商→专卖店→最终用户
总代理式	厂商→总代理→区域代理→(下级代理商)→最终用户
特许经销式	厂商→特许经销商→最终用户
汽车大卖场、汽车超市	厂商→汽车超市→最终用户
区域代理式	厂商→区域总代理→下级代理商→最终用户
网络电商销售	厂商→汽车电商平台→(专卖店)→最终用户

不同的汽车产品主要的销售渠道有所不同，需针对企业推出的产品对销售渠道进行选择及管理。

（3）汽车产品目标市场细分　汽车市场上的汽车产品种类繁多，当一个汽车企业进入某个市场开展业务时，想要满足所有顾客的需求是不可能的，这需要大量的人力和财力，因此就要求汽车企业根据自身条件及需求对市场进行细分，从而实现有的放矢。市场细分就是在市场调查研究的基础上，依据消费者的需求、购买习惯和购买行为的差异性，把整个市场细分成若干部分或亚市场的过程。市场细分有利于企业发掘良好的市场机会，有利于提高企业的应变能力以及合理利用企业的资源。市场可按照不同形式进行细分，如按地理和气候因素划分，按人口因素（性别、年龄、收入、职业等）划分，按消费者心理因素（生活方式、性格、偏好等）划分，按消费者行为因素（追求利益、使用状况、使用率等）划分，或者直接按照国家标准对汽车市场进行细分。

4. 目标市场消费趋势及消费者分析

（1）消费趋势分析　不同的市场阶段，产品的消费趋势有所不同，在汽车发展的初

期阶段，消费者大多数为权贵及富贵人群，消费需求为彰显身份或财富；随着汽车的普及，主流消费人群的消费需求是代步；如今，汽车市场竞争激烈，价位相对降低，性价比越来越高，可选择的范围也越来越广，人们可自由支配的财产增多，对汽车的消费主张逐渐趋向于张扬个性和使用方便。因此，企业在进入市场前，需要对目标消费者进行细致的消费需求分析，不止于产品的消费需求，还要涉及消费方式等细节。

（2）消费阶层分析　不同消费阶层的人的消费能力、消费观念和消费目的不同，会强烈影响消费者的需求层次。高薪阶层的消费者购买汽车时会有较高层次的需求，如追求品牌的优质服务、汽车的动力性、彰显个性的车型、操纵稳定性或品牌带来的身份、财富象征；普通阶层消费者购买汽车时追求的主要是汽车的安全性、舒适性、经济性、性价比及过硬的质量；低薪阶层对于汽车的追求基本是能够代步即可。

（3）不同年龄消费者分析　如今的汽车消费群体越来越年轻化，购买主力为18~34岁的消费者，其次为35~49岁的消费人群，不同年龄段的购买者在购买意向和关注点方面存在差异。在购车时，大多数的消费者都是以“安全”作为最先考虑的因素，其次是“油耗”——一路高涨的油价使得“经济驾驶”成为热门话题。年轻人购买汽车注重汽车的动力及速度，而中老年人购买汽车主要注重汽车的操控性及安全性。

（4）不同地域消费者分析　不同地域的消费者由于气候及消费能力、消费观念的差异，在车型选择上也有所差异。寒冷地区的汽车用户，对汽车的保温性和暖风设备更加关注，对汽车的防冻和冷启动效果、汽车的防滑安全措施也有较高的要求；炎热潮湿地带的汽车用户对汽车的空调制冷、底盘防锈、漆面保护等有较高的要求；平原地区的汽车用户希望汽车底盘偏低，悬架软硬适中，高速行驶时稳定性好；而丘陵山区的汽车用户更关注车辆的通过性、爬坡能力和操控性等。不同级别的城市，对汽车的偏好也有所差异：一线城市的消费者偏好中高档的都市车型；二线城市的消费者则更倾向运动型；三线城市则更偏向于小型、紧凑型车及部分性价比较高的越野汽车。

5. 汽车品牌分析

（1）竞争对手的品牌定位策略　国内现有汽车生产厂商一百多家，现有的国内汽车市场上拥有国外大大小小的汽车品牌多达上百个，著名品牌几十个。国外品牌以及合资品牌又具有资金雄厚、技术先进的强大优势，在中高档汽车销售市场中，占据大量的市场份额，并且在消费者心目中已然形成了不错的形象和较高的地位；而国产汽车品牌由于技术及资金的限制，主要集中在中低档市场。因此对于竞争品牌的研究，有利于企业的品牌定位及寻找市场突破口。所谓知己知彼，才能百战百胜。

（2）品牌SWOT分析　SWOT是一种战略分析方法，通过对被分析对象的优势、劣势、机会和威胁等加以综合评估与分析得出结论，通过内部资源和外部环境的有机结合来清晰地确定被分析对象的资源优势和缺陷，了解其所面临的机会和挑战，从而在战略与战术两个层面加以调整。SWOT分析法又称为态势分析法，是一种能够较为客观和准确地分析和研究现实情况的方法，而SWOT是strengths（优势）、weaknesses（劣势）、opportunities（机遇）、threats（威胁）这4个英文单词的缩写。通过对本企业的汽车产品进行SWOT分析，确定品牌定位，并对竞争对手同样进行详细、精确的SWOT分析，以期以最小的投入、最大的影响力进入市场。

7.2.4 汽车品牌定位及使用策略

1. 汽车品牌定位

对多数企业而言，品牌定位是在寻求产品的差异化，突出产品对特定人群、特定消费需求的适用性。所谓汽车品牌定位，就是根据企业所选定的目标市场上的竞争者的现有品牌产品所处的位置和企业自身的条件，来明确企业本身的品牌产品在目标市场中所处的位置，从各方面为企业和产品创造一定的特色，塑造并树立一定的市场形象，以求在目标顾客心目中形成一种特殊的偏好。市场定位不仅要反映汽车产品的内在特征，还应反映由促销战略、定价决策和分销渠道选择而共同造就的产品形象。汽车品牌定位方法主要有以下几种：

（1）利益定位法 这是指根据产品所能满足的需求或所提供的利益及解决问题的程度来定位。

（2）目标人群定位法 任何产品都不能满足所有消费者的需求，所以针对某类消费群体进行产品定位，突出产品专为该类消费群体服务，以此来获得目标消费群的认同。把品牌与消费者结合起来，有利于增进消费者的归属感，使其产生“这个品牌是为我量身定做”的感觉。如奔驰的 Smart 轻巧灵动、停车方便、颜色靓丽，尤其适合女性消费者。

（3）档次定位法 汽车产品因为价位、性能等因素会有不同的档次之分，而不同档次的品牌给消费者带来的心理感受和情感体验也有所不同，不同档次针对的消费者往往也差别较大。如劳斯莱斯是顶级汽车的杰出代表，奉行的理念是“把最好做到更好，如果没有，我们来创造”。限量生产、手工打造、行驶噪声极低、故障率极低等因素也使得其车辆成本较高，也就决定了它极高的档次。

（4）文化定位法 将文化融入品牌，形成文化上的品牌差异，这种文化定位不仅可以大大提高品牌的品位，而且可以使品牌形象更加独具特色。如一汽红旗汽车，“红旗”二字已经远远超出了一个轿车品牌的含义。

（5）情感定位法 情感定位是指运用产品直接或间接地冲击消费者的情感体验而进行定位，用恰当的情感唤起消费者内心深处的认同和共鸣，适应和改变消费者的心理。6座的别克商务车 GL6 针对现在二胎家庭增多、父母陪伴少等社会现象而设计的广告语“幸福不缺席，让全家出行更舒适”，就迎合了消费者注重家庭、适当陪伴的情感需求。

（6）经营理念定位法 企业经营理念既是企业形象识别系统的重要组成部分，又是企业行为的出发点和动力源。显然，不同的企业经营理念必然会导致不同的经营行为。情同此理，影响品牌命名及使用的最先和最后因素，毫无疑问是企业的经营理念。按企业经营理念进行定位，既可以保持汽车品牌的稳定性，又可以保障企业的长远利益。

（7）概念定位法 概念定位就是使产品、品牌在消费者心智中占据一个新的位置，形成一个新的概念，甚至造成一种思维定式，以获得消费者的认同，使其产生购买欲望。该类产品可以是以前存在的，也可以是新产品。奥迪汽车的经典广告语“突破科技，启迪未来”，针对的就是现代消费者崇尚高科技、追求新鲜事物的现象，用科技不断改变我们的生活，利用高科技的概念抓住消费者的眼球。

（8）自我定位法 自我定位是指通过表现品牌的某种独特形象，宣扬其独特的个性，让品牌成为消费者表达个人价值观与审美情趣、表现自我和宣示自己与众不同的一种载体和媒介，自我定位体现了一种社会价值，能给消费者一种表现自我个性和生活品位的审美体验和快乐感觉。甲壳虫汽车的广告语“有的人生观不需要和别人有关”“没有人能够评判你、定义你，除非是你自己，为每个不凡个性写下完美注解”，以高傲的姿态展现了消费者独特的人生态度。各种著名的跑车系列更是以其炫丽的外形、优异的性能和优质的服务彰显了消费者飞扬的个性。

2. 汽车品牌使用策略

（1）全部产品进行品牌统一 品牌统一是指一家企业的各种产品都是以同一品牌推入市场。这种策略多适用于品牌建立时间不久且产品线较短的汽车品牌。采取这种策略，不仅可以大大节约推销费用，而且可以利用统一的品牌建立广告传播体系，声势浩大地将企业精神和产品特点传播给用户，给用户留下强烈和深刻的印象。但该策略只适用于推出的产品与已有品牌产品处于相同质量水平时，若高端品牌推出的是低端产品，就会对品牌造成不好的影响；相反，若是低端品牌推出的产品属于高端水平，就会影响消费者对新产品的印象，进而影响产品销量。此外，统一品牌也会造成一损俱损的局面。

（2）分别建立不同的品牌 建立不同的品牌是指一家企业的不同产品采用不同的品牌，如德国大众汽车公司拥有大众、奥迪等多个品牌。这种策略的主要优点在于，不至于将企业声誉过于紧密地与个别产品相联系；如该产品失败，也不至于对企业整体造成不良后果。但新品牌建立过程相对品牌统一时间历程较长，前期的投入会较大，成本较高。

（3）同类产品进行品牌统一 该策略是指根据市场细分，同一系列的产品采用统一品牌，不同系列的产品采用不同的品牌。该策略使得消费者对不同系列产品有明显的区分界限，消费者很容易接受每个品牌所带有的意义。因为不同产品系列之间的关联性较低，其中的每个品牌对其他品牌影响较小，不会带来连带危机。

（4）将企业名称与个别品牌相结合 这是汽车业常见的一种品牌策略，即在企业各种产品的个别品牌名称之前冠以企业名称，可以使产品正统化，享受企业已有的信誉，而个别品牌又可以使产品各具特色，如一汽旗下的一汽大众、一汽丰田；广汽集团的广汽本田、广汽传祺等。

7.2.5 汽车品牌运营传播

1. 汽车品牌运营传播特点

（1）品牌内涵的传输途径 汽车产品如果不是实际驾驶，则消费者对其真正的了解是十分有限的。汽车品牌同样如此，消费者无法通过品牌的表层因素，如名称、图案、色彩、包装等对汽车品牌有任何深层次的了解。但通过企业宣传片、产品宣传手册、大型车展、试驾活动、售后服务等企业的品牌传播手段，可使消费者对企业“产品的特点”“利益与服务的允诺”“品牌认知”“品牌联想”等品牌深层次的因素了解得更多、更深入，无疑是品牌内涵传输的重要途径。

（2）目标群体明确 由于汽车的使用价值，使得汽车品牌建设及推广的目标人群较为明确。首先，由于法律的限制，消费者的年龄范围较为明确；其次，由于消费者的消费能力及消费观念，不同档次的汽车品牌推广目标和推广方式也较为明确；由于不同汽车产品的用途不同，自然不能将卡车推荐给消费者用以代步，所以不同类型汽车产品针对的消费者也可能大相径庭。以上种种都充分体现了汽车品牌运营传播时，目标群体较为明确。

（3）传播媒体多样化 在传播技术正得到革命性变更的今天，新媒介的诞生与传统媒介的新生，共同打造出一个传播媒介多元化的新格局，这为“品牌传播”提供了机遇，也对媒介运用的多元化整合提出了新挑战。网络广告、手机App、微信公众号等多形式的传播途径为互联网时代下的汽车品牌传播方式提供了多种可能，且传播速度更快、效果更好、更直接。新媒体的诞生，使品牌传播的媒介多元性更加突出。如此，品牌传播在新旧媒介的选择中，就有了多样化的前提。

2. 汽车品牌运营传播的方式

制作企业宣传片、宣传手册。企业宣传片不仅可以介绍企业的经营理念、品牌文化、产品内涵、产品变更，还可介绍企业为社会所做的贡献、举办的公益活动、为消费者提供的产品保障等，使大众消费者对企业品牌有更深一步的了解。

（1）参加大型车展 各个地区每年都会多次举办大型车展活动，企业可积极参与，这不仅可以展示企业现今量产车型，还可展示一些品牌概念车等前沿产品，使得消费者对于品牌的追求有所了解，并能提高消费者对企业品牌的兴趣度。

（2）定期举办试乘试驾活动 这是让消费者实际接触品牌产品的有效途径，对于高消费的汽车产品，消费者在购买时都相对慎重，真正的驾驶体验才能使消费者对产品有真实的感触。在试乘试驾过程中，车辆的性能、销售人员的服务都会使得消费者对于企业品牌有较深的印象，因此，良好的试乘试驾感受可有效提高品牌知名度及品牌形象。

（3）提供完善的售后服务 一次购买行为是短暂的，而汽车产品的使用周期是很长的，品牌口碑大部分就建立在售后服务部分，售后链条是否完善、售后人员是否专业、售后服务是否及时有效等都直接关系到企业品牌的延续性、品牌高度和客户忠诚度。

还有一些其他的品牌运营传播方式，如制造积极话题、参加社会公益、广告投入、有效的品牌危机处理等可达到品牌传播的效果。品牌传播的途径多样，但最终目标是一样的：建立品牌形象、提高品牌知名度、占有市场、拥有忠诚客户。

7.2.6 发展汽车品牌

1. 发展品牌应要进行合理的品牌延伸

品牌延伸是指企业将某一知名品牌或某一具有市场影响力的成功品牌扩展到与成名产品或原产品不尽相同的产品上，凭借现有成功品牌推出新产品的经营行为。当企业发展到一定规模，想继续做大做强，占有更大的市场份额，或是为了阻止、反击竞争对手时，往往会采用产品延伸策略，利用消费者对现有品牌的认知度和认可度，推出副品牌或新产品，以期通过较短时间和较低风险来占领市场。

汽车产品的延伸策略主要有以下几种：

（1）向高端产品延伸策略 由于高档汽车市场的高利润空间以及市场需求的增多，

很多汽车品牌都会进行一定的高档汽车产品的生产投入，以此可有效地提升品牌的资产价值，改善品牌形象。如丰田公司早期推出雷克萨斯时的品牌延伸策略，利用雷克萨斯使得丰田在高端汽车市场顺利打开局面，并使得品牌价值有所增值。

（2）向中低端产品延伸策略 不同国家、不同地域对汽车的购买能力不同，若将品牌定位得较高，便只能放弃购买能力较低的消费者群体，但很多企业因资金或技术原因无法在高端汽车市场站稳脚跟，就会选择相对对资金和技术要求较低的中低端汽车市场；也有的企业利用已有的高档名牌产品的美誉，吸引购买力水平较低的客户购买本品牌中的中低档产品，通过品牌向下延伸来扩大市场占有率，以此拓展中低档产品市场来反击竞争对手，或者是弥补自身产品线的空缺，防止竞争对手的攻击性行为。

（3）互联网域名策略 域名作为互联网的单位名称和在互联网上网页所有者的身份标识，不仅能给人们传达很多重要信息（如单位属性、业务特征等），而且还具有商标属性。这是因为，域名的所有权属于注册者。若某企业的商标由另一个不同行业的企业抢先注册，那么该企业就可能永远无法注册与自己商标名称一致的域名了。然而，域名的传播和使用范围却是全社会的。某个域名用得久了，人们就对它有了特殊的感觉与记忆。企业一旦有了域名，就表明其在互联网上拥有了自己的门牌号码，有了通往网络世界、把握商机的一把钥匙。正因为如此，许多企业都把知名商标注册成域名。由于域名系统是国际共有资源，可较好地实现信息传播，这就决定了它具有巨大的商业价值。

（4）汽车产品的包装策略 包装是企业营销管理的有机组成部分。包装作为把运输、装卸与保管有关物流全过程联系在一起的手段，具有保护商品、便于存放、促进销售及传递信息的作用，尤其对于汽车配件和KD散件来说，包装的作用还更大一些。此外，一个好的包装实际上也是作为商品的广告随物流而传播的。企业都应重视产品包装工作，应在有关包装标准和法规的要求下，解决好汽车产品，尤其是汽车配件的包装问题。

2. 创新才能使品牌有持久的生命力

品牌创新是品牌的生命力和价值所在，是获得品牌心理效应的重要举措。名牌不是“终身制”，在信息瞬息万变、新产品不断涌现的今天，稍不努力就会被竞争者所取代。老名牌中固然有深厚的技术、文化、管理成分，但必须经过现代人的不懈努力，不断注入时代信息，与时俱进，才能代代相传。创新是多角度、全方位的，它不仅仅是技术上的创新，更多的是观念上的创新，要有忧患意识和超前意识；人才资源上的创新，企业的员工应该锐意进取，刻意求精，不断补充新的知识；市场上的创新，不断研究新兴的消费群体和消费阶层，开拓更多的细分市场；管理上的创新，管理机构和手段视市场的变化相应做出迅速调整，保证做到管理上的高效、灵活和精简。

7.3 汽车品牌管理

7.3.1 汽车品牌管理的内容

汽车品牌经营即汽车品牌建设流程可归纳为：对汽车市场、消费者、竞争者进行详细、精确的调研，根据企业自身优势及特点进行品牌定位；然后借助多元化的媒体形式及企业活动进行品牌宣传，同时优选高效的品牌化战略与品牌架构，不断地推进品牌资产的增值，并最大限度地合理利用品牌资产。成功建立品牌后，则需要合理有效的品牌管理才能使得品牌长久并最大化增值。

汽车品牌管理的内容就是科学管理各项品牌资产，即创建具有鲜明的核心价值与个性、丰富的品牌联想、高品牌知名度、高溢价能力、高品牌忠诚度和高价值感的强势大品牌，积累丰厚的品牌资产。

首先，要完整理解品牌资产的构成，透彻理解品牌资产的各项指标，如知名度、品质认可度、品牌联想、溢价能力、品牌忠诚度的内涵及相互之间的关系。在此基础上，结合企业的实际，制定品牌建设所要达到的品牌资产目标，使企业的品牌创建工作有一个明确的方向，做到有的放矢，并减少不必要的浪费。

其次，围绕品牌资产目标，创造性地策划低成本的提升品牌资产的营销传播策略。

最后，要不断检核品牌资产提升目标的完成情况，调整下一步的品牌资产建设目标与策略。

7.3.2 汽车品牌管理基础要素

1. 建立品牌信誉

信誉是品牌的基础。品牌需要通过很长时间才能赢得大众的信任，但却会因为一次的信誉问题损毁品牌形象，挽回信誉的成本要远远高于维持信誉的成本。没有信誉的品牌几乎没有办法去竞争。如大众、通用、本田等国际品牌同国产汽车品牌竞争的热点就是信誉。国际品牌多年来在全球形成的规范的管理和经营体系，使得其品牌信誉度远超过我国国内的品牌。本土的企业在同跨国品牌竞争的起点是开始树立信誉，而不是依靠炒作，要依靠提升管理的水平，提高质量控制的能力，提高客户满意度的机制和提升团队的素质来建立信誉。目前，合资汽车品牌的市场占有率较高，这种形式的品牌管理模式明显优于纯国产品牌，借助国际品牌完善的管理体系和信誉度，促进企业市场局面的打开，并提高企业的品牌知名度，是双赢的经营手段，但在关键核心技术方面受限严重，也是目前合资品牌的短板。

2. 争取各方面的支持

因为没有企业价值链上所有层面的全力支持，所以品牌是不容易维持的。除了客户的支持外，来自政府、媒体、专家、权威人士及经销商等的支持也同样重要。目前，测评网站很多，其中一些影响力度很大，它们对品牌产品的评价会直接左右消费者的态度，有时企业还需要名人的支持并利用他们的名人效应来提升品牌的信誉。当然，名人本身的信誉也会直接影响品牌的信誉，因此代言人的选择也要慎重。

3. 建立良好的客户互动关系

由于客户需求的动态变化和取得信息的机会不断增加，为客户提供个性化和多元化的服务已成为唯一的途径。例如，因为国内某些不良事件的发生，行车记录仪突然火爆，各生产厂家便马上推出了各种形式的行车记录仪，以此来满足客户需求。企业应时刻关注客户需求，只有那些同客户建立了紧密的长期关系的品牌，才会是最后的胜利者。所

以国内外的品牌都不遗余力地想办法同客户建立直接的联系，并想办法维持客户的忠诚度。

4. 增加消费者接触产品的机会

客户的购买习惯正发生着巨大的变化。光靠广告上的信息就决定购买的现象已经越来越少了。尤其对于汽车这样的高价消费品，消费者需要在购买前首先尝试或体验后再决定自己是否购买。所以品牌的维持和推广的挑战就变成了如何让客户在最方便的环境下，不需要花费太多时间和精力，就可以充分了解产品或服务的质量和功能。企业的试乘试驾活动自然就是最好的途径，这种让客户满意的体验可以增加客户对品牌的信任并产生购买的欲望。

7.3.3 汽车品牌管理价值法则

1. 最优管理

遵循这一法则的企业追求的是优化的管理和运营，它提供中等的产品和服务并以最好的价钱和最方便的手段和客户见面。这样的企业不是靠产品创新或是同客户建立的亲密关系来争取市场领袖地位的，相反，它是靠低廉的价钱和简单的服务来赢得市场的。例如某品牌在推出新车型时，精心打造了一款手机 App，鼓励网友探索市内的玩乐之地，再使用 App 拍照上传精彩夜生活的照片，集齐徽章赢得该汽车产品 1 年的免费使用权。该 App 使用了市场上使用率较高的社交网站，并为照片标记地理位置。结果，2 个月内有 20 万张照片上传，该网站公共主页新增了 7 万名粉丝和 20000 个销售线索，6000 人参与试驾，并售出 200 辆新车。

2. 最优产品

如果一个企业能够集中精力在产品研发上并不断推出新一代的产品，它就可能成为产品市场领袖。它们对客户的承诺是不断地为客户提供最好的产品。当然并不是靠一个新产品就可以成为产品的领袖，而是要年复一年地推出新产品或新功能来满足客户对产品新性能要求。例如，以源源不断的新科技著称的奥迪，最大的汽车软硬件制造商博世公司。这些产品市场领袖企业的竞争优势并不在于它们的产品价格，而是在于产品的实际使用效果，即产品的“表现行为”。

3. 亲密关系

遵循这一法则的企业把精力放在如何为特定客户提供所需的服务上，而不是放在满足整个市场的需求上。它们不是追求一次性的交易，而是为了和客户建立长期、稳定的业务关系。只有在建立了长期、稳定的关系的情况下，才可能了解客户独特的需要，也才可以满足客户这种特殊需求。这些企业的信念是：我们了解客户要什么，我们为客户提供全方位的解决方案和售后支持来实现客户的远景目标。例如，主流海外汽车品牌广汽本田、豪华品牌中的雷克萨斯、国产品牌中的启辰都从客户入手，并为客户提供超过他们期望值的服务，以优质、及时、周到的售后服务著称。

7.3.4 企业宏观品牌管理

品牌管理作为企业营销的一种手段，是企业参与竞争的要素之一，那么，与竞争者、消费者、企业自身的关系处理是需要有个宏观概念的。

1. 与竞争者既竞争又合作

品牌较之竞争者而言是一种竞合关系。竞争的核心并非是对抗，而是根据市场的实际、竞争者在市场中的地位、竞争者的态度等建立相应的竞争和合作关系。如在国内市场占较大市场份额的合资汽车品牌，与国际品牌进行合作是国内汽车品牌快速起步的一种方法，但若一味合作，最终只会成为国际品牌在中国汽车市场站稳脚跟的跳板，因此很多合资汽车品牌在进行国际合作的同时，也建立了自主品牌，且利用合资品牌在市场上的美誉度为自主品牌打开市场，快速占有一席之地。当然，也可利用自身品牌的知名度、市场占有率、资金、核心技术与其他汽车品牌进行合作。

2. 与消费者积极互动，提升品牌形象

企业形象是商品形象和文化的主要载体和重要体现，良好的企业形象更容易为企业赢得客户的信赖和合作，也更容易获得社会的支持。品牌管理的目标是通过研究明确目标消费者的需求所在，依据总体战略规划，通过广告宣传、公关活动等推广手段，实现目标消费者对品牌的深度了解，在消费者的心目中建立品牌地位，促进品牌忠诚。

3. 提升品牌价值，反哺企业内部管理

品牌管理得好，不仅能够升华企业的外在形象，而且对企业的内外部管理也非常有帮助。如历史悠久的德国的汽车品牌，历经百年重重磨难和曲折发展，依然占据世界汽车舞台的前列位置，最根本的原因就是其优良的品牌管理文化。德国精益求精的技术工艺，使得品牌具有了精致的文化内涵，在同消费者互动过程中，通过产品及互动形式将品牌文化传递给消费者，使消费者进一步了解产品的品牌文化。德国汽车企业非常注重品质，强烈的质量意识已经成为汽车企业品牌文化的核心内容，深植于广大员工心中；追求技术上的完美是德国汽车企业的一种普遍的自觉意识，从而使得品牌成为质量的代表，这样的品牌文化又会反过来督促企业员工更加珍惜企业品牌的美誉度。

品牌使得很多企业快速走出了国门，本土产品国际化、国际品牌本土化的进程加快，国内品牌不想和国际大品牌竞争是不可能的，这种品牌竞争精神，使不同市场之间交叉融合，形成一个统一的大市场，竞争也更为激烈。品牌对企业的影响极为深远，可以说，企业的管理离不开品牌时代的竞争精神。

拥有品牌的企业不一定成功，但成功的企业必定拥有一个成功的品牌，因为只有懂得管理品牌，将品牌效应发挥到最大，建立一套品牌管理体系，才能从情感上赢得企业员工对品牌的忠诚，从而实现真诚的顾客服务。

7.3.5 汽车品牌管理策略

1. 以产品质量为根本

如前面提到的，品牌的落地点是产品的质量，产品的竞争、品牌的较量首先是质量的竞争。质量对产品的效能具有直接影响，与顾客价值和满意度密切相关。不止于产品实体的质量，还包括服务的质量，都将决定品牌的生命长度及品牌的价值。

2. 以品牌个性化与差异化为特点

现代消费者的年龄趋势越来越年轻化，生活方式及新事物的出现使得消费者的消费观

念已不再是商品从无到有的过程，而是享受购物服务、追求完善和展现个性，达到精神上的满足。正是这种消费现状，也促使汽车市场的产品更加多样，汽车产品线也越来越长，汽车服务也越来越人性化，不仅满足消费者在使用汽车产品时的具体需求，还要顾及消费者对于其他方面的要求，如注重商品购买过程中和使用后的服务与信誉，关注商品的时尚性、独特性和安全性，注重消费的文化内涵，注重商品的欣赏价值和艺术价值，追求名牌所蕴含的文化特质等个性化要求。

3. 使品牌成为某种文化象征

不同国家的文化直接影响本国汽车品牌的大致品牌印象，如美国汽车品牌的粗犷、英国汽车品牌的绅士、法国汽车品牌的浪漫。文化是根植在一定的物质、社会、历史传统基础上形成的特定的价值观念、信仰、思维方式、习俗的综合体。企业要在竞争中立于不败之地，必须将产品与文化结合起来，必须了解自己所面对的顾客的文化背景以及他们的消费行为在多大程度上、哪些方面受到其文化的影响，从而调整自己的产品，使产品形象体现出的文化适合消费者的心理需求，强化自己产品的诉求能力，使消费者产生愉快感、信赖感、可靠感、安全感，形成有特色的品牌文化。

4. 品牌维护为长期目标

影响品牌形象的环节众多，导致品牌形成容易但维持却是个很艰难的过程。没有很好的品牌关怀战略，品牌是无法成长的。售前的汽车产品质量，销售过程中的服务和真诚度，售后的及时性和承诺都直接影响品牌形象。同时，是否时刻关注消费者需求，是否时刻迎合市场变化也会影响品牌的生命长度。所以，品牌管理中最难的就是品牌维持。

7.3.6　管理创新

时代不同，品牌的管理方法自然不同，甚至不同的市场、不同的员工架构，其品牌管理方法都会有较大差异。因此，不仅品牌产品需要创新，品牌管理也需要创新。品牌创新是一项包括产品、组织、技术、价值、文化等多种创新在内的、复杂的经济系统工程，它涉及品牌经营活动的程序化和程序化运用。管理既高于这些活动，又被包容在这些活动中，贯穿于活动的全过程，成为品牌创新的绩效基础。

目前，资本力量在经营中的重要性已让位给管理创新。最新的调查表明，有88%的企业认为，结构不合理和程序复杂等组织问题已成为创新的阻碍因素；77%的企业把沟通不畅看成创新过程中的一大困难；还有80%的企业中职责分工不明确，创新推进过程困难。品牌管理创新的基本要求是管理创新转型、建立现代企业制度、健全激励机制、制定品牌人力资源战略等。在品牌管理创新的实践中，许多跨国企业都取得了宝贵经验，比如培养团队精神。团队就是在一起工作的一群人，他们以任务为中心，相互合作，每个人都把自己的智慧和力量奉献给自己所从事的事业。在每个企业中，都存在着各种各样的团队。团队所具有的多样性和蕴藏的巨大的人力资源是企业战略资源的有机组成部分，团队培育企业精神和企业文化，提升人对企业的忠诚度和奉献精神。一个拥有良好团队精神的企业在竞争中必然会拥有巨大的优势。

7.4 品牌误区及危机处理

企业经营的一个最终目标就是将企业做成品牌，能够长期屹立于市场，社会各界都在谈品牌，国家在政策上也给予了很多支持，媒体也在传播各种品牌理念。但当前企业的品牌观念存在很多误区，尤其是初期进入市场的企业在品牌认知上有很多的误区，在后期对品牌进行管理时就会出现一些漏洞，这些都会对品牌造成致命的伤害。品牌危机对于任何企业来说都是无法避免的，但品牌危机并不只是危机而已，危机若处理得好，就将成为品牌的一次转机；若处理得不好，才会真正成为品牌的危机。所以，本节将介绍企业存在的几种品牌误区及品牌的危机处理方法。

7.4.1 品牌误区

1. 认知误区

纵观我国本土汽车品牌的发展历程，可以发现，比亚迪、奇瑞、吉利、江淮等知名品牌“各领风骚两三年”，而不少投入大、收效小的低效品牌至今仍在苦苦支撑。由于对品牌未形成正确的认识，它们不同程度地陷入各种品牌误区，主要表现在以下几个方面：

（1）名牌就是品牌 把名牌只看作品牌是大多数企业常见的认识误区，其症结在于将品牌知名度狭义地理解为品牌的全部。在品牌前期投入大量的时间与精力做广告宣传，不断提升品牌知名度，最终却没有将品牌落地在产品上，其实，他们忽视了品牌认同的根本是品牌具有良好的美誉度，没有美誉度作为基石来支撑，一时的名气即使再大，也只能是品牌“泡沫”，这样的品牌是没有生命力的。

（2）品牌就是商标 很多企业分不清商标与品牌之间的关系，认为只要将一个名字或图案到工商管理部门注册就成了品牌。其实，二者不是同一个概念。商标是一个法律概念，是品牌获得工商部门法律保护的工具。当然，品牌首先要成为商标才能获得公平竞争的保障，因此品牌的内涵要大过商标。把品牌当作商标的观点将导致企业不能充分发挥品牌的作用，不会以品牌资产的建立作为营销工作的中心。

我国是一个商标大国，我国又是一个品牌弱国，全球最有价值的100个汽车品牌，我国品牌虽略有抬头之势，但仍屈指可数。可见，商标与品牌并不能够划等号，两者是从不同角度指称同一事物，它们既有密切联系又有所区别，注册商标要成为一个真正的品牌还要经历一个艰辛漫长的过程，就像修建万里长城。如果把品牌比作一个巨大的冰山，商标只是冰山露出水面的一小部分。商标是品牌的一个组成部分，它只是品牌的标志和名称，便于消费者记忆和识别。但品牌有着更丰富的内涵，品牌不仅仅是一个标志和名称，更蕴含着生动的精神文化层面的内容，体现着人的价值观，象征着人的身份，抒发着人的情怀。

品牌命名和标志设计只是品牌建立的第一步骤，真正打造一个卓越品牌，还要进行品牌调研诊断、品牌规划定位、品牌传播推广、品牌调整评估等各项工作，还需要提高品牌的知名度、美誉度、忠诚度，积累品牌资产，并且年复一年，持之以恒，坚持自己的品牌定位，信守对消费者所做的承诺，使品牌形象深入人心、历久不堕。

从归属上来说，商标掌握在注册人手中，而品牌植根于消费者心里。商标的所有权是掌握在注册人手中的，商标注册人可以转让和许可自己的商标，也可以通过法律手段打击别人侵权使用自己商标的行为。但品牌则植根于广大消费者心中，品牌巨大的价值及市场感召力是来源于消费者对品牌的信任、偏好和忠诚，如果一个品牌失去了信誉和消费者的信任，就会一文不值。因为产品质量问题，失去了消费者的信任，结果虽然风光一时，但最终难逃很快覆灭的厄运。所以说，品牌经营实质上是企业在消费者心中不断进行下去的，未来可以顺利拿回来的一大笔信誉存款，是建设一座“立于现在、功于未来”的商业信用宝库。

（3）品牌就是产品 品牌不是产品，这本是常识，但在实战中，许多人往往会将它们混淆。产品会落伍过时，但好的品牌却不会。品牌需要产品实时根据市场、消费者进行创新来维持鲜活形象。有的企业在辉煌时期产品非常畅销，却没有将自己的市场优势转化为品牌价值，或不能及时、主动地通过推出新产品，最终使得产品和品牌一起退出市场，导致企业经营失败。

（4）品牌必须高档 企业界普遍存在着一种观点：要想成为强势品牌，包装一定要精美，价位一定要高。事实上，这是完全错误的。近年来有一些合资汽车品牌在合资伙伴品牌力量的带动下打开了市场，于是想通过制造自主品牌来占有一定的市场份额，却因为产品的高端路线无法适应市场，最终以惨淡的销量退出市场。强势品牌的根本在于能为目标市场提供更高的价值，更好地满足其生理或心理需求。一些高档品牌之所以成功，就是因为它们迎合了一部分人的高消费心理，但这并不意味着所有品牌都要高档化。只要能更好地满足普通大众的一定需求，经济实惠的普通品牌同样能成为强势品牌。

2. 管理误区

品牌管理的常规定义为，管理者为培育品牌资产而展开的以消费者为中心的规划、传播、提升和评估等一系列战略决策和策略执行活动，是建立、维护和巩固品牌的全过程。通过品牌管理有效监管控制品牌与消费者之间的关系，最终形成品牌的竞争优势，使企业行为更忠于品牌核心价值与精神，从而使品牌保持持续的竞争力。有些汽车品牌能够屹立市场百年不倒，而有些品牌却在几年之后就退出了市场，很大一部分原因就是因为管理不当。目前，企业在进行品牌管理时的误区主要有以下几点：

（1）品牌定位不清晰 由于市场需求多样，汽车产品线非常长，产品线中的任何产品都只能满足一部分人的某种需求，但是很多企业不甘心将品牌定位在一个卖点上，在商业信息泛滥的今天，“多点”宣传不仅浪费了资源，而且会让顾客对品牌特征感到迷惑。某国产汽车品牌不仅生产乘用车，同时还生产摩托车和包括面包车、小型载货卡车在内的一系列汽车，它甚至在法兰克福的国际车展上展出了跑车模型。该品牌为了支撑自己庞大的销量目标，将产品线全面拉长、拓宽，规划了5个技术平台、15个产品平台上的42款产品。近年来，该品牌在意识到过长的战线对企业造成了负担后，对产品类型的开发有所收紧。事实上，世界著名的品牌无一不具有清晰的定位，因而获得了巨大成功。如法拉利专注生产跑车，不仅是跑车代表品牌，还成为引领国际品牌的标志品牌。

（2）急于求成 品牌的塑造是战略行为，是一项长期的系统工程，需要规划和长远的坚持。只看到眼前利益，只在乎短期销量，并不一定要走品牌之路。尤其是汽车这样

研发周期长、生产周期也长的产品，更是不得不放慢脚步，稳扎稳打地对品牌进行建设及管理。

全世界的产品品牌有上千万个，我们能说出名字的其实不过几十个，市场竞争中，不乏一掷千金、轰炸式广告宣传的品牌，还有的依靠事件营销、噱头炒作，虽然知名度很高，但没有真正给消费者带来满足其需求的产品，品牌也很快就从大众的视线中消失了。

（3）品牌形象频繁更换 许多企业的品牌管理缺乏长期、系统、战略性的规划，也缺乏一个长期不变的品牌核心价值，如做卡车的品牌突然做乘用车，消费者的接受程度会大打折扣。从长期来看，这样的品牌传播很难塑造一个强有力的品牌，因为这样的品牌很难在消费者心里扎根。这并不是说品牌要故步自封，顺应需求变化而有所调整是必要的，但这些调整都应围绕品牌的核心价值来展开，“万变不离其宗”才能建成强势品牌。

（4）品牌过度延伸 为了做大做强，不少企业纷纷扯起了品牌延伸的大旗。适度的品牌延伸确实能为企业带来很多利益，然而，目前的问题是，一些企业刚刚进入汽车市场，没有建立过硬的品牌，尚未了解品牌延伸的规律就将品牌任意延伸，这不仅无助于新产品的推出，也损害了原有品牌的资产。

品牌的正确延伸是品牌得到合理运用，是企业更好地利用品牌这一无形资产进行多元化发展的重要因素之一，但是并非每个名牌产品都能正确地延伸品牌。某些企业由于过分看重品牌的价值，盲目地延伸品牌，结果给自己带来了危机。

（5）缺乏品牌危机意识，管理机制不健全

1）缺乏预警机制和监督机制。由于对危机丧失了警惕，企业在对品牌产品进行营销时，一般都不会建立预警机制和监督机制，也不对危机进行有效的预防和监督，当危机悄然降临，企业猛醒时，危机已经发生。监督系统是企业管理必备的良药。对于一个企业而言，制度的实施、员工的工作、领导的决策都须监督，如果一个企业没有有效的监督体系，制度没得到合理、正常的落实，员工、领导的工作偏离轨道，他们都不会发觉，即使是危机到来，他们也不会对此事先警觉，并进行有效的预防和控制。

2）缺少应变措施。有些企业一遇上突发危机，就方寸大乱，不知所措，究其原因，在于企业对危机的突发性没有充分的认识，更没有制订相应的应急方案，全然忘记了“凡事预则立，不预则废”的道理。

（6）名牌产品本身的质量出现问题 质量是品牌长久的根本，品牌产品出现质量问题是导致品牌危机的一个重要原因，这主要因素就是因为企业领导及员工缺乏质量意识，对产品的质量不重视。由于不同国家对于汽车的标准及消费者的喜好不同，会出现产品以不同形式与质量在不同国家上市的情况，一般大品牌都会对于产品质量严格把关，但仍然会有一些汽车品牌以隐蔽的手段为获取利润而降低产品质量。

造成产品质量降低的原因有两个方面：

1）领导及员工缺乏质量意识。很多汽车品牌在自身品牌打出一定的知名度后就会放松对产品质量的监管力度，只追求产量、生产速度和产品利润，甚至不断出现消费者投诉问题。

2）企业生产外的链条出现问题。某些企业为追求经济效益，把质量不好的产品，甚

至是低劣的二等品、三等品，甚至等外品都拿出来充数出售，导致品牌名誉受损。如日本第三大钢铁企业神户制钢所发生的篡改部分产品的技术数据，以次充好交付客户的恶性事件。问题产品波及丰田汽车、马自达、斯巴鲁公司等数家汽车品牌企业，虽不是企业自身问题，也同样对企业品牌造成了恶劣的影响。如有些经销商以库存车辆、事故车辆代替新车进行销售等恶劣行为，哄骗消费者，欺瞒消费者，最终导致品牌形象大跌。

（7）产品缺乏创新　市场在不断变化，人们的消费水平和消费观念也在不断地变化着，这就要求企业的名牌产品也要不断变化、不断改进、不断创新，以适应市场的变化和消费群体的变化。只有不断创新的品牌才是真正的品牌；反之，一味守旧，跟不上时代发展和潮流的名品终有一天会被人们所抛弃，被市场所淘汰。

导致产品缺乏创新的原因大致有以下几种：

1）管理观念落后。企业决策者有没有创新产品的观念至关重要，它关系着产品的市场占有率，关系着企业的发展和兴衰存亡。由于管理观念的制约，产品得不到创新而影响企业发展的事件时有发生。每个成功的企业品牌都有自己的管理制度，但并不适用于所有的企业，针对不同的国家及不同的市场，尤其是像竞争激烈、风云变幻的中国汽车市场，生搬硬套的管理制度是行不通的，需要针对汽车市场运行规律、企业自身的经营状态和员工的基本结构来进行相应的调整。

2）缺乏市场调查。有没有市场调查是能否创新产品的前提条件之一。如果没有去进行有效的市场调查，对消费者的需求、市场的要求没有系统的认识，企业是无法去搞产品创新的。跟不上消费者、市场、国际大环境的产品和企业迟早要挨打。

3）缺乏技术产品开发人才。产品的创新需要技术型人才的开发和努力，技术型人才的贫乏直接影响着企业的产品创新。

4）资金投入不到位。新产品的开发往往需要投入大量资金，在技术、人才、生产设备等方面如果出现资金投入过少或资金链断裂的情况，就可能会导致产品开发受阻。历史悠久的汽车品牌其资金都较为雄厚，但很多小品牌和新兴品牌的夭折都是由资金不到位造成的。

7.4.2　品牌危机处理

品牌危机是指在企业发展过程中，由企业自身的失职、失误，或者内部管理工作中出现缺漏等，所引发的突发性品牌被市场吞噬、毁掉直至销声匿迹，公众对该品牌的不信任感增加，销售量急剧下降，品牌美誉度遭受严重打击等现象。

1. 品牌危机特点

在如今这个互联网时代，信息的传播快速而便捷，对于品牌的建立相较从前也是更加方便和迅速，但对于品牌危机来说，经由网络后，危机的影响力将更加深远。在当今的网络环境下，品牌危机特点可以概括为以下三点：

（1）突发性　随着互联网的发展，每个网民都可能成为消息的制造者和传播者，危机产生将会呈现出突发性特点，不论在哪个时间、哪个地点、哪个环节，都有可能由于某个事件而给企业带来品牌危机。尤其是汽车这样受众面广、关注度高的品牌，由于环节众多，消费者可能会在任何时候因为不愉快的感受而对品牌产生不好的印象。与此同时，企业品牌危机的信息传播极快且覆盖面广。危机产生后，一般会受到社会的广泛关注，直接导致消费者对品牌的信任度急剧下降。

（2）蔓延性 由于互联网的便捷及随时随地的特点，汽车产品和消费者的生活息息相关，消费者对企业的负面新闻关注程度较高，尤其是著名品牌的产品，更是消费者关注的焦点。同时，因为事件的不透明性及以讹传讹，当企业的产品出现一些负面消息后，在网络媒体的传播助力下会使负面的消息快速传播，导致品牌危机迅速蔓延并升级。

（3）破坏性 网络环境下发生品牌危机，无论是何种性质，发生后都会产生一定的破坏作用。由于某些消费者的泄愤心理或从众心理，在网络的发酵下，品牌危机对产品销量、利润、信誉等都会有不利影响，更严重的甚至会导致企业倒闭，甚至危及整个行业。

2. 品牌危机处理

品牌危机处理是指由于企业管理不善、同行竞争，甚至恶意破坏或外界特殊事件的影响，而给企业品牌带来危机时，企业所进行的一系列具有针对性的自救行动，包括消除影响、恢复形象等。

（1）品牌危机处理原则

1）主动性原则。任何危机发生后，不可回避和被动应付，要积极直面危机，有效控制局势。

2）快速性原则。对危机的反应必须迅速，无论是对受害者、消费者、社会公众还是对新闻媒体。

3）诚意性原则。企业要有诚意地保护消费者利益，减少受害者损失。

4）真实性原则。企业必须向公众陈述事实的全部真相。

5）统一性原则。危机处理必须协调统一，宣传解释和行动步骤统一到位。

6）全员性原则。员工不是危机处理的旁观者，而是参与者，应发挥其宣传作用。

7）创新性原则。危机处理既要充分借鉴过去成功的经验，又要根据危机的实际情况，借助新技术、新信息和新思维，大胆创新。

（2）危机应对策略 由于网络具有强大的交流与互动功能。发生品牌危机的问题将会在网络进行大量流传，导致消费者对其曝光的品牌有所质疑，从而导致企业品牌危机。企业同样可以利用互联网这个工具进行处理品牌危机的策略制定，具体来说，企业要做好三个方面的工作：一是危机预防，二是危机应对，三是品牌重建。

针对危机，企业可以通过两个途径来预防：

一是提高员工的品牌危机意识。平常注重对员工品牌维护意识的培养，可促使员工无论何时都以维护品牌形象为己任，那么在出现品牌危机时才会对挽救品牌形象表现得主动。员工作为企业的主体，其公关、营销观念和品牌危机意识是品牌生存的关键，也是企业保护品牌的重心。

二是建立品牌危机预警系统和监察体系。不管有没有危机，企业都应建立一套完备的危机预警系统和一套完善的监察体系。对于危机，最重要的是预防它的发生，而不是发生后再去亡羊补牢。之前已经讲过如今网络环境下发生的品牌危机，其最终结果是：无

论是何种性质的品牌危机，发生后都会产生一定的破坏作用。企业可以利用网络技术建立起高效的危机监测与预警机制，监测各行业和专业网站上的各种信息，并对监测到的信息进行分类评估，然后及时处理对企业有利或者不利的信息。尤其是发现不利于企业的信息后，要马上采取相应的手段与消费者和传播者进行沟通，消除不必要的误解，维护企业的形象。

当危机已经确切发生时，则需要及时、正确地应对并进行补救。

品牌危机处理的流程：

1）迅速组成处理危机的应变总部。危机发生时，企业要以最快的速度成立危机公关部门或工作小组，调配训练有素的、经过系统培训的专业人员直接组成（必要时应聘请专业的公关公司），并迅速展开全面调查，以最快的速度制订出公关方案和程序，为重塑企业形象做好准备。

2）搞好内部公关，取得内部公众的理解。危机发生后，企业应在第一时间安抚经销商和终端客户，对内部人员解释危机源头、原因、危机责任，并说明危机处理流程，使所有内部人员团结起来，保持统一口径。

3）迅速召回不合格产品。若危机产生的原因是产品质量问题，则需立即召回。汽车召回事件时有发生，但召回的及时性直接决定品牌的危机处理结果，如丰田的“召回门”事件，因丰田公司在产品质量浮出水面之后反应迟缓，在舆论的压力下致歉态度敷衍、召回速度延缓等行为导致消费者的不信任，致使丰田企业差点无力回天。及时收回不合格产品一般都会得到消费者的好评，至少表明企业解决问题的态度是积极的。

4）设立一个专门负责的发言人。这个发言人不但要有说服力，还要有一定的信誉，发言人在企业内部的地位要高，能够代表企业，有决定权。

5）主动与新闻界沟通。回避媒体，只会导致无谓的猜测，谣言四起，甚至扭曲事实真相，损坏品牌形象，不如主动、及时地与新闻界接触，争取他们的客观真实报道，企业要做到开诚布公，并主动邀请新闻界对事件进行实时跟踪报道，表明自己积极处理事件的诚恳态度。

6）查清事实，公布造成危机的原因。当遭遇品牌危机时及时披露相关信息，将正确的第一手资料告知消费者，以避免媒体针对品牌危机大肆报道后滋生出的某些不实信息。还要主动承担责任，进行相应赔偿及精神安抚，主动通过媒体报道事件的处理流程及结果，以及事件的原因及改正措施。

专栏 7-1　品牌危机的典型案例分析

某著名品牌车辆在公路上发生车祸起火，从监控视频可以看到汽车前部着火，两侧轮胎火势较大，中间最前部出现几次小型的火球，驾驶舱和汽车后部基本完好。随着视频的广泛传播，公众再次对于该品牌车辆的安全性产生了怀疑。事故发生后，该品牌公司的 CEO 不但及时联系了车主，向公众介绍了事故情况，而且对起火事故做出了全面分析和解释。

在汽车起火发生的当天，该品牌的公关部门就发布了紧急声明，承认着火车辆是旗下新款车型，但他们解释该车是在发生重大撞击之后才起火的，并非自燃。这份措辞讲究的声明还不忘强调车辆的安全性能：大火仅仅局限在车头的部位，所有迹象都显示火焰并没有进入驾驶舱内部；同时，车辆的警报系统显示车辆故障，很智能地“指引”驾驶员靠边停车并安全撤离，避免了人员伤亡。

在完全了解了起火以及事故发生的原因后，事故车的驾驶员为该品牌公司做了“无罪辩护”，他对该品牌公司在此次事故中的表现很满意。他说，车辆在这样极端的情况下表现良好，并表示自己仍是该品牌的“粉丝”并会再购买一辆。

正是该品牌 CEO 良好的形象使得其具有话语权且能获得公众的信任，并且在危机处理时很坦诚地讲述了事情的前因后果，把事实的真相公之于众，同时及时获得了当事消费者的原谅，树立起了信誉度及美誉度，才使得危机及时解除，并顺便提升了品牌的公众印象。

7.5 汽车电商品牌运营管理

7.5.1 汽车电商概念

1. 电商概念

电商即电子商务，是指贸易过程从售前服务到售后服务的各阶段全部实施电子化、自动化和网络化的商务活动。而广义电商是指利用网络实现所有商务活动业务流程的电子化。前者集中于基于互联网的电子交易，强调企业利用互联网与外部发生交易与合作；而后者则把涵盖范围扩大了很多，指企业使用各种电子工具从事商务活动。而目前并没有一个具体的概念能够对汽车电商进行定义。

2. 汽车电商平台与传统汽车品牌运营的区别

（1）电商平台改变了消费者购车习惯 新媒体的出现改变了无数人的消费理念和消费习惯，形式多样的汽车电商平台使消费者足不出户便可了解全世界的商品并享受便捷的服务，无须劳心劳力地跑到各家 4S 店询价和比较车型。

汽车电商平台倾向于提供更优的商品、服务和更实惠的价格，以客户便利性为前提为消费者提供便捷服务，并不局限于某品牌市场，客户可以货比三家之后选择适合自己的服务方式、地点和途径。而传统汽车行业还在利用行业垄断，逼迫用户在三包期内，走进来消费以换取合法的三包权益。

（2）电商平台提供的汽车产品价格更透明、更优惠 汽车电商平台以用户数量级取胜，但是它的主要盈利来源不是集中于用户消费，而是线下商户佣金、广告收入、平台支付通道盈利、平台资金短期拆借以及用户数据等，所以互联网平台更专注于提供服务，而不是获取用户盈利；而传统汽车行业追求的是汽车产品的单品销售利润。

汽车电商平台通过将关联商户进行互联，所有关联商户将运营成本、营销成本及融资

成本进行分摊，从而拥有价格优势；而传统汽车行业就需要承担所有运营费用，并受制于各种条条框框的限制。

（3）电商平台无法保证消费者线下体验 汽车电商平台只是提供信息服务，仍需线下4S店提供后续的服务，对实体行业依赖性强，两者相辅相成、缺一不可。汽车电商平台更易于积累庞大的数量级客户，但无法保障客户黏度，客户类型也是鱼龙混杂，无法快速筛选出有效客户，而传统汽车行业拥有更为稳定的消费群体，用户消费模式稳固且有稳定的收入来源。汽车电商平台擅长整合各类相关资源，服务于目标用户，而传统汽车行业更擅长于利用现有资源，服务于目标用户。

7.5.2 汽车电商品牌建设

目前，我国汽车电商按经营者主要分为由汽车垂直网站成立的交易平台、各车企和经销商集团自建的电商平台、各综合电商平台扩展的汽车电商服务平台；按经营主体主要分为整车销售（包括新车和二手车）与服务电商平台、汽车零部件生产与销售电商平台、汽车金融电商平台；按经营方式主要分为企业对企业（B2B）、企业对消费者（B2C）、消费者对消费者（C2C）三种电商模式。

1. 综合电商平台模式：以品牌宣传、客户导流为主

目前，我国的综合电商可以说走在了世界的前列，综合电商平台也都在汽车电商方面有所涉猎，不过其思路仍是把传统的B2C电商模式复制到汽车电商领域。但汽车作为大宗商品具有特殊性，汽车品牌商们在综合电商平台上开设旗舰店的目的不是做销售，而是进行品牌展示和宣传，将客户进行分类，并向线下平台进行导流。

2. 汽车垂直网站成立的交易平台：掌握一定价格权利对客户进行导流

汽车垂直网站都拥有强大的汽车品牌商及经销商、区域服务市场等资源，通过资源整合，可根据企业自身定位，进行具有不同特色的经营活动。它们往往通过推出提供价格优惠及推出优惠活动等多元化汽车促销模式将消费者引导到实体店区购买车辆，不仅给予消费者更多选择和实惠，营销效果也获得极大提升。

不过消费者在线上下订单享受厂商或经销商提供的限时优惠，仍要到线下经销商处才能完成交易，这种模式仍然停留在O2O的阶段。用销售线索的思路来做汽车电商，为消费者带来的用户体验与传统购车方式并无明显差别，实际价格的操控权仍然掌握在汽车经销商手中，消费者网购之后依然到4S店斗智斗勇砍价。

3. B2C整车电商平台模式：全程网上交易

该平台模式主张真正的电商销售，对用户实行一口价策略，免除价格不透明和砍价所带来的困扰。对厂商和经销商来说，该类平台以销量为目标，与厂商深度合作，以清库包销、易车定制、品牌直销、新车预售等灵活多样的在线售车方案进行整车销售，其独享的优势和一步到位的价格，很好地解决了以上两大难题。其一，已经是底价了，无须和4S店再次砍价；其二，按照实际销量比例提取佣金，汽车经销商获得的是实际销量而非销售线索。

4. C2B模式：消费者掌握主动权

该类电商平台，采取了全新的C2B模式，走出了汽车电商的一条新路。从购车流程上来看，消费者通过网站或 App 发布自己的购车需求（品牌、车型、配饰等），支付订金，4S 店就会争相来竞价，消费者便可通过比较获得该款车型的底价，凭借生成的购车凭证便可在经销商处完成后续交易。同时，只有当消费者认可了满意的底价，决定去指定 4S 店买车，才会与销售顾问联系，免除了用户的个人信息暴露给多家 4S 店的问题。在这一电商模式之下，一切都围绕着消费者转，一切都是消费者说了算。它破除了信息不对称，解决了消费者在经销商面前相对弱势的痛点。

5. 各车企和经销商集团自建的电商平台：自产自销

车企和经销商自建电商平台有着先天的优势，即产品资源。自 2014 年上汽集团率先推出自己的一站式服务平台车享网之后，整车企业也掀起了一股自建电商平台的风潮，东风日产建立车巴巴，华晨汽车建立中华商城，长城汽车推出哈弗商城，吉利汽车建立蓝色商城，长安、广汽、江淮等车企集团也都自建了电商平台。但由于传统汽车销售渠道造成的销售体系限制，整车企业自建电商平台线上卖的车型必须和线下渠道分开，不能冲击现有经销商体系的利益，这就意味着真正走量好卖的车型还是要放到传统线下渠道，而线上渠道只能卖一些特供车或者不好卖的车型，做一些锦上添花的事。

车企自建电商平台目前主要是为了掌握获客渠道，为经销商导流，传播品牌，实现精准营销。而且从长远来看，线上渠道与线下渠道结合是大势所趋，现有的 4S 模式将面临很大的挑战。一汽-大众汽车有限公司商务副总经理、一汽-大众销售有限责任公司总经理董修惠表示：“客户年轻化、消费数字化的特点快速显现。新技术、新商业模式、新消费心态的新消费时代给所有车企的销售和服务都提出了全新的挑战。”

但在汽车新零售的变革只是刚开始，传统 4S 模式的惯性依然很大的背景下，一汽-大众商城等车企自建电商平台，实现蓝图的路途依然遥远。汽车电商受制于政策、物流、支付、O2O 等，想一蹴而就显然不太现实。不过，随着各方势力在汽车电商领域全方位的探索、努力和突破，也在逐步逼近汽车电商的本质。现在还无法判断哪种模式可最终取胜，不过目标一直是明确的：

1）以用户为中心重构汽车销售体系。

2）破除信息不对称，帮助用户找到适合自己的车款，拿到最低的价格。

3）从选车、议价到提车，甚至做车贷都在线上完成。

最终能够满足消费者个性化需求，能够多快好省地完成购车服务的电商模式将最终胜出。

7.5.3 汽车电商品牌经营方式定位

1. 线上经营模式

目前，大部分汽车电商平台的经营模式为线上经营，即整合汽车产品资源，提供产品咨询、分类、性能介绍、价格比较等服务，最终产品交付仍然需要在线下进行，后期的售后服务更是依赖于实体企业。由此不难看出，汽车电商行业的这些早期参与者做得并不算成功。究其原因，虽然不同的经营主体采用的模式不同，但早期的汽车电商大都注重线上平台的建设，却忽视了汽车作为大宗商品的属性，结果发展到后来，基本都成了汽车经销商的导流商。这么做不仅增加了流通成本，还降低了用户体验。因此准确来说，

以线上为主的汽车电商模式卖的只是线索，而不是汽车。而且由线索到汽车这一环节，还存在转化率的问题。

2. 线上线下结合的经营模式

在意识到线上经营的缺陷后，部分汽车电商平台开始试图改变这种经营模式，将线上线下结合起来，实现真正的电商购销闭环。在这一模式之下，销售新车及准新车，平台既注重线上用户和流量，又通过遍布全国的线下供应商、销售网络以及自建门店来为汽车交易的全链条提供服务和支撑。

对此，有资深业内人士分析，线上线下相结合的模式，真正形成了互联网购销闭环：从多种渠道（包括厂家、4S 店和进口车商等）以大规模集团采购的方式获得车源，并通过网站、App、微信等多种线上渠道将消费者有效导流至线下门店，完成终端销售和完善的售后服务。具体说来，这一模式同时解决了汽车消费的两大痛点：价格和服务。

3. 电商与实体进行融合经营模式

在汽车电商行业，越来越多的参与者也注意到了线下渠道和服务的重要性。电商平台只拥有资源，对产品价格及服务却没有话语权，最终导致产品销售体验虎头蛇尾；实体企业限于传统经营、销售模式的限制使得消费者消费便利性差，只有将两者相结合，使得实体企业快速、准确地获得潜在的客户资源，电商平台有底气进行产品销售，没有任何后顾之忧，才能真正构建一个全新的“线上+线下”的一体化全场景经销模式，才能顺应趋势，实现行业突围。

7.5.4　汽车电商品牌运营管理

无论是何种电商经营模式，品牌正确的运营管理都是重中之重，而对于电商平台如何进行品牌的运营管理，则需要结合成功的综合电商平台和传统汽车品牌的经营管理经验。

1. 品牌形象的展示

车企的电商品牌形象几乎完全被实体企业的形象所决定，因此良好的实体企业形象是首要因素，而电商店铺的页面设计则是所有汽车电商平台的品牌形象展示途径之首。在店铺装修中，文案必须清晰，通过视频、照片进行品牌形象展示，并带出直观的价格体系和产品卖点，页面设计要有强烈的视觉冲击效果，按照用户的浏览习惯，向用户展示品牌不断向前、迎合市场的姿态。

2. 配合合作方营销推广并使消费者交易过程透明化

电商平台的运作需要多方的合作，货源（车企、经销商、客户信息等）、物流、支付平台、金融平台等，每个环节都需要同心协力、和谐并进才能保证电商平台的正常运行。电商平台需要将合作方的营销信息进行推广，获得有效的客户订单，由于营销水平的参差不齐，可选择好的营销方案放在店铺首页进行展示，并对合作方不理想的营销方案提出改良方案，提升整体合作方的电商营销水平。

对于消费者来说，网上购物最重要的三点就是品牌、价格和便利性。可信赖的品牌、透明的价格、人性化的便利性，电商平台可进行重点操作的就是通过便利性提高品牌形象，以透明的价格提高品牌的美誉度。打破原有简单的品牌说明和自由度很小的网上选配，提高用户购买的便利性才是目前改善的重点。如果消费者在网上选配下单后，网店能够与厂家和线下实体店同步，推送相关的车辆制造信息以及运输物流信息等，让消费者明明白白消费，那么口碑也就实实在在地建立起来了。

3. 品牌形象维护、口碑维持

在互联网时代的大背景下，品牌形象维护和口碑的维持相较以前都方便、快捷了很多，而且因现在品牌宣传手段的增多，品牌形象的维护成本也降低了很多。线上销售的最大特点，就是消费者可以在网上发布购买及试用商品的心得评价。而这个评价可以为后续的消费者提供参考，从而在一定程度上强化或动摇消费者进行下一步咨询的信心。

现在，公众号、公关软文、智能 App 都是与消费者互动的极佳途径，在线上线下销售产品的同时，通过这些互动途径使得消费者加深对品牌的了解，积极参加品牌互动活动，并不时给予消费者一定的实际物质回馈（如汽车相关产品），都可获得消费者对于品牌的支持。线上汽车电商平台应及时响应客户，解答客户的问题，给客户提供意见，导向具体的商品销售。在用户下单到店后，通过试驾或讲解，定期做好回访工作。在各个环节，通过各种方式获得消费者的好感，品牌口碑的维持也将不难实现。

知识拓展：基于汽车职场的大学生个人品牌形象建设

经过前几节的介绍，可充分了解汽车品牌运营管理的重要性及方法，对于个人而言，个人的形象也可以品牌形式进行建设，通过系统的发展，使个人成为某种品牌的代表。对于学生而言，个人品牌形象建设的初期就是求职简历的编写。

一、汽车职场类型

汽车职场按照公司职能进行分类，可分为汽车制造、汽车销售与售后服务、汽车金融、汽车租赁及汽车美容等职场类型；按照职位职能进行分类，可分为行政部门、服务部门、技术部门等类型。

1. 汽车制造

汽车制造厂即俗称的主机厂，主要以生产汽车零配件、整车为主，主要的招聘职位有采购员、产品质量管理员、生产线技术员、产品开发工程师、产品设计工程师等。

2. 汽车销售与售后服务

汽车销售与售后服务主要是指汽车 4S 店，主要以销售汽车、售后服务为主，主要的招聘职位有前台接待、销售顾问、服务顾问、维修技师、钣金美容技师等。

3. 汽车金融

汽车金融是由消费者在购买汽车需要贷款时，可以直接向汽车金融公司申请优惠的支付方式，可以按照自身的个性化需求，选择不同的车型和不同的支付方法。主要的招聘职位有财务专员、销售顾问、信贷分析专员等。

4. 汽车租赁

汽车租赁是指将汽车的资产使用权从拥有权中分离出来，出租人具有资产所有权，承租人拥有资产使用权，出租人与承租人签订租赁合同，以交换使用权利的一种交易

形式。主要的招聘职位有业务代表、运营管理员、高级客户顾问等。

5. 汽车美容

汽车美容是指针对汽车各部位不同材质所需的保养条件采用不同性质的汽车美容护理用品及施工工艺，对汽车进行全新的保养护理。主要的招聘职位有钣金技师、喷漆技师、美容技师等。

二、大学生个人品牌建设之简历编写

简历是对个人学历、经历、特长、爱好及其他有关情况所做的简明扼要的书面介绍，是有针对性的自我介绍的一种规范化、逻辑化的书面表达。

简历是用于应聘的书面交流材料，它向未来雇主表明自己拥有能够满足特定工作要求的技能、态度、资质和自信。成功的简历就是一件营销武器，它向未来的雇主证明自己能够解决工作上的问题或者满足特定的工作需要，从而为自己争取到一次面试机会。

1. 简历类型

（1）中文简历　除了外企，其他企业基本上都要求递交中文简历，虽然中文简历没有固定的编写格式，但其中的内容都是大同小异的，只是针对不同类型的职场及职位，编写侧重点有所不同，但基本符合中国企业对于员工想要了解的基本信息的要求。

（2）英文简历　英文简历和一般中文简历的表现方式稍有不同，其中对于个人基本信息并无硬性要求，更注重个人技能及专长的描述，篇幅上要求尽量简短。就整体来说，一份能够积极展现个人特色、优点以及潜力的英文简历是比较容易得到主试者青睐的。

2. 简历内容

（1）个人信息　其中包括应聘者的姓名、性别、年龄、籍贯、政治面貌、学校、系别及专业，婚姻状况、健康状况、爱好与兴趣、家庭住址、邮箱、电话号码等。这些信息有助于企业根据岗位需求对应聘者进行筛选，如销售顾问职位对学历要求不是非常严格，但要求是汽车专业；而管理层职位对于专业及学历都有一定要求。

（2）教育经历及所学课程　以时间顺序列出自己的教育经历，通过学校资历来表明应聘者的教育水平。尤其是应届毕业生，其所学课程有助于企业了解应聘者所学专业与其应聘职位的契合程度。

（3）工作经历　若有工作经验，最好详细列明，对于有工作经验要求的企业会对这项内容有所关注。工作经历不仅可使企业了解应聘者的工作经验是否符合职位要求，并且能够了解应聘者跳槽的频率及工作的稳定性。

（4）获奖情况及证书　获奖情况主要针对应届毕业生，可以体现应聘者在求学期间的学习能力及参与学校活动的活跃度、组织能力等各项综合能力；资格证书则是体现应聘者专业能力的有力证据。

（5）自我评价及求职意向　自我评价忌讳冗长、格式化、无个性的自我评价，如活泼开朗、外向大方、勤奋努力等，这样的用词很难打动企业。应该针对所应聘的职位，突出体现自己以前的工作经验与目标职位的契合程度，以及自己的工作能力和突出表现，以此突出自己的优势。

求职意向即求职目标或个人期望的工作职位，表明应聘者希望通过求职得到什么样的工种和职位，以及应聘者的奋斗目标。这项内容可以和个人特长等写在一起。

三、简历编辑注意事项

十秒钟原则：一般情况下，简历的长度以 A4 纸 1 页为限，简历越长，被认真阅读的可能性越小。高端人才有时可准备 2 页以上的简历，但也需要在简历的开头部分进行资历概述。

清晰原则：也就是要便于阅读。就像是制作一份平面广告作品一样，简历排版时需要综合考虑字体大小、行和段的间距、重点内容突出等因素。

真实性原则：不要试图编造工作经历或者业绩，谎言不会让你走得太远。

针对性原则：假如公司要求具备相关行业经验，简历中应清楚地罗列相关的经历和事实，并且把它们放在突出的位置。

价值性原则：语言力求平实、客观、精炼，篇幅视工作年限定为 1~2 页，工作年限 5 年以下，通常以 1 页为宜；工作年限在 5 年以上，通常可设 2 页。注意，应提供能够证明工作业绩的量化数据，同时提供能够提高职业含金量的成功经历。独有经历一定要保留，如著名公司从业、参与著名培训会议论坛、与著名人物接触的经历，将最闪光的内容单列出来即可。

条理性原则：要将公司可能雇佣自己理由以自己过去的经历为依据有条理地表达出来。个人基本资料、工作经历（包括职责和业绩）、教育与培训这三大块为重点内容，其次重要的是职业目标、核心技能、背景概论、语言与计算机能力以及奖励和荣誉。

客观性原则：简历上应提供客观的证明或者佐证资历、能力的事实和数据。另外，简历要避免使用第一人称“我”。

思考练习题

1. 汽车品牌的含义及组成是什么？
2. 讲述四个汽车品牌的商标形式及品牌故事。
3. 汽车品牌运营的步骤及品牌定位的重要性是什么？
4. 讲述长城汽车品牌的品牌定位发展过程。
5. 汽车品牌管理策略是什么？
6. 汽车品牌危机处理的过程及处理原则是什么？
7. 讲述一个汽车品牌危机处理失败的案例，并分析失败的原因。
8. 汽车电商品牌的运营模式有哪些？
9. 个人品牌设计。

第8章

汽车新岗位认证标准

本章重点：

1. 汽车金融管理师岗位认证程序、考核方法及考核内容。
2. “聊车商”平台操作指南。
3. 汽车行业场景模拟及岗位角色职能职责。
4. 特定场景下的术语技巧。

8.1 汽车新岗位概述

8.1.1 汽车金融管理师岗位背景

“十一五”以来，我国汽车产销持续保持高速增长，汽车产量由2005年的570.77万辆上升到了2017年的2901.54万辆，汽车销量由2005年的575.82万辆增长到2017年的2887.89万辆。其中，受益于国家产业振兴政策，2009年，我国汽车产销量分别为1379.10万辆和1364.48万辆，首次超越美国，成为世界第一大汽车生产国和消费国，这标志着我国已步入汽车社会化阶段。随着我国国民经济的健康发展、城乡道路的快速建设、居民收入的迅速增加，汽车也已成为普通老百姓的代步工具。在未来的一段时期内，我国汽车消费的高潮仍将持续。

汽车社会化的凸显、产业的发展和消费需求的旺盛，使得汽车后市场商机不断涌现。其涉及的业务范围极为广泛，包括汽车租赁、汽车融资、二手车、汽车养护、汽车专业维修、汽车电子商务等20个主要业务，是汽车产业链中最稳定的利润来源。同时，随着我国大力推进互联网、大数据与实体经济的深度融合，以及“一带一路”“中国制造2025”“互联网+”等重大战略的实施，使得各类良性资本竞相入局，新商业模式、新技术、新营销手段纷纷在汽车后市场中呈现出来，再现“百花齐放”的繁荣景象。而另一方面，职业化、专业化的创新型人才的缺乏成为了阻碍汽车后市场长远发展的巨大障碍。

为适应“新时代、新理念、新业态”对汽车服务工程提出的新要求，同时为了进一步贯彻和落实教育部“新工科”建设与专业认证精神，借鉴德国“双元制”育人经验，响应教育界“双师型”师资建设，教育部和各高校联合企业，全力推进产学合作协同育人项目建设，协同探索与行业发展无缝接轨，且兼具“新车互联网、二手车电商、汽车科技金融”等理论基础与实践能力的人才培养模式，为我国汽车服务业培养和造就一批专业化、职业化、国际化的复合型人才，即汽车金融管理师。

8.1.2 汽车金融管理师岗位认证优势

汽车金融管理师岗位认证采用“创新创业实战特训营”（理论培训期、实景实训期、实战考核期、实习创业期）互联网理论与实践模拟的考核方式，实现了学校人才培养与行业需求的无缝接轨，通过“聊车商　聊车城”双创实验室理论课程与模拟考核的学员，将获得由国家级高校、企业及行业协会联合颁发的汽车金融管理师职业认证证书。

“创新创业实战特训营”的实训内容与汽车行业发展高度契合，得到了汽车行业内众多企业的高度认可，因此汽车金融管理师职业认证证书将会增加高校汽车类专业学生的就业筹码，使其获得更优质的就业机会，或是助其实现创新创业梦想。

8.2 汽车金融管理师认证办法

8.2.1 认证程序

汽车金融管理师认证是在教育部产学合作协同育人项目组专家、中国工程教育专业认证协会企业专家、国家新工科研究与实践项目专家、中国汽车工程学会特聘专家、全国工商联汽车经销商商会领导的联合指导下，由汽车双创产学研促进联会组织高校优秀教师、企业高级导师和领先汽车企业主导完成的认证项目。

汽车金融管理师岗位的认证通过“线下汽车金融双创实验室、线上聊车商平台”（下文简称“聊车商”平台）完成，可完成理论教学、实训演练、考核考评和岗位认证等环节任务。学员通过“聊车商”平台，线上完成并通过三个科目的教育培训、模拟实训、考评认证后，本科学历学员将获得中华全国工商业联合会汽车经销商商会颁发的“汽车金融管理师”高级证书，专科学历学员将获得中华全国工商业联合会汽车经销商商会颁发的“汽车金融管理师”中级证书（在汽车行业工作满一年换为高级证书）（见图 8-1）。

8.2.2 考核内容

1. 科目一：汽车金融知识百题库

储备知识：汽车银行分期、汽车厂商贴息、汽车融资租赁、汽车担保、企业抵押、经销商库存融资等产品相关基础知识、设计技巧以及财务计算法则等。

职业方向：互联网平台、汽车商务、汽车交易、汽车金融、车辆评估、汽车保险、汽车物流、车务办理等汽车及延伸服务性领域。

考评技能：基础理论 100 题，80 分及以上为合格。

考核软件：聊车城 App。

2. 科目二：汽车电商双创实训平台

储备知识：掌握汽车电商交易、汽车保险购买、汽车手续办理等基础知识；熟悉汽车鉴定评估师、汽车信息复核员、车险营销专员、车险信息复核员、汽车交易手续专员、

证书查询网址：
www.cadcc.com.cn

汽车金融管理师
专业技能证书

CADCC
中华全国工商业联合会汽车经销商商会
CHINA AUTO DEALERS CHAMBER OF COMMERCE

a)

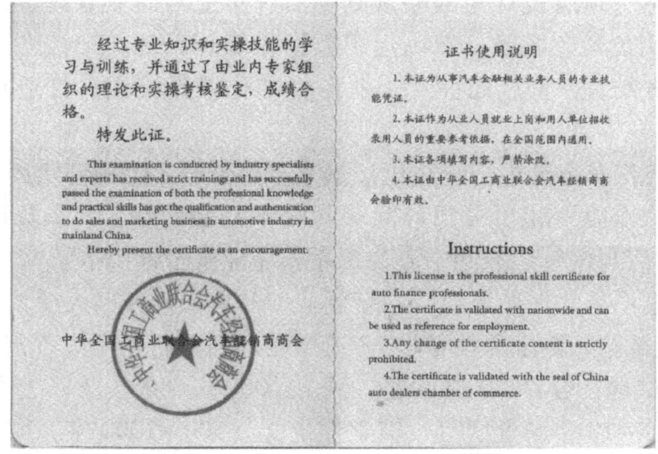

经过专业知识和实操技能的学习与训练，并通过了由业内专家组织的理论和实操考核鉴定，成绩合格。

特发此证。

This examination is conducted by industry specialists and experts has received strict trainings and has successfully passed the examination of both the professional knowledge and practical skills has got the qualification and authentication to do sales and marketing business in automotive industry in mainland China.

Hereby present the certificate as an encouragement.

中华全国工商业联合会汽车经销商商会

证书使用说明

1. 本证为从事汽车金融相关业务人员的专业技能凭证。

2. 本证作为从业人员就业上岗和用人单位招收录用人员的重要参考依据，在全国范围内通用。

3. 本证各项填写内容，严禁涂改。

4. 本证由中华全国工商业联合会汽车经销商商会验印有效。

Instructions

1.This license is the professional skill certificate for auto finance professionals.

2.The certificate is validated with nationwide and can be used as reference for employment.

3.Any change of the certificate content is strictly prohibited.

4.The certificate is validated with the seal of China auto dealers chamber of commerce.

b)

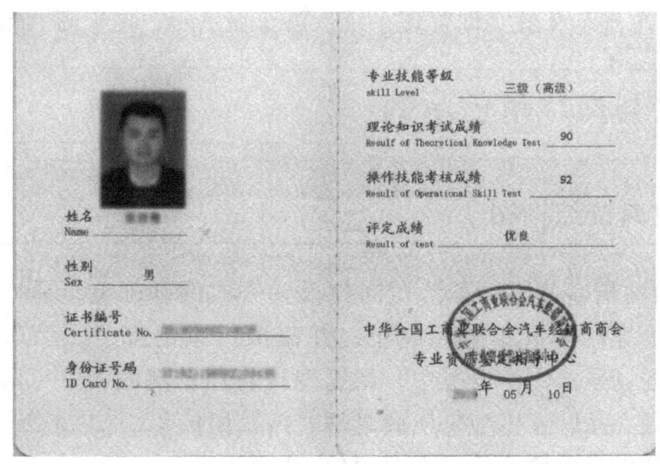

姓名
Name

性别 男
Sex

证书编号
Certificate No.

身份证号码
ID Card No.

专业技能等级 三级（高级）
skill Level

理论知识考试成绩 90
Result of Theoretical Knowledge Test

操作技能考核成绩 92
Result of Operational Skill Test

评定成绩 优良
Result of test

中华全国工商业联合会汽车经销商商会
专业资格鉴定指导中心

年 05月 10日

c)

图 8-1　汽车金融管理师专业技能证书

a）汽车金融管理师专业技能证书封面　b）汽车金融管理师专业技能证书扉页

c）汽车金融管理师专业技能证书内容页

车辆手续复核员等未来工作岗位的作业流程；了解汽车厂商与电商平台的交易模式、车险公司与营销平台的业务模式、车辆管理所与汽车经纪公司的服务流程等。

职业方向：主机厂汽车销售公司、经销商集团汽车销售公司、汽车4S店与汽贸店营销中心、新车互联网平台、二手车电商平台、汽车连锁品牌企业等。

考评技能：汽车电商（三选一，系统随机抽选，系统评分，满分100分，80分及以上为合格）；车险在线（三选一，系统随意抽选，系统评分，满分100分，80分及以上为合格）；实战车（系统+人工审核，满分100分，80分及以上为合格）；实战车险（系统+人工审核，满分100分，80分及以上为合格）。

考评软件：聊车商App、聊车城App（实战部分，需要现场提供实际车辆供学生考核使用）。

3. 科目三：汽车金融场景实训系统

储备知识：熟悉“顶层设计与战略规划、品牌塑造与商业管理、产品模型设计与开发”等组织架构及岗位角色职能，熟练运用数据化管理系统，把控“预约进件、风险控制、资金渠道、财务结算、资产处置”等业务标准化操作流程，打造卓越中高层管理储备人才。

职业方向：银行汽车金融中心、主机厂汽车金融公司、经销商集团汽车金融公司、汽车金融租赁公司、汽车融资租赁公司、互联网汽车金融平台、汽车资产管理公司、汽车担保机构、汽车4S店与汽贸店金融中心、二手车企业金融部门等。

考评技能：汽融产品、汽融风控、创新创业、非典型任务四大模块考核，其中，汽融产品模块考核12道试题，汽融风控考核28道试题，创新创业模块考核6道试题，非典型任务模块考核4道试题，合计50道试题，满分100分，80分及以上合格；学业论文考核，10个场景，择5~10个场景撰写一篇学业论文（500~1000字），满分100分，80分及以上合格。

考评软件：PC端汽车金融实训管理系统、聊车城App、聊车商App。

8.3 模拟场景与岗位角色示例

8.3.1 汽车行业岗位结构图

“聊车商”平台在借鉴传统汽车公司岗位设置方式的基础上，另增加了新车互联网、二手车电商、云车险等相关汽车电商岗位，并模拟汽车销售、二手车交易、汽车保险、售后服务等多种业务场景。岗位设置中，组织架构管理总部由10个部门组成，主要负责顶层设计、战略管理、品牌宣传与供应商管理，涉及岗位22个；分公司由3大部门组成，主要负责业务开拓和市场营销业务，涉及岗位10个。

巧园汽车教育平台模拟业务场景实训系统，以全面的业务模拟和多部门、多岗位的角色设置，充分考察了从业者对汽车企业总体的认识，对各项业务流程的熟练程度，对各岗位职责的了解，为其在企业中的实际工作奠定了理论和实操基础（见图8-2）。

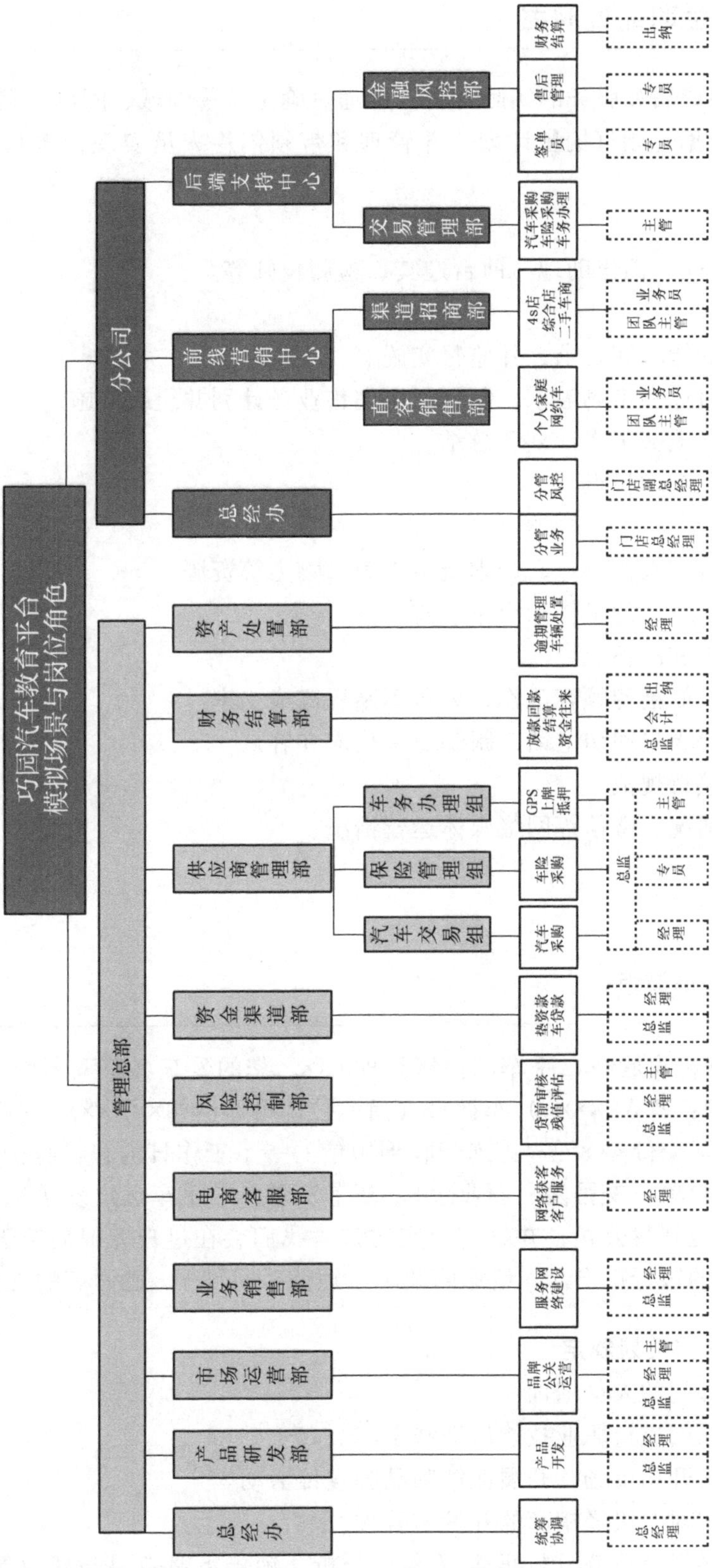

巧园汽车教育平台模拟场景与岗位角色

- 管理总部
  - 总经办 — 统筹协调 — 总经理
  - 产品研发部 — 产品开发 — 总监、经理
  - 市场运营部 — 品牌公关运营 — 总监、经理、主管
  - 业务销售部 — 服务网络建设 — 总监、经理
  - 电商客服部 — 网络获客客户服务 — 经理
  - 风险控制部 — 贷前审核残值评估 — 总监、经理、主管
  - 资金渠道部 — 垫资款车贷款 — 总监、经理
  - 供应商管理部
    - 汽车交易组 — 汽车采购
    - 保险管理组 — 车险采购
    - 车务办理组 — GPS上牌抵押
    - 总监 — 经理、专员、主管
  - 财务结算部 — 放款回款结算资金往来 — 总监、会计、出纳
  - 资产处置部 — 逾期管理车辆处置 — 经理
- 分公司
  - 总经办
    - 分管业务 — 门店总经理
    - 分管风控 — 门店副总经理
  - 前线营销中心
    - 直客销售部 — 个人家庭网约车 — 团队主管、业务员
    - 渠道招商部 — 4s店综合店二手车商 — 团队主管、业务员
  - 后端支持中心
    - 交易管理部 — 汽车采购车险采购车务办理 — 主管
    - 金融风控部
      - 签单员 — 专员
      - 售后管理 — 专员
      - 财务结算 — 出纳

图 8-2　巧园汽车教育平台模拟场景与岗位角色设置

8.3.2 销售经理岗位职能说明书

汽车销售经理指导产品和服务的实际销售，即通过确定销售领域、配额、目标来协调销售工作，分析销售数据，制订销售计划，并管理和带领销售人员实现销售目的的“业务管理型”人员。

直接上级：店长。

直接下属：销售顾问、销售助理、前台迎宾、检测技师等。

(1) 绩效管理

1）传达上级领导的指示和要求，并监督实施。

2）依据企业营销目标和市场需求，制订门店销售业务计划并组织实施。

3）定期向主管领导提交工作计划和总结。

4）寻求部门新的利润增长点。

(2) 销售管理

1）主持销售部门日常工作事务，合理调配人力、物力等资源。

2）安排好销售顾问每天的工作和交车事宜。

3）销售资料的监控和准备。

4）帮助销售顾问做好接待顾客工作，力争不断提高成交率。

5）要求销售顾问每天打回访电话，跟踪每一位潜在客户。

6）检查销售顾问接待规范。

7）检查网络发帖情况、微信等网络媒体运营情况。

8）洽谈网络合作。

9）成交短信确认。

专栏 8-1 确认短信模板

××先生/女士您好，我是××二手车的销售经理×××。您的爱车（车型名称，例如大众速腾），车牌号（例：浙 A×××××）车架号（后六位即可，例如××××××），已于今日在我公司成功售出，成交价×××元。请您于收到短信的一个工作日内，将身份证原件、登记证、行驶证、保险单（交强险、商业险）、新车发票（二手车过户发票）、购置税证、钥匙两把等资料送到我公司，并签订成交协议。我们会在过户完成后第五个工作日将车款打到您指定的银行账户上。请您阅读本条短信后回复 Y，感谢您的支持!

(3) 业务培训、营销策划制定

1）定期组织对本部门的人员培训。

2）定期安排销售顾问进行职业技能培训和学习。

3）组织本部门员工开拓市场，开展促销和品牌宣传活动。

4）组织本部门员工对二级经销商的开发与管理。

5）定期向主管领导提交业务分析报告（客户分析、销售策略效果与建议等），并组

织销售代表进行市场调研。

（4）库存回访管理

1）日寄放车辆回访。每日，寄放车辆经检测技师检测达标后，销售经理必须在当日22：00前进行电话回访确认。

专栏8-2 电话回访语术

××先生/女士，您好！我是××二手车连锁××店销售经理×××，请问您现在方便吗？（如方便继续，不方便再约时间）首先非常感谢您对我们的信任，今天您将爱车寄放在我们店进行销售，车辆经过我们检测技师认证，符合我们店的寄售标准，待清洁后马上会进场展示，进行销售。接下来，如有买主出价及调价等情况，会由我直接跟您对接。若您有任何需要，也可以随时联系我，这是我的电话，回头我也会用短信方式发给您以便于储存联系。另外，可否加您微信？好便于向您汇报车辆摆展等情况（如同意，就加微信；不同意也没关系，可再询问客户平常喜爱哪种联系方式，短信、电话、电子邮件等。）非常感谢您对我们工作的支持，我会随时关注咱们车辆的状态并向您及时汇报，祝愿尽快以最好的价格售出！祝您生活愉快！再见！

电话确认完，一定要尽快将短信发过去，“您好！我是××二手车连锁××店的销售经理×××，非常高兴能为您服务，有任何事情您可随时联系我139××××××××。再次感谢您对我们的信任及支持，祝您生活愉快！

2）车辆上展场回访。车辆上展场当日的22：00前要进行回访，回访形式：可将车辆摆放展销照片通过微信发送给客户，也可用电子邮件或彩信。该回访也可让销售助理进行。

专栏8-3 文字回访语术

您好！我是××二手车连锁××店的销售经理×××，您的爱车已经摆展销售，也已进行网络销售，链接为××××，有任何动向我都会向您汇报。祝您生活愉快！

3）车辆库存回访。摆展回访周期最长不能超过5天，可以将近期成交数据及价格数据发给客户，以便做调价决定时供客户参考。该阶段回访的目的是为了让客户了解到销售人员一直在密切地关注着寄存车辆及客户。

4）车辆销售成交确认。与客户最终核定好成交价格及签订合同前，通过短信或微信方式与客户确定车辆品牌、车架号、成交价格、相关费用及承担方式等信息，并感谢客户（该通信内容保留至车辆手续过户变更完成7日后再删除）。

专栏8-4 车辆销售成交确认感谢信息

恭喜您的车辆在×××顺利成交！再次感谢您的支持！将来可保持联络，有需要可联系我。祝您生活愉快！

5）车辆退回确认。如车辆未能成交或未能就价格调整达成共识，店长需以电话方式跟客户联系并了解情况，然后转门店助理确认。

专栏 8-5　车辆退回确认语术

××先生/女士，您好！根据我们现在的数据及综合评估结果，如果价格不做调整的话，会影响车辆售出时间，非常抱歉没能帮助您售出车辆，接下来，我们的服务人员会与您确认提车事项。在此期间如有客户需求该车，我还会及时向您汇报。再次向您致歉，再见！

（5）展厅管理

1）展厅巡视。汽车销售门店展厅如图 8-3 所示。

图 8-3　汽车销售门店展厅

2）负责协调好展厅所有人员的工作。

3）检查车辆卫生、价签、检测单、寄售牌，以及车辆摆展。

（6）团队活动参与　参加公司组织的各类会议。

汽车销售经理岗位职能工作执行检视见表 8-1。

表 8-1　汽车销售经理岗位职能工作执行检视表

频　次	工作执行内容
每日 17：30	组织销售部召开夕会
每日 18：00	与店长、寄售经理召开门店绩效会
每周一 19：00	组织销售部周绩效会
每周三 7：30	参加军训
每周三 19：00	组织销售业务培训
每月倒数第 2 日 17：30	与直接下属召开绩效面谈

（续）

频　次	工作执行内容
月末最后一日上午 9：00-12：00	与店长绩效面谈，确定月度计划目标
即时	处理客户投诉并总结，记录到客户投诉案例库
即时	业务伙伴谈心沟通
即时	库存待售车辆维护

（7）其他职责

1）依照制度安排好每位试乘试驾人员进行试车，并注意安全。

2）负责处理销售人员无权处理或无法解决的重大问题。

3）处理与公司其他部门的关系，与其他部门有效合作。

4）掌握竞争车型情况，及时向公司领导汇报。

5）做好本部门人员的工作指导和考核工作。

专栏 8-6　客户投诉应对服务说明

所谓投诉处理，是指管理者把投诉处理的经验总结起来，并以此为标准督促员工执行标准、举一反三并不断完善，最后通过闭环管理的方式纳入现有的管理体系中的具体做法。

有效倾听顾客抱怨。为能让顾客心平气和地交流，在倾听时应该注意：当客户抱怨时，要认真倾听，并表示感同身受，争取赢得他们的信任。即使是挑剔的客户或脾气火爆的客户，也常常会在一个耐心且具有同情心的倾听者面前缓和起来。

让顾客先发泄情绪。如果顾客还没有将事情全部述说完毕，就打断他并做一些辩解，只会更大程度地刺激顾客的不满情绪。应让顾客把要说的话以及要表达的情绪都充分地发泄出来，这样才可以让顾客在尽情地发泄了不满情绪后有一种较为放松的感觉，心情也能逐渐平静下来。

确认问题所在。倾听不仅是一种动作，还必须通过倾听认真了解事情的每一个细节，找出问题所在并记录下来。如果对于抱怨的内容不是十分了解，可以在顾客将事情说完之后再询问对方。不过不能让顾客产生被质问的感觉，而应以婉转的方式请对方提供情况，例如，“很抱歉，有一个地方我还不是很了解，是不是可以再向您请教下有关的问题”？在对方说明时，随时以“我懂了”之类的回应来表示对问题的了解状况。

诚心诚意地道歉。不论责任是否在于商店，都应该诚心诚意地向顾客道歉，并对顾客提出的问题表示感谢，这样可以让顾客感觉受到重视。表达歉意时态度要真诚，而且必须是建立在凝神倾听和了解的基础上。如果道歉与顾客的投诉不是同一件事情，那么这样的道歉不但无助于平息顾客的愤怒情绪，反而会使顾客认为是在敷衍而变得更加不满。

实实在在解决问题。解决问题是最关键的一步，只有有效地、妥善地解决了顾客的问题，才算是完成了对这次投诉的处理。问题解决得好，顾客感到满意，下次自然还愿意光顾；如果敷衍了事，顾客就会更加不满，以后也不会再光顾。平息消费者的投诉，除了马上做出一定的补偿之外，还要当着消费者的面把投诉意见记录下来，并对消费者表示深深的歉意，告诉消费者其意见对企业很重要，并留下消费者的联系方式，由市场或公司的售后服务人员邮寄感谢信，或者附加邮寄一两件产品请消费者免费使用，这样的成本不高，却能够在一定的范围内获得良好的口碑宣传。

疑难投诉处理与投诉管理。所谓疑难投诉，一是难在“人”上，二是难在“事”上，三是难在“方案”上，它开始于普通投诉，却又不同于普通投诉，处理时更要注意态度和方法。

没有哪家企业能避免投诉，也没有哪个投诉是毫无缘由的。企业要抓住每一次“变投诉为财富”的机会，处理好顾客投诉，并争取把处理服务投诉作为再次赢得顾客、重获商机和重新树立企业形象的机会！

8.3.3 销售顾问岗位职能说明书

汽车销售顾问是指为客户提供顾问式的专业汽车消费咨询和导购服务的汽车销售服务人员，其工作实质上是从事汽车销售的工作。其立足点是以客户的需求和利益为出发点，向客户提供符合客户需求和利益的产品销售服务。

其具体工作内容包含：客户开发、客户跟踪、销售导购、销售洽谈、销售成交等基本过程，还可能涉及汽车保险、上牌、装潢、交车、理赔、年检等业务的介绍、成交或代办。

直接上级：销售经理。

1. 岗位职责

1）向销售经理汇报当天的客户接待情况、意向客户级别情况和接收单情况。

2）按顺序接待客户，并严格按照客户接待流程，热情、大方、认真、专业地向客户介绍产品和提供各项服务。

3）接待台的销售顾问必须严格填写来店（来电）客户登记表。

4）及时回访客户，在做好一级回访工作的同时，还要及时提醒客户进行车辆保养。

5）严格执行公司的报价及优惠政策，不允许向客户低报价，不允许未经销售经理同意就给客户优惠或赠送公司指定的优惠政策以外的赠品。

6）按照交车流程进行交车，认真介绍售后服务人员、售后相关责任人员。交车完毕后的当天，应给客户致感谢电话。

7）认真打扫责任内的卫生，注意保持汽车展场、展厅地面、展车、展台、资料架、车前脚以及垃圾桶等公司内外的清洁。

8）保持办公场所的清洁，办公用品放置有序。

9）听从管理、服从分配、遵章守纪、团结同事。

10）严禁私下做业务（保险、上牌、装饰），严禁私自收取客户订金或客户给予的好处，如发现均予以辞退。

11）参加公司组织的各类会议。

汽车销售顾问岗位职能工作执行检视见表8-2。

表8-2　汽车销售顾问岗位职能工作执行检视表

频　次	工作执行内容
每日17：30	参加部门夕会
每周一12：00	做好周总结
每周一19：00	参加部门绩效会、门店周绩效会
每周三7：30	参加军训
每周三19：00	参加部门业务培训
每月倒数第2日12：00	做好月总结

1）每日17：30，参加部门夕会。

2）每周一12：00之前做好周总结，当天19：00参加部门绩效会、门店周绩效会。

3）每周三7：30参加军训，19：00参加部门业务培训。

4）每月倒数第2日12：00之前做好月总结。××店销售顾问周、月业务报表见表8-3。

表8-3　××店销售顾问周、月业务报表

销售顾问	目标	接待量	成交量	老客户接待量	成交量	速成成交量	追踪成交量	接待总量	成交总量	业务分析	解决方案
	月目标										
	月进度										
	本周目标										
	本周完成										
	下周目标										

2. 销售业务流程

（1）销售预约

1）预约准备：客户车型需求状况了解准备。接收到客户信息后，了解客户状况及其需求车型，新车价、新车优缺点、同级别车型、卖点、价格和配置，并准备纸笔记录客户想了解的相关信息。

2）预约回复。接收到预约信息30分钟内回复。

专栏8-7　预约回复语术

顾问："您好××先生/小姐，我是××二手车销售顾问×××，您跟我们联系过，想买一台××价位/车型。不好意思，让您久等了，现在我想了解一下情况，不知道您现在方不方便?"

1）如客户不方便。

顾问："很抱歉，打扰您了，您看我什么时候再联系您合适呢？要不我加一下您的微信吧，这样也方便联系，我会把您需要的车型照片发给您，您微信号是×××吗？（与客户约定下次预约时间，进入回复记录环节。）"

2）如客户方便。

顾问："好的，您所需要的该类型车型我们现在有×××（在库类似车辆推荐），我也想帮您找到最符合您需求的车，不过买二手车我建议您最好还是看一下实车会更好，也方便我帮您找车源。我们库存有近百台，全公司有400台以上，而且车辆都有质量保证，相信您一定能选到合适自己的车辆。您什么时候来看车方便呢？"在了解过程中，如果客户态度也不是很明确的，也不要太执着，请客户来店才是最重要的。

3）客户认可。

顾问："非常感谢××先生/小姐对××的关注与信任，一会儿（10分钟之内）我会将我们公司的详细地址及我的联系方式以短信形式发送给您。还有就是，您看方不方便加一下您的微信，这样方便咱们联系，您需要的车的照片我也能通过微信发您看一下。我们还会为您提供一期我们总结的'买车攻略'，您买车时可以参考。您微信号是×××吗？"。"好的，敬候您的到来，祝您生活愉快！再见！"

4）如客户有疑义。

顾问："好的，××先生/小姐，我明白，只是二手车'一车一价'，不同的人对车的养护有所不同，所以最好是能够选到性价比高的车，而且我们是寄卖模式，所以关键是选好车，价格我会帮您跟卖主谈，您看您什么时候过来呢（加微信）？"微信加好之后，可以推送车辆链接，或让客户关注微店。

5）如客户不同意，可询问客户具体原因，同时给客户发短信、微信，并寄送一份"买车攻略"。

专栏8-8　买车攻略

① 看外观。首先要摸车身，二手车可以通过车漆上的一些小痕迹判断它有没有事故，如果有很明显的凹凸，就证明它肯定做过漆。从轮胎的磨损程度、车门连接缝连接处的均匀度都能看出车的新旧程度。

② 看内饰。要试一下二手车的音响、天窗等。

③ 看骨架。看螺钉有没有松动，再看螺钉穿孔是不是圆形的，如果穿孔都变形了，就证明事故出得不小。再看一看它的边条，是不是有锈蚀，包括密封胶，正常的胶贴得不会很粗糙。

④ 验尾气。正常的车的尾气是没有颜色的，但如果冒出一种蓝色的烟，就说明该车存在润滑油进入发动机燃烧室的情况。

⑤ 核对资料。首先要核实资料是否真实，查验行驶证要注意年检是什么时候，是

否是没年检过的车；登记证上的过户次数，车船税缴纳情况，交强险在不在有效期内；过户票是否齐全，还要看保单、购置税证、保养手册等。这些资料基本上都全的话，基本就可以安心地购置这部车了。

⑥ 小窍门。把车辆密封胶条拉开以后，车边缝是否变形就一目了然了。变形很严重就证明车架受损，说明车曾出过重大事故。一般来说，原厂的焊点间隙都比较均匀，而且很平整。

另外，购买二手车前最好打听一下新车车市的行情，因为二手车的价格是随着新车的价格走向波动的，这样可以避免受骗。无论买车卖车，都要选择正规的中介机构，这样才可以没有后顾之忧。

3）预约回复的内容要录入公司管理系统。

预约信息平台录入规范说明：

① 客户级别：A 类客户具有明确的接洽时间，B 类客户具有接洽意向时间不确定，C 类客户以咨询为主及非范围区域客户。

② 回复记录标准（客户意向记录、抗拒原因记录）。

③ 下次回访时间。

4）预约回访。

基本语术类似于预约回复语术，关键是让客户了解专业性及质保放心度，请坚信客户一定会与我们接洽，只要见面就有机会。

（2）销售接待

1）接待前准备（工具准备）。

职业形象状态准备需符合企业要求。

① 客户接待登记表（不低于 2 份）（见表 8-4）。

② 签字笔。

③ 名片（不低于 5 张）。

④ 白纸（便于记录客户需求）。

⑤ 试音 CD 2 张（劲爆曲+轻音乐）。

⑥ 试乘试驾协议不低于 5 份。

表 8-4　客户接待登记表示例

日期	客户姓名	联系方式	需求车型	购车时间	购车预算	车型要求	备注

2）接待破冰。

① 主动、热情地上前双手呈递名片。“您好！很高兴为您服务，我是销售顾问×××，您叫我×××就可以。”专业、热情、积极的开场白能给客户留下好的印象，在破冰前的 15 秒内，客户已经有了对你的印象。

② 用50秒观察客户的穿着、年龄、随行同伴，以判断客户的性格类型。洞察力是破冰交谈的前提，每种性情的人都有其不同性，投其所好即可。

专栏8-9　破冰交谈语术

根据简单的性格判断进行破冰交谈：

① 询问是否首次来店？如果是首次来，可以询问是怎么知道×××的；如果不是首次，可以询问以前来的情况等。

② 询问是换车还是首次购车？如果是换车，原来是什么车型？刚好可以聊到换车的原因，顺势介绍各种车型，如SUV、轿车、MPV等的优劣。如果是首次购车，可以聊到买二手车需要注意的事项，现在各种二手车经营的优劣。

③ 询问职业情况，对于稍外向的客户或感觉亲近的客户，可以聊职业与车型的匹配或选车惯例，以引发对车型的选择。

破冰以开放式问题打开“冰点”，与客户建立初步关系，一切以帮助客户了解自己需求为出发点来破冰。

③ 明确客户需求，与客户建立信任关系。这包括价格预算、品牌、车型、用途、购买时间、核心需求（如省油/安全/美观/个性等），以及客户的职业是什么？客户现在开的什么车？客户的爱好是什么？客户以什么为骄傲？客户最在意什么？客户是否是决策者？客户用车最苦恼的是什么？客户还在哪家车行看过车？客户对车的了解程度以及客户对我的满意程度。

专栏8-10　在接待过程中需要弄清楚的问题

√ 客户需要的车型（SUV/轿车/商务车）
√ 什么时候买（马上/一个月/半年），为什么？
√ 预算（5万元/10万元以内/大于10万元）
√ 谁用？
√ 决定人（他自己/公司）
√ 有没有在其他地方看过合适的（竞争对手）？
√ 首次买车/还是二次/多次？
√ 用途（练手/公司用/家用/玩车）
√ 职业？
√ 客户对我的满意程度（满意/一般/不满意）
√ 买车在意什么？（外观/安全/实惠/性能）

客户的需求自己也不一定明确，而该环节并不是一个一个问题地问出来，而是穿插着跟客户交谈，使其业余喜好、文化等多方面信息一同聚焦出来。但有一个前提，必须综合了解了客户的需求后再进行车辆顾问式推荐，不是为了销售，而是帮其真正找到自身需求，这才算是“顾问”。

④ 车辆介绍。采取 6 方位介绍法（见图 8-4）给客户介绍符合客户需求的相关车辆，要针对客户的核心需求突出介绍车辆的某方面特点，并在过程中再检视客户的深层次需求。介绍车辆特点的目的主要是不断明确客户需求，切不要强制推销。最好能让客户与车辆有直接接触，触摸车辆或坐进车辆，这样的体验对于客户需求的挖掘会更精准。

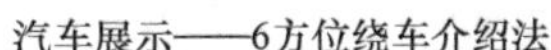

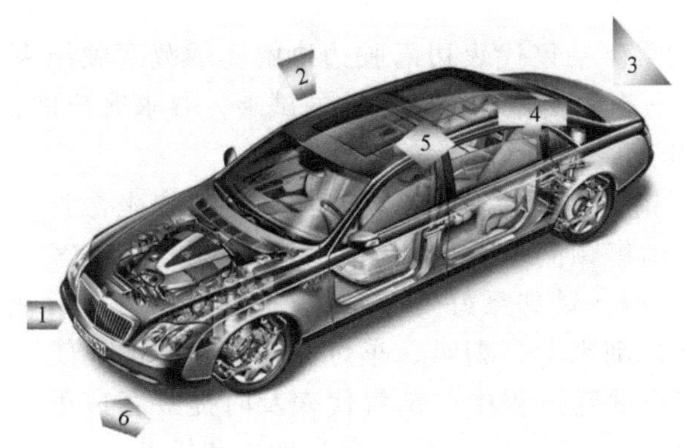

图 8-4　汽车展示 6 方位介绍法

⑤ 看手续资料。

在客户看好车况之后，带领客户在洽谈室整理车辆手续，确认钥匙、登记证、行驶证、保单信息、年检、保险时间，保养情况、出险记录等。在与客户洽谈的过程中，价格反馈找销售经理反馈。除了反馈价格外，车辆手续的确认也非常重要，一定要在确定成交前，确认好钥匙等是否齐全；如不齐全，及时告知客户并与客服人员联系，且需在签约时备注清楚。

（3）试乘试驾

通常在潜在客户表示出对展场的中型车辆或对车辆介绍资料的兴趣后，销售顾问就可以向他们发出试乘试驾的邀请。

1）准备试乘试驾协议。

2）确认车况，确保试乘试驾顺利完成。试乘试驾是实现销售的一种辅助手段，因此，试乘试驾车的车况必须保持良好，并在任何时候都可以让客户试车。

3）主动邀请随行客户参与试乘试驾。

专栏 8-11　试乘试驾/试乘的邀请语术

“××先生/女士/小姐，通过刚才的介绍，想必您现在一定想亲自驾驶一下？我们的车辆允许试乘试驾，您可以亲身体验一下。这边请！”

4）试驾能力的评估。对于没有驾照、没带驾照、驾照过期的客户，建议他/她试乘。“××先生/女士/小姐，为了您的安全，我们建议您试乘”，“××先生/女士/小姐，根据有关的交通法规，驾车人必须持有效驾照，我们建议您试乘，可以吗？”如符合试驾条件

（持有驾驶证1年以上驾龄）向客户做试驾概述，内容包括：简要介绍并演示车辆主要相关部件的使用方法，请客户认真阅读并签订二手车试乘协议，请客户出示驾驶证件，销售顾问确认该证件是否在有效期内，告知客户要暂时保管客户的驾驶证/身份证，待试驾完后归还。“××先生/女士/小姐，不好意思！麻烦您驾照/身份证暂且由我代为保管……等您试驾完毕后，马上归还，谢谢！”

5）试驾路线。根据门店实际情况而设定。

6）试乘试驾过程。

① 销售顾问驾驶试乘。销售代表边驾驶边讲解。示范驾驶结束，在换乘区将发动机熄火，将钥匙拔出来，与客户交流，小结刚才的试乘，寻求客户的认同——“××先生/女士/小姐，您刚才的乘坐感受如何？”

② 客户驾驶试驾。销售顾问为客户打开车门，等客户坐至驾驶室后，销售代表方可从车头行至副驾驶室；销售顾问坐至副驾驶室后，将钥匙交给客户。提醒客户系好安全带——“××先生/女士/小姐，请您系好安全带”；提醒客户将车后视镜、方向盘、座椅调整到舒适程度；告诉客户刮水器、喇叭、车灯、制动等的正确使用方法，并让客户自己熟悉各操作按钮；在客户试驾过程中，销售代表及时提醒客户每个路段的试驾重点以及下一路段即将试驾的项目，并简洁地介绍车辆的性能和优点。

7）试乘试驾结束。

① 销售顾问引导客户到展厅接待区，并将试乘试驾期间客户与销售顾问和销售代表间对话的记录请客户过目。记录信息应尽可能详尽，包括一些否定的话，都应详细记录在上面。再次帮助客户明确自己的要求是否得到了满足，并提供相关的车辆手续以供客户查核。

② 在展厅引导客户进入报价成交环节。

专栏8-12　试乘试驾过程中的急救处理

在试乘试驾过程中常见的突发情况有车辆无油、车辆抛锚、发生事故。

① 车辆无油。如果试乘试驾车辆行至途中突然没油了，应立即请客户就近靠边停车，然后向检测技师或展场上销售顾问请求支援。

② 车辆抛锚。当试乘试驾车辆行至途中，车辆出现严重异常或抛锚时，应马上打开应急灯，并靠边停车。待停稳后，马上拨打检测技师电话，等待其安排。其间，一定要就此事向客户道歉。如果故障当场能够排除，排除故障并向客户说明原因；如果故障一时不能排除，应请客户留下联系电话，日后再与其联系。

③ 发生事故。当试乘试驾车辆行至途中，车辆发生单车事故时，如果车辆还能行驶，则直接移车到店里，然后协商解决方案。如果车辆不能行驶，则拨打公司检测技师电话或者上级主管电话请求处理，最后协商解决方案。当试乘试驾车辆行至途中，车辆发生双车事故时，先检查有无人员伤亡，如有，先拨打120急救电话，再拨打报警电话122，并通知上级主管。

客户在试乘试驾过程中，驾照必须自始至终由销售顾问暂时保管。如客户驾驶时发生的事故，不能让客户离开。

8）及时填写记录表，通过一系列的接触与客户建立深度关系。在潜在客户完成试乘试驾后，销售代表应及时完善客户登记表；若未能当场成交，应表示感谢并礼貌送客，并将信息填入客户登记表，然后进入潜在客户管理流程。

9）车辆放置位置说明。试驾前，由销售顾问将车开出展厅，准备试乘试驾。试乘试驾结束后，将车辆停在成交区。如最终未成交，送客户离店后，将车重新开到原来的位置，并将价签、检测单、寄售牌归位。

（4）客户跟踪回访

对于到店看车或试乘试驾结束后未当场签订购车合同的客户，要及时跟踪回访，加强与客户的联系，更多地了解客户的信息和需求，解决客户第一次进店时的疑虑，促进成交。

1）回访准备：查阅上次接洽沟通的内容，为本次回访做准备；准备好记录本和草稿纸，便于记录回访内容。

2）回访：以电话、短信或微信等方式进行回访。

3）回访记录：将本次沟通的内容、客户级别（A类：具有明确的购车意向和时间；B类：具有购车意向但时间不确定；C类：咨询为主及非范围区域客户）的变化、承诺答疑、下次回访时间、客户需求或抗拒等信息记录完整。

（5）销售签约

1）购车合同签订前价格异议应对。

所有消费者在消费时都有一个共识：商品越便宜越好，销售顾问由此要能够理解客户的“实际价格高于心理价格”的想法。客户的心理价格只是一种感觉和猜测，没有进行真正的对比，而且二手车的可比性更弱，客户的心理价格偏差更大。对客户而言，最终所购买的商品的价格并非是最便宜的，而是感觉上更接近心理价格即能达成交易。由此，销售顾问按照客户心理，严谨、理性地一步步引导，便有望达成购车协议。

第1步，销售顾问要认同客户想要更低的价格的心理，但要对客户认为的“高价格”持否定态度。

第2步，与客户进一步沟通，了解“认为价格高”的原因，可以询问客户以下几个问题：①跟哪里对比高？②是什么样的车型（配置、拍档形式、上市年份等）？③高多少？

第3步，运用恰如其分的示例或实际案例，让客户感同身受，从而更加能够理解公司的价格定位。

专栏8-13 两则典型故事

① 平常买衣服或鞋。一般客户都有该种经历，如批发市场标1000元但最后可能500元买了，让人感觉很别扭，然而在商场就是一口价，但心里踏实，让客户体会便宜很多的“害处”。

② 实际案例。如泡水车，客户在二手车市场中以低于×××公司7000元的价格买了一台“同样年份、同样配置、同样公里数、同样颜色……”的车，但结果是泡水车，第2天找到商家，商家拒不承认，不接受协商的真实案例，让客户体会品质的重要性及理解“便宜”所隐藏的真正意义。

第 4 步，详细说明公司车辆定价的依据，即在将车辆寄存到店里时，定价中心根据三大数据库确定其价格并明码标价，以免客户流失。这样既避免了浪费客户的精力和时间，又确保了车辆的质量。

第 5 步，引导客户对最近年份、无事故、保值等车辆的认同。最后，促进客户下定决心。

2）购车合同签订前的品质异议应对策略。

客户对车辆品质有异议时，销售顾问应保持良好的心态，耐心给客户做解释，不得诋毁客户。

专栏 8-14　品质异议案例

案例一：

客户："你们这辆车做过漆，是事故车。"

销售顾问解释："我们公司是拒售事故车的，局部补漆那是因为有剐擦或划痕，汽车漆面本来就长时间裸露在外面，有时不小心会有一些划痕。"

案例二：

客户："该车车灯新旧不一致，是碰撞车。"

销售代表："该车车灯、橡胶件等都是易损易耗件。在使用过程中会磨损或损坏，但这都不影响汽车整体性能与使用。虽然二手车在一些方面会有一点瑕疵"，不过要跟您明确，我们可 7 日内无理由退换货，以及半年/10000km 质保，您敬请放心！

3）收费标准：成交价的 4%作为佣金；过户费。

4）所需手续：登记证、行驶证、身份证原件、保险单原件、购置税证；外地户口需要暂住证，企业车辆需提供营业执照原件、公章。

5）签约时机。

客户在和销售顾问交谈的过程中，若有了购买的意愿并希望成交时，他们并不会主动告诉销售顾问自己希望马上成交，但是他们会通过语言、行动、表情把这种意向流露出来。因此，销售顾问应该时刻保持敏锐的成交嗅觉，随时关注来自顾客的成交信号，把握最佳签约时机，及时促成交易。

① 当客户完全接受了销售顾问的推荐，认同其的观点的时候。

② 当客户的主要疑问得到了圆满解决的时候。

③ 当客户沉默一段时间后又活跃起来，但又没有新的问题的时候。

④ 当客户开始关心售后服务的具体事宜的时候。

⑤ 当客户咨询有关保险问题的时候。

⑥ 当客户咨询有关上牌照问题的时候。

⑦ 当客户关注销售顾问经验的时候。

⑧ 当客户开始了解以往签约客户的时候。

⑨ 当客户明确提出需要征求他人意见的时候。

6）签约准备。

签约是一个正式的销售动作，要有准备，并且在客户表现出足够的信号后，再表达出

自己希望客户签约的意图，即使客户不签约，也要尽量询问其考虑的理由，以及其所有的内心活动。

① 正式的合同样本（要熟悉合同的所有条款，并可以为客户做出解释）。

② 现有库存的车型清单。

③ 过去3个月成交的客户合同复印件，5份以上。

④ 近一个月的有意向的来访客户名单（清单中要有至少30位客户）。

7）购买信号。

① 定金收多少呢？可以刷卡吗？

② 交定金后多长时间可以提车？

③ 你们负责过户吗？

④ 你轻点关门，这车可是我的了！

⑤ 你可以帮我直接换个座套吗？

⑥ 保险要上哪几项啊？

⑦ 你可以再送我一些东西吗？

⑧ 我刚拿到驾驶证，能帮我把车开回去吗？

⑨ 这车可以提到外地吗？

听到上述信号后，销售顾问应适当给予客户一些回应："如果我是您，我也会关心这个问题""您的这个问题很有代表性，许多客户签约前都问过我""真正决定买车前肯定会关注这些问题的"，然后要实事求是的解决客户的疑惑，让客户放心。语速适当、稳重地对客户提出的具体问题一一回答。

专栏8-15　销售顾问的四种不自信

销售顾问对于询问客户是否决定购车的主要心理障碍是，希望对方购买似乎仅仅是对自己有好处，因为自己可以拿到佣金，可以完成指标。这种心理障碍源于四种不自信的心理。

➢ 客户好像自己没有需求或销售顾问不相信客户自己是有需求的（动机、需求、问题挖掘不够）。

➢ 认为客户想要买车就会自己主动购买（客户犹豫不决时，如果你获得了他的信任，他是会听从你的建议的）。

➢ 建议客户买车时要有责任心（不能自信地推荐是对自己的不信任，要培养自己主动承担责任的心理素质）。

➢ 对自己销售的车不自信（要克服这种意识，相信公司对客户负责的决心）。

商业社会的核心本质就是买卖双方互利的过程。如果销售顾问总是认为对方买东西仅仅是对自己好，那消费者也就真的这么思考了，于是就会不断压价，一点也不尊重销售顾问。因此，心态非常重要，方法当然也很重要，尤其是实战的、有操作意义的方法：

➢ 施加一定的压力。可以和客户说："符合您要求的二手车可只有一台，是可遇不可求的。"

➢ 回顾与客户的交流过程，强调互相信任的关系来引导下单。可以和客户说：“这是您第 3 次来我们店了吧？我们都聊得这么好，您是不是还怀疑真实性？如果对我的服务还满意的话，今天就直接订了吧！别到时候这辆又卖了。”

（6）付款

1）销售合同客户签字、店长签字，带领客户到财务室付款。

2）向客户讲明刷卡手续费。

3）收银后给客户开具收据（付全款后，将合同和收据一并交给客户；若是付定金，只需将收据交给客户，待全款付完后，再把合同交予客户）。

4）销售顾问填写销售确认单、过户联络单及车辆资料袋交予销售经理，销售经理确认并签字。过户联络单、销售确认单、资料袋交予销售助理保存。销售助理根据销售确认单录入销售成交平台，并将销售确认单交给调度人员。待销售经理确认资料齐全之后，过户联络单及资料由销售助理转交过户人员办理过户业务。

（7）交车

1）交车准备。

① 查车况及随车工具。

② 复印客户身份证、驾驶证、行驶证和过户发票。

③ 质保手册（质保时间、质保公里数用中文大写表示，由销售代表为客户讲解质保手册并请客户认真阅读并签字；质保手册盖公章，并告知客户相关质保细节；车辆为原厂质保的，不提供质保）。

④ 准备手续交接单、提车承诺书。

2）交车过程。

① 交车前保证车辆清洁。

② 将车辆停驶至“交车区”。

③ 向客户介绍车辆。

④ 填写手续交接单和质保手册。

⑤ 与客户合影。

⑥ 感谢客户，送客户至大门外。

3）手续备案。

寄售手续备案：寄售时整理好原车主身份证、车辆登记证、行驶证的复印件，以及评估表、寄售合同和提前付款申请书，交予调度人员保存，待成交后还需将成交合同等剩余手续交予调度人员备案。

销售手续备案：买家身份证、驾驶证的复印件，过户发票复印件，销售合同，手续交接单，提成承诺书价签，检测单，新老车主的身份证、驾驶证、车辆行驶证的复印件，销售合同，过户发票复印件，检测单，车辆交接单，提车承诺书，质保手册。

整理好以上资料交调度部门编号存档。

4）交车注意事项。

交车时要确保以下七个方面：

① 提供准确的交车时间，要比预期时间提前5分钟做好全部准备。

② 确保车内外整洁、干净。

③ 明确告知客户所有权利如何保障以及接车签字后应履行的法律责任及义务。

④ 向客户一一展示详细的交车清单，这样才会让客户放心。

⑤ 交车过程不要受到任何干扰，只有服务好眼前的客户，才可以赢得下一个客户，应善始善终。

⑥ 告知客户投诉的方法和处理流程。

⑦ 介绍售后服务专员及联系方式。

（8）售后回访 交车后的电话回访是提高客户满意度、维持长久的客户关系，以及促进现有客户推荐其他客户的一种手段，要注意以下几项内容：

① 在限定的时间内主动给客户打了电话。

② 电话中表示感谢。

③ 电话中询问还需要什么帮助。

④ 注意打电话时的语气、语速、语调和说话节奏。

8.3.4 销售助理岗位职能说明书

汽车销售助理是保障公司销售部门正常运转，方便销售部门制订销售计划和实现销售目标必不可少的岗位；是为公司销售部门提供后勤服务，为销售经理或销售人员提供必要协助的岗位，从而提高销售人员的工作效益。销售助理的素质高低及其处理业务的综合能力，会直接影响销售部门的整体业绩和公司形象。

直接上级：销售经理。

其岗位职责有：

1）负责销售合同及其他营销文件资料的管理、归类、整理、建档和保管。

2）协助销售人员做好上门客户的接待和电话来访工作。

3）在销售人员不在岗时，及时记录并转告客户信息，妥善处理。

4）每天在网上推广寄售车辆的信息。

5）将网络咨询/电话咨询信息及时分配给网络销售顾问。

6）车辆成交后，负责将信息录入销售成交平台。

7）销售成交后，销售顾问将车辆资料、过户联络单、销售确认单交销售经理确认好之后，交由销售助理保管，待资料齐全后，对接过户专员办理过户手续。

8）负责客户、顾客的投诉记录，协助有关部门妥善处理。

9）协助销售经理做好部门内务、各种会议的记录等工作。

10）参加公司组织的各类会议。

相关表格见表8-5和表8-6。

表8-5 网络来电信息登记表

时间	客户姓名	联系方式	咨询车辆	备注

表 8-6　汽车销售助理岗位职能工作执行检视表

频　次	工作执行内容
每日 17：30	参加部门夕会
每周一 12：00	做好周总结
每周一 19：00	参加部门绩效会、门店周绩效会
每周三 7：30	参加军训
每周三 19：00	参加部门业务培训
每月倒数第 2 日 12：00	做好月总结

专栏 8-16　总机业务语术

客服：您好×××总机，很高兴为您服务！

客户：我看网上看到你们有款×××车，现在还有吗？

客服：您好，怎么称呼您？

客户：姓×××。

客服：××先生/女士您好，车还有。

客户：车况怎么样？还能便宜吗？

客服：××先生/女士您好，我这边是总机客服，稍后我会让我们销售顾问给您回电话，您可以详细咨询一下。您看可以吗？

客户：好的。

客服：您的电话是 131××××××××，是吗？

客户：是的。

客服：好的××先生/女士，我们马上安排销售顾问给您回电，感谢您关注×××，祝您生活愉快，再见！

8.3.5　前台迎宾岗位职能说明书

前台迎宾人员代表着公司的形象，是公司对外的窗口。

直接上级：销售经理。

1. 岗位职能职责

1）负责来店客户的接待、基本咨询和分配业务代表，严格执行公司的接待服务规范，温和有礼。

2）负责前台或者咨询室的卫生清洁及桌椅摆放，并保持整洁干净。

3）店面车辆疏导。

4）管理好前台设备，如发现设备使用不正常，应及时向相关人员汇报。

5）做好客户分配工作，并记录客户接待情况，每天 17：30 做好工作总结。

6）总结计划，做好日、周、月报表，日报表如表 8-7 所示。

7）参加公司组织各类活动（晨会、夕会、绩效会、启动会、培训会）。

表 8-7　前台迎宾日报表（月份销售、寄售接待报表）

日期	销售顾问	直来接待量	预约接待量	已接待量	老客户接待量	其他	合计	寄售顾问	预约评估量	直来评估量	其他	合计	今日工作总结

2. 前台迎宾岗位职能工作执行检视表

前台迎宾岗位职能工作执行检视表见表 8-8。

表 8-8　前台迎宾岗位职能工作执行检视表

频　次	工作执行内容
每日 8：10	参加部门晨读
每日 8：30	参加部门晨会
每日 9：00	前台 5S 管理
每日 9：10	① 核对对讲机与其他对讲机是否通畅 ② 佩戴耳麦接收信息 ③ 确定当天休息业务员，合理安排接待
每日 9：30—17：30	做好接待工作
每日 17：25	填写工作报表《销售部客户接待表》（表 8-9）、《寄售部客户接待表》（表 8-10），报表下班前发送到公司邮箱
每日 17：30	① 整理前台 5S ② 对讲机充电

表 8-9　销售部客户接待表

时　间	销售顾问（标注：直来、预约、老客户）					
	销售顾问 1	销售顾问 2	销售顾问 3	销售顾问 4	销售顾问 5	…

表 8-10　寄售部客户接待表（评估、寄售信息统计表）

日期	寄售顾问	车型	车牌号码	信息来源			寄售/未寄售
				直来	预约	老客户	
	寄售顾问 1 寄售顾问 2 寄售顾问 3 ⋮						

专栏 8-17　前台 5S 标准（见图 8-5）

1）桌面及卫生死角保持干净、整洁、无灰尘和杂物。

2）桌面只允许摆放工作计算机、鼠标、鼠标垫、名片盒、前台记录板等与前台工作相关的物品。

3）计算机、电器等电源线整理整齐，不可杂乱无章地抛落在地上。

4）名片盒整齐摆放在接待台朝向客户的左侧，靠边缘位置（根据名片盒数量）。

5）下班或放假前，关闭前台所有电源开关。

图 8-5　前台 5S 标准示例

3. 前台迎宾接待语术

（1）客户到店接待语术　主动出门迎接客户停车入位，为客户开门，微笑着欢迎：

"您好！欢迎光临×××。"引导客户进展厅入座，询问客户是否喝点什么（茶/水）。

前台迎宾："您是看车还是有车想给车做评估呢？"

客户："①看车。/②我随便看看。/③有没有×××车吗？/④咨询问题。/⑤我找人。/⑥车辆要做评估……"

情况①。前台迎宾："好的，您有没有预约呢？"

客户："没有，自己过来的。/有的，×××联系我过来的。"

前台迎宾："好的，您稍等，我帮您安排销售顾问给您介绍一下。您这边请。（指引客户到展厅，安排销售顾问接待）。/好的，您稍等一下，我帮您叫一下他/她。/您这边请（指引客户到展厅）。"

用对讲机呼叫销售顾问："×××，有直来（预约/老客户）看车，收到请回复。"连续呼叫两遍，无人应答则呼叫下一名业务员。

情况②。前台迎宾："好的，您先到展厅看下车，有需要您随时叫我（a. 观察客户，需要接待的第一时间安排销售顾问接待；b. 当客户呼叫时，第一时间应答客户，声音要洪亮："您好，请您稍等一下，我安排销售顾问马上过来。"）。"

情况③。前台迎宾："有的，您稍等一下，我安排销售顾问给您介绍一下。您这边请（指引客户到客户需求的车辆前，安排销售顾问接待）。/不好意思，您需要的这台车展厅暂时没有，但是前几天我们有评估过这款车，但客户还在用，还没有寄售。我叫个销售顾问过来，您登记一下信息，我们帮您联系一下，您看可以吗？"

情况④。前台迎宾："好的，您想咨询什么？"（记录客户的问题，如果知道，就为客户解答。如果自己也不清楚，就把问题和客户的电话记录下来，自己咨询清楚后再给客户回复。客户走时，告诉客户"您可以关注我们公司的微信公众平台，以后有类似问题可以直接通过微信公众号咨询，我们有专业的服务人员帮您解答。"递给客户一张带有公司微信公众号的名片，送客户离店）。

情况⑤。前台迎宾："您好，请问您找谁？"客户："×××。"前台迎宾："好的，您稍等，我马上帮您叫一下（指引客户到休息区坐下休息）。"

情况⑥。前台迎宾："好的，请将您的车开到我们店门口的评估区，我帮您安排评估师看车（指引客户到休息区休息，并给客户倒水）。"

（2）客户离店

① 看车客户离店。

前台迎宾："谢谢光临，请慢走（面带微笑，身体稍前倾目送客户离店；给客户发业务员的名片或者是宣传海报）！"

② 开车客户离店。

前台迎宾："谢谢光临，请慢走（面带微笑，向客户挥手道别）！"

8.3.6　检测技师岗位职能说明书

汽车检测技师是具备汽车检测相关技术，并掌握或精通汽车检测领域相关技巧和技能的人员，是企业中具有丰富业务知识和熟练操作技能的技术人员。

直接上级：销售经理。

1. 职能职责

1）按照车辆检测操作规范对待寄售车辆进行质量检测，并填写车辆120项检测报告，检测结束后将车况录入公司管理平台。

2）按预售车辆品质维护操作说明，及时维护展厅中的车辆。

3）按质保手册的保修范围，为客户进行车辆事故排查或维修。

4）做好日、周、月计划和工作总结。

5）团队活动参与。

2. 岗位职能工作执行检视表

检测技师岗位职能工作执行检视表见表8-11。

表8-11 汽车检测技师岗位职能工作执行检视表

频　次	工作执行内容
每日8：10	参加部门晨读
每日8：30	参加部门晨会
每日9：00	前台5S管理
每周三7：30	参加军训

3. 车辆检测操作规范说明

（1）检测准备

工作期间穿着工装并佩戴手套，全程注意职业形象；将各检测设备和仪器提前调试好；准备好检测板，内含至少10张车辆120项检测认证单。

（2）检测流程说明

1）预检。

预检的整体顺序为外观—内饰—外观—后备厢—外观—发动机舱—底盘（机械）。

首先使用油漆检测仪对车辆整体漆面进行检查，具体检查部位包括：左前翼子板、发动机舱盖左侧、左前门、车顶盖左侧、左后门、左后翼子板内外侧、尾门盖、右后翼子板内外侧、车顶盖右侧、右前门、右前翼子板、发动机舱盖右侧，结束后将检测数据填写至检测单相应的位置。

其次是外观预检，外观预检顺序为从车头左侧前角开始—左前翼子板-左前轮部（轮胎、减振器、制动盘、制动片、制动油管、制动分泵）—左前门（锁芯开门、检查门边是否有挤压）—进入车内（打开点火开关、降下所有车窗、内饰检查、仪表指示灯、电器开关、点火开关、风窗玻璃、离合制动加速踏板、变速部分、座椅、顶篷）—左后门（内饰板、功能开关）—左后翼子板—左后轮部—后风窗玻璃—后备厢（打开后备厢，观察是否有拆动，备胎是否有气以及千斤顶、三角牌等随车工具是否齐全）。

最后，在后备厢检查完毕后，使用举升机升起车辆，检查底盘及车身情况，具体包括：左右后尾灯、右后翼子板、右后轮部、右后门、右前门、右前轮部、前风窗玻璃、右前翼子板、发动机舱盖、发动机舱内部、发动机舱底部等，如发现特殊问题，需进行路试检测；无举升机情况下，需人工查看底部状况，如发现问题，同样需要路试。

2）检测内容。

外观：检测车辆外观有无划痕，破损、整洁、剐蹭。

内饰：打开钥匙检查仪表各指示灯是否正常，再检查倒车后视镜开关、组合开关、音响设备和收音机、空调面板上的开关及按钮、点烟器、出风口（从最低档到最高档）、化妆灯、遮阳板、天窗开关、副手箱、变速杆防尘套、刮水器及喷水、仪表故障灯、车内灯光、座椅调节、安全带、座椅磨损情况。

后备厢：后备厢锁芯、铰链、备胎、随车工具、警示牌、千斤顶、密封胶条、碰撞。

发动机舱：机盖油漆（水箱框架是否拆过或更换过）润滑油、冷却液、洗涤液、助力油、波箱油、传动带、蓄电池桩头及起动电压、空滤、缸线、火花塞，以及各种管线。

底盘：左前轮—车架—右前轮—左后轮—右后轮，减振器、轮胎、制动系统、下摆臂、球头、小拉杆、横拉杆球头、半轴防尘套、发动机支架垫、油底壳是否漏油、后油封是否漏油、机滤是否漏油、下水管、水箱是否漏水、排气管吊耳、排气管是否漏气、后轮胎、后制动车片或盘、减振器、拉杆、油管、倒车雷达线束。

3）检测标准。

外观标准——划痕、凹陷、破损、缺件、色差，记录入表。

内饰、后备厢标准——污渍、破损、缺件、功能失灵，记录入表。

机械标准——漏油、漏水、漏电、过度磨损、碰撞、破损、缺件、隐患，记录入表。

修补过油漆的部位或更换过的配件需要填写至车辆120项检测单上，以便能让客户清楚地看到。

专栏8-18　使用举升机检测底盘的流程及标准

① 举起车辆离地面距离约1.5m（小心车子上部碰到房顶）。

② 检查左前轮轴承间隙，用手左右晃动（球头间隙）；上下晃动（轴承间隙或减震顶胶间隙）；检查轮胎花纹深度以及轮胎的磨损状况，是否有偏磨、跳磨现象；检查制动片的厚度（极限位置2mm）；检查减振器有无漏油；检查球笼防尘套是否破裂。

③ 检查发动机下部有无漏油、漏水的痕迹，有无明显的剐蹭痕迹。

④ 检查右前轮的轴承间隙，轮胎磨损情况；检查制动片；检查减振器有无漏油；检查球笼防尘套。

⑤ 检查右后轮的轴承间隙、轮胎磨损情况；检查（碟刹）制动片；检查减振器是否漏油；检查球笼防尘套。

⑥ 检查后桥连杆，有无剐蹭、弯曲以及衬套的间隙。

⑦ 检查左后轮的轴承间隙、轮胎磨损状况；检查（碟刹）制动片；检查减振器是否漏油；检查球笼防尘套。

⑧ 检查排气管路是否有老化、腐蚀、破裂现象。

⑨ 检查完毕，放下车辆（放下车辆之前，先上升车辆约10cm，拉开驻车制动）。

⑩ 最后记录车况检测结果。

4. 车辆120项检测报告填写规范

1）将车名、车架号、颜色、已行驶里程填写完整。

2）对应项目如实记录，没有问题填√，有问题填×。

3）把车辆检测情况，尤其是存在的问题，填写在检测结果上。

4）按照评分标准对已检测车辆进行评分。

5）检测技师签字后交销售经理签字确认，并由销售经理拍照确认。

5. 举升机安全操作流程

1）首先确认举升机处于最低位置，然后再将车辆驶入举升机平台。

2）把车辆停放在举升机两柱前后左右的中间位置，把档位置于空档，松开驻车制动，把举升机的四只脚放入汽车底部，每只脚的支撑点必须是在汽车下部的大梁上（根据汽车底盘高低，调整举升机四只脚的高度）。

3）确认举升机的四只脚已经在举升机的支撑点上之后，方可按下举升机的上升按钮。当车子上升至车轮快要离地的时候，放开上升按钮，再次检查确认举升机四只脚的摆放位置是否安全牢固㊀。

4）当车辆离开地面的时，注意观察车辆是否在同一水平线上，若没有则立即停止上升，并调整举升机脚的高度或位置。

5）当车辆上升距离地面约1.5m时，停止上升（注意观察车顶与房顶的距离，尤其要注意的是，越野车、面包车、车顶改装车，以及发动机舱盖和后备厢打开的车辆）。

6）按下下降杆，此时车子会先下降10cm左右，再停止下降（因为举升机保险锁自动锁止），此时方可进入车辆下方进行检查维修作业。

7）当车辆完成检测作业后需要降下时，首先按下上升按钮，待车辆上升10cm左右时放开上升按钮，分别把举升机两柱的保险绳拉开，再按下降按钮降下车辆。

8）举升机需降到最底部，方可撤出举升机脚并放回原处，移开车辆。

思考练习题

1. 汽车新岗位“新”在哪些方面?
2. 简述汽车金融管理师岗位认证方法和程序。
3. 汽车金融管理师岗位认证考核内容主要包含哪几个方面?
4. 消费者试乘试驾过程中的注意事项有哪些?

㊀ 注意：底盘较低的车辆应小心车辆下边梁与举升机脚的距离，必须要保留间隙，否则应重新调整举升机脚的高度。

参考文献

[1] 刘军. 汽车电商市场营销全程通［M］. 北京：化学工业出版，2016.
[2] 刘军. 一本书搞懂汽车互联网+［M］. 北京：化学工业出版社，2017.
[3] 郭桂山. 重塑汽车电商的未来：汽车电商 2.0 时代的顶层战略设计［M］. 北京：机械工业出版社，2017.
[4] 辛长平，邱贺平. 二手车鉴定评估基础与实务［M］. 北京：电子工业出版社，2014.
[5] 刘军. 汽车后市场电商模式与运营［M］. 北京：化学工业出版社，2015.
[6] 刘艳玲. 汽车电子商务［M］. 2 版. 北京：机械工业出版社，2019.
[7] 林绪东. 汽车保险定损与理赔实务［M］. 北京：机械工业出版社，2016.
[8] 刘春晖，沙恒. 互联网+汽车保险与理赔 500 问［M］. 北京：电子工业出版社，2017.
[9] 赵占波. 互联网保险［M］. 北京：首都经济贸易大学出版社，2017.
[10] 众安金融科技研究院. 新保险时代：金融科技重新定义保险新未来［M］. 北京：机械工业出版社，2018.
[11] 何忧予. 汽车金融服务［M］. 北京：机械工业出版社，2006.
[12] 强添纲，孙凤英. 汽车金融［M］. 2 版. 北京：人民交通出版社，2012.
[13] 李晋. 促进我国汽车产业发展的金融服务制度研究［D］. 合肥：合肥工业大学，2008.
[14] 王亚俊，苏丕利. 汽车租赁的五大优势［J］. 上海：交通与运输，2004（6）：18-19.
[15] 曹国岭，陈晓华. 互联网金融风险控制［M］. 北京：人民邮电出版社，2016.
[16] 邓建鹏，黄震. 互联网金融法律与风险控制［M］. 2 版. 北京：机械工业出版社，2017.
[17] 谢弗，库尔文. 品牌思维：世界一线品牌的 7 大不败奥秘［M］. 李逊楠，译. 苏州：古吴轩出版社，2017.
[18] 京东数据研究院. 创品牌：互联网+中国之造的品牌成长奥秘［M］. 北京：电子工业出版社，2018.
[19] 张国方. 汽车营销学［M］. 2 版. 北京：人民交通出版社，2017.
[20] 宋润生，韩承伟. 汽车营销基础与实务［M］. 北京：机械工业出版社，2017.
[21] 霍书增. 汽车 4S 店精品销售与管理［M］. 北京：机械工业出版社，2015.

参考文献